"十三五"职业教育国家规划教材

现代职业人教育丛书

全新修订

现代职业人
能力素质篇

XIANDAI ZHIYEREN NENGLI SUZHI PIAN

霍彧 主编

苏州大学出版社

图书在版编目(CIP)数据

现代职业人. 能力素质篇 / 霍彧主编. —苏州：苏州大学出版社，2017.1(2022.12 重印)
(现代职业人教育丛书)
ISBN 978-7-5672-1935-9

Ⅰ.①现… Ⅱ.①霍… Ⅲ.①职业选择-高等职业教育-教材 Ⅳ.①G717.38

中国版本图书馆 CIP 数据核字(2016)第 298689 号

现代职业人(能力素质篇)

霍　彧　主编

责任编辑　周建兰

苏州大学出版社出版发行
(地址：苏州市十梓街1号　邮编：215006)
苏州恒久印务有限公司印装
(地址：苏州市东吴南路1号　邮编：215128)

开本 787 mm × 1 092 mm　1/16　印张 14.75　字数 359 千
2017 年 1 月第 1 版　2022 年 12 月第 5 次修订印刷
ISBN 978-7-5672-1935-9　定价：49.00 元

苏州大学版图书若有印装错误，本社负责调换
苏州大学出版社营销部　电话：0512-65225020
苏州大学出版社网址 http://www.sudapress.com

前言 Preface

现代职业人(Modern Business Employee)教育丛书共有五个分册,分别为认识职场篇、能力素质篇、就业指导篇、创新创业篇、职业素质训练教程,2020年入选"十三五"职业教育国家规划教材。内容涉及现代职业人理念、企业文化理论与企业规范、能力素质结构理论与职业核心能力、企业现场5S管理模式与职业素质养成、职业生涯规划与就业指导以及创新创业理论与方法指导。这些知识与技能的有效整合,可以使大学生们能够在今后充满竞争的职场环境中脱颖而出,取得骄人的成绩。

本套丛书通过理论教学与案例分析相结合的方式,阐述了如何立足职场、纵横职场、成就职场的路径与方法,并试图激励学生不遗余力地去成为一个现代职业人,成就属于自己的辉煌人生!

对于一名热爱教育的人来讲,最渴望的就是能把自己的想法与经验分享给自己的学生,帮助他们成长。2001年秋,太仓"德国企业技术工人培训中心"第一次开除学生,理由就是"走路脚跟拖地,没有激情,将来不可能为企业创造太大价值",这一事件极大地震撼了我。经过多次与德国企业人士的访谈,反复思考,向全体学生提出了要成为具有较高职业素养的现代职业人。2010年8月,在国内率先成立了职业素质教育中心,建设职业素质教育体系,以切实推动学生的职业素质培养工作,努力培养好现代职业人。2013年11月,经过多次讨论,把"让每一个学生成为幸福的现代职业人"作为学院的办学导向之一而固化下来。

在长达十几年的时间里,我面向学生,先后举行了几十次讲座。这些讲座深得学生的喜爱,在校内外反响很大,而期间撰写的讲稿也就自然成了现代职业人教育丛书的基础。我带领学院的辅导员团队开始了"现代职业人"课程建设,在大家的努力下,不断增减、修改、补充,终于形成了现代职业人教育丛书。该套教材吸收了最新研究成果,观点新颖,案例翔实,文笔活泼,具有较强的可读性。由于我长期在高职院校工作,教材中的案例选用以高职学生为主,但教材的目标读者不局限于高职学生,因为现代职业人这个理念适合于所有将要走进职场、走上工作岗位的大学生。

  本书由霍彧担任主编,并负责教材的统稿与终审工作;周懋怡、王志明担任《现代职业人(能力素质篇)》副主编。

  在此,我们要感谢直接和间接为本教材贡献重要观点、实践经验的所有企业家、同事、朋友及学生;感谢责任编辑周建兰女士,她尽职尽责、热情联络、严谨审稿、及时反馈,在整个过程中给予我们极大的支持;也要感谢我们的家人,在编写本套丛书的过程中,一直理解、支持和鼓励我们。

霍 彧

2022 年 5 月 16 日

目录 Contents

第一讲 能力素质概论 ····································· 1
- 1.1 困扰大学生求职的四个问题 ························· 1
  - 1.1.1 品德和能力哪个更重要 ························· 1
  - 1.1.2 素质和学历哪个更重要 ························· 2
  - 1.1.3 全才与专才哪个更重要 ························· 3
  - 1.1.4 敬业和专业哪个更重要 ························· 3
- 1.2 能力素质概论 ······································· 5
  - 1.2.1 现代企业招聘的三个核心衡量要素 ··············· 5
  - 1.2.2 判断个人潜力的标准——能力素质 ··············· 6
  - 1.2.3 现代职业人必备的17种关键能力素质 ············ 6
  - 1.2.4 能力素质理论的发展过程 ······················· 7
  - 1.2.5 能力素质模型及应用 ··························· 7

第二讲 团队管理 ·· 13
- 2.1 团队管理认知 ······································ 13
  - 2.1.1 团队的概念 ··································· 13
  - 2.1.2 团队的核心：统一的目标和凝聚力 ·············· 14
  - 2.1.3 团队管理的艺术 ······························ 17
  - 2.1.4 团队建设中的个人成长 ························ 19
- 2.2 关键能力素质 ······································ 21
  - 2.2.1 团队合作能力 ································ 21
  - 2.2.2 领导力 ······································· 23

第三讲 自我管理 ... 27

3.1 自我管理认知 ... 27
3.1.1 自我管理的概念 ... 27
3.1.2 自我管理的内容 ... 28

3.2 关键能力素质 ... 31
3.2.1 目标管理 ... 31
3.2.2 时间管理 ... 37
3.2.3 计划管理 ... 42

第四讲 职业沟通 ... 48

4.1 职业沟通认知 ... 48
4.1.1 职业沟通的概念 ... 48
4.1.2 沟通是团队合作的关键 ... 52
4.1.3 工作中的沟通 ... 53

4.2 关键能力素质 ... 58
4.2.1 沟通交流能力 ... 58
4.2.2 客户服务能力 ... 59

第五讲 解决问题 ... 62

5.1 问题解决能力 ... 62
5.1.1 问题解决能力的概念 ... 62
5.1.2 问题意识 ... 64
5.1.3 问题的种类 ... 65
5.1.4 解决问题的方法与步骤 ... 65

5.2 关键能力素质 ... 68
5.2.1 分析能力 ... 68
5.2.2 结构化思维能力 ... 70
5.2.3 学习能力 ... 72

第六讲 市场拓展 ... 75

6.1 市场拓展认知 ... 75
6.2 关键能力素质 ... 76
6.2.1 信息处理 ... 76

  6.2.2 创造力 ······ 81
  6.2.3 开拓能力 ······ 86
  6.2.4 市场敏感度 ······ 88

第七讲 职业态度 ······ 92
 7.1 职业态度认知 ······ 92
 7.2 关键能力素质 ······ 99
  7.2.1 职业化行为 ······ 99
  7.2.2 充满激情工作 ······ 102
  7.2.3 诚信、正直 ······ 105

第八讲 行政部岗位能力素质模型 ······ 108
 8.1 行政部人员应具备的职业素养 ······ 108
 8.2 行政部人员所需具备的知识 ······ 109
 8.3 行政部人员所需的技能/能力 ······ 111
 8.4 行政部人员能力素质模型 ······ 117

附录 各部门及相关岗位能力素质 ······ 122

第一讲　能力素质概论

世界500强企业,是世界经济的风向标,也是求职者们的梦想之处。许多大学生都把能在世界500强企业中任职作为自己的奋斗目标。然而,这些企业既严又高的招聘条件把很多求职者都挡在了门外。大学生在感叹就业难的同时,企业也声称招工难。那么现代化企业到底需要什么样的人才?大学生们如何才能成为他们所需要的人才?等等,这些问题时刻困扰着即将走上职场的大学生们。

1.1　困扰大学生求职的四个问题

1.1.1　品德和能力哪个更重要

沃伦·巴菲特曾说:"在寻找可以雇用的人时,你要寻找这三种品质:诚实、智慧和精力。如果他们不具备第一个品质,另外两个品质能要你的命。"

世界500强企业重"德"。当然这里的"重"是相对而言的,因为所有企业都希望找到德才兼备的人才,但在实际招聘和选拔过程中,如果要在二者中选其一的话,那么这些企业无疑更看重"德"。

自古以来,"人无德不立",品德是人的灵魂。一个人即使能力再强,如果品德方面不济,对企业的危害可能是极大的。品德是与生俱来的,自古有云"江山易改,禀性难移",相对而言能力则是可以后天培养的。

世界500强企业在招聘员工时非常看重求职者是否诚信。为了证实这一点,许多公司会花比较多的时间做"背景调查",有电话调查,还有书面调查,有时甚至请第三方的咨询公司协助调查,以了解被聘员工的诚信度。

托马斯·约翰·沃森的"教义"

竭尽全力做好每一件事,尊重所有的人,穿着整洁,诚实率直,坦诚公正,永远保持乐观向上的积极态度。此外,最为重要的是忠心耿耿。

——托马斯·约翰·沃森(Thomas J. Watson)(IBM 创始人)

全球最成功的商人之一、IBM 的创始人托马斯·约翰·沃森出生在纽约州北部的一个普通农民家庭。沃森一家的经济条件并不富裕,但是品德教育异常严格。沃森的父亲要求孩子们一定要尊重所有人,穿着整洁,坦率正直,努力做好每一件事,始终保持一种乐观积极的生活态度。此外,最重要的一点是:忠诚。

在 19 世纪的美国,这是一种十分普遍的家庭教育方式,几乎所有的家庭都会对子女提出类似的要求,希望他们在童年时就坚守这些原则,以便成人之后可以从中受益。

尽管大多数父亲都认为这些家庭教育至关重要,但是,许多人并不能完全遵守这些原则,甚至慢慢地将它们抛之脑后,直至完全忘记。然而,托马斯·约翰·沃森,这个童年时并不怎么起眼的孩子,却严格要求自己,始终一丝不苟地恪守着这些"教义",他还发誓:应该不惜一切代价捍卫这些原则,应该不断地向他人输送这些"教义",应该在自己全部的职业生涯中尽职尽责地贯彻执行。

如今,IBM 已经是闻名于世的信息工业跨国公司。正是这些"教义"成就了托马斯·约翰·沃森的一生。同样地,他也兑现了自己的诺言:坚持这些原则;不断地向他人输送这些原则;在全部的职业生涯中,始终不渝地贯彻执行这些原则。

1.1.2 素质和学历哪个更重要

不是所有专业都追求高学历。——微软公司

本科生适合绝大多数岗位。——西门子公司

现代企业重视雇员的素质,他们今天招人是为了明天能放心用人。学历只代表一个人的过去,说明他的学习能力;素质则代表着一个人的潜力,意味着他将来的成就。

让学历见鬼去吧

索尼公司的创始人盛田昭夫是一位世界闻名的企业家,他曾经写过一本总结自己领导经验的书——《让学历见鬼去吧》。在这本世界级畅销书中他这样写道:"我想把索尼公司所有的人事档案烧毁,以便在公司里杜绝在学历上的歧视。"不久以后,他真的将这句话付诸实施,此举使一大批人才脱颖而出。

索尼公司有这样的宗旨:信奉唯才是用,而不是唯文凭论。尤其对科技和管理人员的考核使用,主要看他们的实际才能,而不仅仅注重学历。公司录用人员,不管什么工种,无论职位高低,都要进行严格的考试。分配工作或提升职位时,主要依据员工考试成绩的好坏和在实践中所表现出来的能力。

在索尼公司拥有 1.7 万名雇员的时候,科技人员就达到了 3500 多人,占到了职工总数的 22%,管理人员则有 1000 多人,约占 6%。在科技人员当中,科研人员、设计人员、制造技术人员各占 1/3,从而实现了人才结构的大体平衡。

1.1.3　全才与专才哪个更重要

对于全才与专才,世界 500 强企业没有绝对的统一要求,因为不同的工作岗位对能力有不同的要求。研发及基层管理岗位更看重专业技能,需要的是专才。而中高层管理人员需要有广阔的视野,需要对各方面情况都有所了解的全才,否则很难处理各种不同的情况。

对在校学生而言,首先应该打好基础,学好专业技能,做一个专才。很少会有企业一开始就让你去做高层管理人员,高层管理人员也都是由基层的专才在日常工作中逐步培养和锻炼出来的。

富士通公司原 CTO、空调技术研究所所长稻垣雄史说过:如果要成为一名在某个专业领域有作为的人,一个学生在学校里必须深入地进行专业学习。大学生的知识面要尽可能地广,这毫无疑问是对的;但是在广的基础上,应该在某个方面做到精、深。即要"宽",首先要"精"。

1.1.4　敬业和专业哪个更重要

专业,是指拥有出色完成一项工作的技能。敬业,是指对自己的工作怀有敬畏之心。只有怀有敬畏之心,才会全力以赴,才会自动、自发,才不会找借口,才会立即行动。敬业是态度,专业是技能。

没有人一开始就对某项工作专业,专业是靠磨炼出来的。任何人,特别是作为现代企业的员工,一开始则必须做到敬业。

工作既有效率又有专业水平,按理说应该是不可多得的人才,但是如果在工作态度上冷漠、傲慢、不合作,缺乏应有的敬业精神,即使拥有再好的才能,还是会让公司避之唯恐不及。从这个意义上说,敬业比专业更重要。

那么,怎样才叫敬业?首先要有责任心,要有主人翁精神,凡是自己的工作,要想方设法高质量地完成。敬业就是不允许自己的工作出一点差错。

要敬业,也要精业。这是当今企业对人才的普遍要求。麦当劳早在 40 多年前就开办了"汉堡包大学",对员工进行"敬业+精业"的系统培训。一位事业成功的制造商说:"能制造一根质量过硬的针,比只会制造一台糟糕的蒸汽机要好。"这里所说的"制造一根质量过硬的针",其实指的就是敬业精神,也是精业精神。

为了帮助大学生们理解企业,知晓企业的用人标准,北京市高校毕业生就业指导中心对150多家国有大中型企事业单位、民营及高新技术企业、三资企业的人力资源部门和部分高校进行了问卷调查。结果显示,以下八类大学生更容易得到用人单位的青睐。

(1) 在最短时间内认同企业文化。
(2) 对企业忠诚,有团队归属感。
(3) 并非名校背景,但综合素质好。
(4) 有敬业精神和职业素质。
(5) 有专业技术能力。
(6) 沟通能力强、有亲和力。
(7) 有团队精神和协作能力。
(8) 能带着激情去工作。

上述调查结果,看似简单,其实已经给大学生们清楚地指明了努力的方向。

门票与刷卡

一位台湾咨询专家讲过这样两个真实的故事:

第一个故事:1994年年底该专家到洛杉矶上课,课程结束后好友带他参观纽约有名的"大都会博物馆"。付款后,柜台给每人一个约10元台币大小的金属片门票,并附有两个夹子,以方便旅客别在衣领上。友人告诉他参观中途可以随时出来,如果还要再进去,门票就不用缴回,可以凭原门票再次进入。确定不再进去参观,就把门票丢入门口的亚克力玻璃柜中。

该专家问:"门票的形式、颜色每天换吗?"朋友回答:"没有。"

"那会不会有人把门票带回家,过几天再来呢?或是10人进去只买5张门票,其中一人再把门票带出来给其他人?"

朋友大笑:"只有台湾人会这么想!美国人想法单纯多了,进去就是要买门票,不再进去就缴回门票。基本上美国人相信大家都是守法的好人,所以门口工作人员很少。"

刹那间让该专家觉得很惭愧。

第二个故事:台湾积体电路制造股份有限公司(简称台积电)的餐厅跟科学园区的其他厂商一样,采用外包模式,一样干净整洁明亮。所不同的是餐厅没有人帮你打菜,要吃什么一切自己来,发水果的地方贴了一张纸条,上面写着:"每人限拿一袋"(洗好、切好的)。连入口处也很少有人管,进餐厅自己用识别证刷卡,月底自动从薪水中扣除。

一位台积电副理介绍:有一位员工被抓到吃饭时没有刷卡,第一次给予警告,第二次直接开除了。由此可见,台积电能当半导体生产的老大哥确实是有其道理的。

1.2 能力素质概论

企业人力资源管理人员(Human Resource,HR)都明白,一个特定的职位必须要有适合它的人才,不是所有人都能适合某一个职位的。基于此,企业在招聘人才的时候必然有着明确的考察指标。

1.2.1 现代企业招聘的三个核心衡量要素

现代企业在招聘时,一般都是从以下三个核心要素出发去衡量一个职位所需人才的。

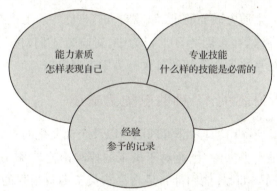

图1-1 企业招聘三个核心衡量要素

1. 能力素质(Competencies)

考察应聘者是否具备工作所需的基本能力素质和职业素养,诸如智能水平、与人相处的能力、工作的热情等。着重考察该应聘者"怎样表现自己(How it is performed)"。

2. 专业技能(Professional Skill)

考察应聘者是否具备工作所需的专业技能,诸如财务管理中进行财务分析的能力、成本管理的能力,人力资源管理中进行人力资源规划的能力、管理培训的能力,电脑系统管理中进行电脑维修的能力、系统维护的能力,市场营销管理中管理代理商的能力、市场反应的能力等。着重考察对于该职位最重要的专业技能"什么样的技能是必需的(What is required)"。

3. 经验(Experience)

考察应聘者是否具有与该职位相关的工作经验,如是否在同类产品市场有过市场营销的经验,是否熟悉某项业务流程的运作,能否以最快的速度投入到工作中去,并且能够带来新的想法和思路。着重考察该应聘者提供的工作经历"过去(Track Record)"。

在现代企业招聘的三个核心衡量要素中,能力素质是本书阐述的重点,因为专业技能和工作经验在一段时期之内是稳定的,而能力素质才能表现出一个人的发展潜力。

1.2.2 判断个人潜力的标准——能力素质

现代企业将能力素质作为其判断个人潜力的标准。那么什么是能力素质呢？能力素质是一个组织为了实现其战略目标、获得成功，而对组织内个体所需具备的职业素养、能力和知识的综合要求。也有人称之为岗位胜任能力。

1. 知识

指员工为了顺利完成自己的工作所需要知道的信息，如专业知识、技术知识或商业知识等。包括员工通过学习和以往的经验所掌握的事实、信息和对事物的看法。

2. 能力

指员工为了实现工作目标，有效地利用自己掌握的知识而需要的能力，通过反复的训练和不断的经验积累，员工可以逐渐掌握必要的能力。

3. 职业素养

指组织对员工个人素质方面的要求，如诚实、正直、良好的工作态度等，是一种较深层次的能力素质要求，它渗透在人们的日常行为中，影响着人们对事物的判断和行动的方式。而知识和能力则较直接地在人们的日常行为中表现出来。

1.2.3 现代职业人必备的17种关键能力素质

每一家企业根据其产品市场、内部管理流程以及企业文化的不同，对员工都有着相应不同的要求。但是从根本上来讲，企业对于员工的要求是比较统一且有规律可循的。即使世界500强企业也同样如此，他们都希望自己的员工拥有很强的分析判断能力和与人打交道的能力，且拥有一流的工作态度。我们分析了许多世界500强企业的员工手册、职位说明书及招聘时的面试问题，归纳出了最受企业重视的17种关键能力素质，分别是：团队合作能力、领导力、目标管理能力、时间管理能力、计划执行能力、沟通交流能力、客户服务能力、分析能力、结构化的思维能力、学习能力、信息处理能力、创造力、开拓能力、市场敏感度、职业化行为、充满激情工作、诚信正直等。

一项能力素质最终表现为若干具体的行为，如"团队合作"能力。

图1-2为能力素质冰山模型。

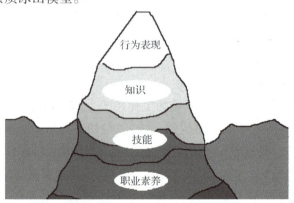

图1-2　能力素质冰山模型

1.2.4　能力素质理论的发展过程

20世纪50年代后,随着对员工能力素质要求多样性的增加,将能力素质作为一种管理工具,开始在实践中不断予以总结,以提高其科学性和实用性。

第一阶段:20世纪60年代,哈佛大学的麦克利兰教授(David. C. McClelland)首先提出能力素质的概念,以帮助企业寻找那些与员工个人能力相关并能够协助企业提高其绩效的因素。

麦克利兰的研究发现,能力素质是持久的达成岗位绩效的最好判断因素,不仅有针对每个员工的能力素质评估,并且每个岗位都有与其匹配的能力素质类型和等级,能力素质模型是通过观察和访谈绩效杰出的员工而总结出来的。

第二阶段:由于企业面临的环境变化趋势的加强,能力素质的关注点也有了相应的变化,更加着眼于企业未来的持续发展,公司战略对于能力素质的影响程度也愈加深化。而能力素质模型的建立,从原先识别何种能力素质是以往获得成功的关键因素,转变为识别何种能力素质是未来获得成功的关键因素。

第三阶段:由于培养现代职业人的需要,有效缩短学校与企业的距离,能力素质的概念被引入到高校的学生职业素质培养过程中,着眼于帮助学生理解未来、明确目标、快速成长,成为在职场中受欢迎的优秀人才。

1.2.5　能力素质模型及应用

1. 能力素质模型

司机在道路上安全行驶,需要遵守交通规则,正确规避行人和车辆,熟练停放汽车。

分析:在这个过程中,司机承担了很大的责任,如果稍不小心,轻则剐蹭,重则出现严重的车祸。司机完成这个过程需要很多能力吗?其实司机只需要三项能力:掌握交通知识和规则、路面安全行驶和正确出库入库。

通过这个例子,我们看到司机这个工作并不需要太多的能力,其实包括销售在内的任何工作都可以通过数量不多的能力来完成。

既然每个职位不需要太多的能力素质,那我们就可以将这些能力素质寻找出来,定义清楚,这样我们就为每个职位找到一系列的能力素质(能力素质的集合),通过规范员工行为表现,实现公司对员工的职责要求,确保员工的职业生涯和个人发展计划与公司的经营目标及客户的需求保持高度的一致性,并有助于公司经营目标的实现和提高客户满意度。

我们把员工胜任岗位的能力素质集合,称为能力素质模型,也有人称之为岗位胜任能力模型。

图 1-3 为某公司客服岗位能力素质模型。

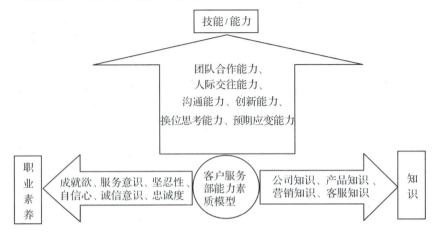

图 1-3　某公司客服岗位能力素质模型

不难看出,能力素质模型就是将这些能力素质按内容、角色或者岗位有机地组合在一起。企业根据从事某岗位的员工所应具备的能力素质,从知识、技能和能力、职业素养三个层面构建其能力素质模型。

能力素质模型广泛运用于人力资源管理的各项业务中,如员工招聘、员工发展、工作调配、绩效评估以及员工晋升等。

诺基亚培训销售人员

为了能够更深入地覆盖中国市场,诺基亚招聘了大量的门店销售人员。主管人员仔细观察他们的销售行为后,发现了不少问题:与客户打招呼时没有统一的规范,往往不能成功留住客户的脚步;很多销售人员不知道询问客户的需求,不能恰到好处地介绍产品。而优秀的销售人员的特点是:在客户刚出现时就立即向客户微笑寒暄,使用开放性的提问,完整、清晰地挖掘客户需求;不仅介绍产品,而且介绍对客户的益处,时刻留意购买信号,促成交易。而这些特点就是销售人员必备的销售技巧。

诺基亚据此建立了销售人员能力素质模型,用于培训,把这些优秀销售人员的行为特征变成其他销售人员的工作习惯和组织的能力。当顾客采购手机的时候,所有销售人员都可以按照高标准的水平进行销售了。

2. 能力素质模型的特点

(1) 具有行业特色。

能力素质模型反映的是某类行业对人员的整体素质要求,包括知识和技能的范围、对所服务客户的认识程度等。

(2) 具有企业特色。

能力素质模型反映的是单个企业对特定人员的要求,并且细化到行为方式的程度,即使是处于同一行业的两个企业,由于企业文化、经营目标、经营策略的差异,纵然企业在人员要求的能力条目上完全相同,也很少有两个企业的能力素质的行为方式要求是完全一致的。

(3) 具有阶段性。

能力素质模型的行为模式由于与企业经营相联系,因而具有阶段性。在企业的特定时期内,某项能力素质,甚至是某一组能力是至关重要的,而在另一个阶段,由于企业的经营目标或经营策略发生变化,能力素质模型也会随之更新和改变。

3. 能力素质模型在人力资源管理中的应用

(1) 员工招聘与录用。

① 工作分析。工作分析是企业实施招聘的基础,如果仅对岗位的组成要素进行分析,如岗位性质、特征、职责权限、劳动条件和环境,很难识别岗位的胜任特征要求。

基于能力素质模型进行的工作分析,侧重研究岗位要求的与优秀绩效表现相关联的特征及行为。结合能力特征及其行为表现来定义岗位的任职资格要求,可使其具有更强的绩效预测性,从而为招聘与录用提供参考。

② 录用决策。企业招聘之难在于识别应聘人员的潜在素质,即如何根据应聘人员以往的工作表现预测其未来的工作绩效。以应聘人员的知识、技能及经验背景等外在特征为依据做出录用决策,缺乏对应聘人员未来绩效的科学判断与预测,将会给企业带来很大风险。

基于员工能力素质模型的招聘与甄选,旨在从应聘人员过去经历中的行为表现发掘其潜在素质(能力素质是深层次特质,不易改变),分析其与应聘岗位胜任能力的契合度,并预测其未来工作绩效,从而做出录用决策。

(2) 员工培训需求分析。

企业实施培训是为了帮助员工弥补自身不足,提高岗位胜任力,从而使其达到岗位要求。培训的首要环节是科学、合理地分析员工的培训需求,只有结合员工和岗位的实际培训需求才能制订出有针对性的培训规划。

基于能力素质模型的培训系统不仅能够发现员工不足,有针对性地培养员工的核心技能,使培训有的放矢,开发员工的潜在素质,激发并强化员工的优势与潜能,也能够为企业储备具备核心能力素质的人才。

(3) 绩效考核体系建立。

绩效考核工作的关键环节是建立绩效考核指标并设定相应的绩效标准。其中,考核指标是指关系到员工工作产出的关键项目,绩效标准是指对员工在考核指标项目上的行为表现应达到的目标或程度的描述。

能力素质模型区分了绩效优秀和绩效一般员工的行为表现差异,这就为设定绩效考核指标、标准及目标提供了进一步的佐证和支持。以能力素质模型为基础的绩效考核体系能够对履行岗位职责和执行岗位任务所取得的成果进行客观的绩效评价,真实地反映员工的能力素质水平。

4. 学习能力素质模型的意义

企业建立了员工能力素质模型,可以作为人力资源开发和管理的重要工具,可以为员工招聘、培训、晋升、员工绩效考核和薪酬设计提供依据和标准。只有将能力素质模型融入具体的人力资源管理工作中,才能真正发挥能力素质模型的作用。

了解并掌握能力素质模型,可以有以下几个作用:

(1)可以帮助学校进行教育教学改革,合理调整教学目标和内容,科学改变教育教学策略,制订最佳的人才培养方案。

(2)可以帮助学生明确在校学习的知识和技能目标,便于做好学习规划。

(3)可以帮助学生科学合理地制订自己的职业生涯规划,有利于在未来拥有自己理想的职业生涯。

(4)可以促使学生在校期间自觉提高自身职业素养,为成为现代职业人打好基础。

(5)可以帮助学生结合自己的能力素质特点更好地去应聘合适的岗位,提高就业的竞争力和成功率。

(6)可以帮助学生顺利地完成从学生向职业人的转变,很好地胜任已获得的岗位。

(7)可以帮助学生高效地进行就职后的培训和学习,并科学制订自己在企业的职业发展路线,从而尽快成为一名优秀员工。

绿洲里的老先生

一个年轻人来到绿洲,碰到了一位老先生,年轻人问老先生:"这里怎么样?"老人却反过来问年轻人:"你的家乡怎么样?"年轻人回答:"糟透了!我很讨厌。"老人接着说:"那你快走吧,这里跟你的家乡一样糟。"

后来另外一个年轻人来到了绿洲并问了老先生同样的问题,老先生也同样反问了年轻人,年轻人回答说:"我的家乡很好,我很想念家乡的人、花、事物……"老人则对他说:"这里也跟你的家乡一样好。"

旁听者感到很奇怪,问老先生:"为什么前后的说法不一致呢?"老先生说:"你要寻找什么?你就会找到什么!"

老王是一家公司的业务主管,他招聘了小赵、小孙、小李三个年轻人担任业务员,做业务难免会经受各种各样的困难与艰辛。

小李在遇到挫折之后,回到公司就向老王抱怨说:"都是你叫我进来的,都是你害我的。"

小孙在遇到挫折之后则是这么想的:反正我有底薪嘛,我天天叫主管请我吃饭,月月领底薪。

而小赵在遇到挫折之后则告诉自己:我要有耐心,不能因为一时的挫折就沮丧,就算要离开,也要先向成功者请教。

结果,小李很快就离开了业务岗位,而小孙则在三个月考核期过后也离职了,只有小赵留了下来,并且业绩越来越好。

其实,只要你保持积极的心态,一心追求成功,那么你就更有可能取得成功。

学习十二种动物精神

对待第一份工作的态度,在很大程度上决定着你是否能够顺利完成从学生向职业人的转变。因此,正确的工作观十分重要。刚进入企业的新职员应该如何建立工作观呢?一位从事人力资源工作多年的专业人士给出了以下建议:

正确的工作观,有如人生路上的明灯,不但会为你指引正确的方向,还会为个人的职场生涯创造丰富的资源。下面以12种动物的精神做比喻,在它们的身上你可以看到不同的工作观。

1. 尽职的牧羊犬:新职员要建立负责任的观念,让主管、同事觉得孺子可教。抱着多做一点就多学一点的心态,你很快就会进入状态。

2. 团结合作的蜜蜂:新职员进入公司,往往不知如何利用团队的力量完成工作。现在的企业很讲究团队合作,这不但包括依靠团队寻求资源,也包含主动帮助别人,以团体为荣。

3. 坚忍执着的鲑鱼:新职员由于对自己的人生还不确定,常常三心二意,不知自己将来要做什么。设定目标是首先要做的功课,然后就是坚忍执着地前行。途中当然应该停下来检视一下成果,但变来变去的人,多半是一事无成的。

4. 目标远大的鸿雁:太多年轻人因为贪图一时的轻松,而放弃未来可能创造前景的挑战。要时时鼓励自己将目标放远。

5. 目光锐利的老鹰:新职员首先要学会分辨是非,懂得细心观察时势。一味接受指示、不分对错,将会事倍功半,得不到赞赏和鼓励。

6. 脚踏实地的大象:大象走得很慢,却是一步一个脚印,累积雄厚的实力。新职员切忌说得天花乱坠,却无法一一落实。脚踏实地的人会让别人有安全感,也愿意将更多的责任交付与你。

7. 忍辱负重的骆驼:工作压力、人际关系,往往是新人无法承受之重。人生的路很漫长,学习骆驼负重的精神,才能安全地抵达终点。

8. 严格守时的公鸡:很多人没有时间观念,上班迟到,无法如期交件等,都是没有时间观念导致的后果。时间就是成本,新职员时期养成时间成本的观念,有助于日后晋升时提高工作效率。

9. 感恩图报的山羊:你可以像海绵一样吸取别人的经验,但是职场不是补习班,没有人有义务教导你如何完成工作。学习山羊反哺的精神,有感恩图报的心,工作会更愉快。

10. 勇敢挑战的狮子:勇于承接重大责任、新任务,对于新职员是最好的磨炼。若有机会,应该勇敢挑战看似不可能完成的任务,借此累积别人得不到的经验,下一个升职的可能就是你。

11. 机智应变的猴子:工作中的流程有些往往是一成不变的,新职员的优势在于不了解既有的做法,而能创造出新的方法与点子。一味地接受工作只能学到工作方法的皮毛,能思考应变的人,才会学到方法的精髓。

12. 善解人意的海豚:常常问自己,诸如"我是主管该怎么办?"等问题,有助于学习处理事情的方法。在工作上善解人意,会减轻主管、同事的负担,也会让你更具人缘。

【思考题】

1. 将自己与容易得到用人单位欢迎的八类大学生进行对比,你觉得自己符合其中的哪几类,请举例说明。

2. 什么是能力素质及能力素质模型?请参照图1-3,查找资料,尝试画出自己未来心仪职位的能力素质模型图。

第二讲 团队管理

20世纪60至70年代中期,日本经济起飞,迅速成为世界经济大国,企业的国际竞争能力跃居世界前列。美国等西方国家对日本式的奇迹产生了浓厚的兴趣,他们对日本企业展开了深入的研究,希望找出日本经济腾飞的奥秘。同时,日本国内管理界也对"日本式经营"进行了深入的探讨,以总结经验继续前进。有人把日本最优秀的员工与欧美最优秀的员工放在一起进行比较,结果发现,如果是个体之间一对一的竞争,日本员工多半不能取胜,但如果以班组和部门为单位进行竞争,日本员工总能取胜。进而发现日本企业的员工对企业有着一种强烈的归属感,同事之间精诚团结,共同维护团体利益,全身心地投入到企业事务中。相比而言,欧美企业的员工则很难做到这一点,他们大多奉行个人主义,不能形成 $1+1 \geq 2$ 的团队竞争力。经过广泛而深入的研究,人们普遍认为,日本企业强大竞争能力的根源,不在于其员工个人能力的卓越,而在于其员工整体"团队合力"的强大,起关键作用的是日本企业当中的新型组织形式——团队。

2.1 团队管理认知

2.1.1 团队的概念

1994年,组织行为学权威、美国圣迭戈大学的管理学教授斯蒂芬·P. 罗宾斯(Stephen P. Robbins)首次提出了"团队"这个概念:团队就是由两个或者两个以上的相互作用、相互依赖的个体,为了特定目标而按照一定规则结合在一起的组织。

钥匙与锁

一日,锁对钥匙埋怨道:"我每天辛辛苦苦为主人看守家门,而主人喜欢的却是你,总是每天把你带在身边。"而钥匙也不满地说:"你每天待在家里,舒舒服服的,多安逸啊!我每天跟着主人,日晒雨淋的,多辛苦啊!"

一次,钥匙也想过一过锁那种安逸的生活,于是把自己偷偷藏了起来。主人出门后回家,不见了开锁的钥匙。气急之下,把锁给砸了,并把锁扔进了垃圾堆里。主人进屋后,找到了那把钥匙,气愤地说:"锁也砸了,现在留着你还有什么用呢?"说完,把钥匙也扔进了垃圾堆里。

在垃圾堆里相遇的锁和钥匙,不由感叹起来:"今天我们落得如此可悲的下场,都是因为过去我们在各自的岗位上,不是相互配合,而是相互妒忌和猜疑啊!"

管理学中的"凯利法则"告诉我们:"大多数组织的成功,管理者的贡献平均不超过两成,任何组织和企业的成功,都是靠团队而不是靠个人。"很多时候,人与人之间的关系都是相互的,互相扯皮、争斗,只能是两败俱伤;唯有互相配合,团队协作,方能共同繁荣。

当今是一个需要团结合作的时代,单打独斗的英雄主义已经没有存在的意义和空间了。团队合作就是指一群有能力、有信念的人在特定的团队中,为了一个共同的目标相互支持、合作奋斗的过程。一个高效的团队应该充分而合理地利用每一个团队成员的知识、技能,通过协同合作的方式,一起解决问题,达到共同的目标。

团队必须具备五个基本特征:目标的共同性、心理上的认同性、利益上的依存性、行为上的关联性、配合上的组织性。

一个高效的团队应该具备如下九个特征:清晰的目标、相关的技能、一致的承诺、相互的信任、良好的沟通、谈判的技能、恰当的领导、内部支持、外部支持。

2.1.2 团队的核心:统一的目标和凝聚力

有人做过一个调查,问团队成员最需要团队领导做什么,70%以上的人回答:希望团队领导指明目标或方向;而问团队领导最需要团队成员做什么,几乎80%的人回答:希望团队成员朝着目标前进。从这里可以看出,目标在团队建设中的重要性,它是团队所有人都关心的事情。有人说:"没有行动的远见只能是一种梦想,没有远见的行动只能是一种苦役,远见和行动才是世界的希望。"

团队目标是一个有意识地选择并能表达出来的方向。它运用团队成员的才能,促进组织的发展,使团队成员有一种成就感。因此,团队目标表明了团队存在的理由,能够为团队运行过程中的决策提供参照物,同时能成为判断团队进步的可行标准,而且为团队成员提供一个合作和共担责任的焦点。

# 案例分析

三个木匠

有个人经过一个建筑工地,看见那里有三个木匠正在干活,于是他停下脚步,好奇地问他们在干什么,结果三个木匠给了他三个不同的回答。

第一个木匠回答:"我在做养家糊口的事,混口饭吃。"

第二个木匠回答:"我在做最棒的木匠工作,争取成为一个和鲁班同样伟大的木匠。"

第三个木匠回答:"我正在盖一座寺庙,我想成为一名优秀的木匠。"

如果我们把三个木匠放在现代企业的团队中,当作是我们的团队成员,我们就会发现,第一个木匠的目标设定得太低,在职场中,像第一个木匠这样的人会比较缺乏工作的自觉性和发展自我的动力。第二个木匠的目标设定得有点偏高,现代企业的团队中,像第二个木匠这样的人很可能是个比较孤傲、特立独行的人物。而第三个木匠的目标才是真正的与工程目标、团队目标高度吻合的,他的工作自觉性就会比较高,并且努力工作,发展自我的动力也会比较大,这样的人的目标会与组织目标的追求形成和谐的合力,他在努力工作、实现团队目标的同时,也发展了自我。

如果个人的发展目标与团队的目标一致,就会产生双赢的效果。第一个木匠是那种典型的"正当的工作,收取公平的报酬"的态度,对于个人的发展或团队的发展都没有什么既定的目标。而第二个木匠是很多专业人员和经理人关心专业性工作的表现。但如果团队的目标与他个人的发展目标出现差异时,不能及时调节的话,就会产生离心力,因为他的孤傲,他就只从个人的角度看问题。如此看来,第一个和第二个木匠都不会在业绩表现评估中取得好成绩。而第三个木匠则把团队目标与个人发展目标结合起来,即把建造寺庙和成为优秀木匠结合起来,这样他就会与建筑商齐心协力,不仅获得应有的报酬,而且还可利用建造寺庙的机会积累经验和学习新知识,达到提升个人技能的目的;而对建筑商来说,有了这样优秀的木匠,就具备了团队的竞争优势,这是一种双赢的局面。

所以,要想成为一名优秀的员工,在设定个人的发展目标时就要与团队的目标相一致,这是非常重要的。因为只有使自己明确工作目标后,在一个相对合适的平台上工作,才会最大效率地将自己的个人发展与公司目标有机地融为一体,才会取得最好的效果。

团队中的每一个成员与团队的目标一致,为同一个目标而努力,整个团队的效率就会提高;团队员工稳定,团队也相对稳定;团队的目标不一致,团队的建设就很难有突破性、持久性的发展。

陛下万岁

有一个国王为了显示自己的威信,决定在自己生日那天让全部子民同时高呼"陛下万岁"。他把时间定在了正午时刻,子民们也十分期望这一刻的到来,因为到时他们就能听到世界上最大的声音了。

有一位智者发现了这样一个问题:如果自己也呼喊的话,听到别人声音的效果将大打折扣。于是,他决定在呼喊的时候保持沉默,只是静静地听别人呼喊,这样就能仔细地听到全世界最大的声音是什么样的。

他把这个发现告诉了自己最亲密的人,想让他也能和自己享受到此种乐趣。结果,不到半天时间,这个消息传遍了整个国家。国王生日的那天正午时刻到了,大家翘首盼望着最大声音的到来,但是回应给他们的却是比平时更安静的沉默。

这个故事在管理界很受重视,经常被用来当作案例,目的就是提醒管理者一定要提防自己身边出现故事中的"智者"这样的偷懒行为。如果我们将故事中的臣民当作一个利益关联的团队,只有他们共同努力才能创造出世界上最大的声音。但是,如果团队中许多人同时怀有"同事那么多,不缺我一个"这样的思想,那么不干活的人就会越来越多,到处都是搭便车的人,最终就会导致一片"沉默"。国王听不到最大的声音,就会很不满意,就会处罚所有的国民,那么,这对那些竭力呼喊了的人是极其不公平的。他们呼喊了,但是他们还得承担没有呼喊的人的罪过,这样,将会影响到他们下次呼喊的积极性;而没有呼喊者,他们的惩罚被呼喊者分担以后变得轻了很多,他们会把这当成一种侥幸,甚至形成一种习惯。这样,国王再想听到世界上最大的声音基本上是永远不可能了。

所以,团队不是简单的人数相加,而是大家能团结一致围绕共同的目标前进。

一旦团队目标得以确立,领导最重要的工作就是要创造一个可以畅所欲言的组织氛围,并与成员探讨如何实现目标。这时,提升凝聚力的工作就显得非常重要。

团队凝聚力是指团队对成员的吸引力,成员对团队的向心力,以及团队成员之间的相互吸引力。团队凝聚力不仅是维持团队存在的必要条件,而且对团队潜能的发挥有着很重要的作用,也是衡量一个团队是否具有战斗力的重要标志。一个团队如果失去了凝聚力,就不可能完成组织赋予的任务,本身也就失去了存在的条件。

凝聚力高的团队具有如下特征:

(1) 团队内部沟通渠道畅通,信息交流频繁,无沟通障碍。

(2) 团队成员有强烈的归属感,愿意成为团队的一分子,并以此为骄傲。

(3) 团队成员具有较强的参与意识、强烈的事业心和责任感,并以主人翁的角色出现。

（4）团队成员具有很强的协作能力，互助风气明显，信息共享氛围浓厚。

（5）团队成员个人有很多的发展机会，愿意将自己的前途与团队的前途绑定在一起，并愿意将个人的目标和团队的目标融为一体。

2.1.3　团队管理的艺术

团队是现代企业管理中战斗的核心，几乎没有一家企业不谈团队。怎样的团队才算一个好团队？怎样才能运作好一个团队？许多企业管理者对此不甚了然，于是在企业团队建设的过程中就出现了许多弊病，特别是热衷于把一些培训课程中获得的理论片段生搬硬套到自己企业的团队建设中去，这样做，往往会事与愿违。

优秀的企业管理者应该解放思想，要有多元化的思维。要结合企业自身的特点，不搞一刀切，要因地制宜地建设团队，并努力使其达到高效。如果该企业是劳动密集型企业，可以建设一支具有高度纪律性、组织性的团队。如果该企业是知识密集型企业，那就要建立一支个性优先、人尽其才的团队，以有利于发挥员工的个人创造力。

要建设高效团队，就要有优秀的团队领袖（团队管理者）。一个具有杰出人格魅力的团队领袖拥有无形的力量，他能帮助团队中的每一个成员实现自己最卓越的表现，能使整个团队更紧密地结合在一起。团队领袖是整个团队的财富，这些优秀的人才需要社会、组织和个人共同努力才可以获得。

所谓团队领袖的无形力量，其实就是指团队领袖的人格魅力，就是团队领袖通过自身人格的外显而对团队中的每一个成员构成的吸引力和辐射力，它是由一个人的品格、智慧和才能凝结而成的。现代管理学中非常明确地提出，人格魅力是高效团队管理艺术的集中体现，它往往可以通过团队管理中的一些看似不经意或微不足道的事件和细节来得以体现。

每一个人都希望自己是一个很有魅力的人，甚至是一个魅力十足的人——因为我们每个人都有被接纳的渴望，而作为一名团队的管理者更应有这样的追求和渴望。我们在工作与生活中也常常有这样的感受：我们总是不由自主地被那些富有人格魅力的人吸引，也更愿意服从和服务于那些有人格魅力的团队领袖或管理者，他们总会给我们产生很大的影响。一般来说，在团队管理中，团队成员更乐于与那些热情、友善的团队领袖相处，他们总是给我们带来和谐融洽的感觉；团队成员也更易于信任那些虚心谦和、诚实守信的团队领袖。事实上，胸怀大度、光明磊落的团队领袖在任何地方都会迅速地赢得团队成员的尊重和敬佩。

团队领导者可以通过如下途径来体现管理艺术，提升管理效果：

1. 经常性地组织成员开展团队会议

领导者可以安排团队成员轮流主持会议，并使所有团队成员都能了解会议的主题和进程，并畅所欲言，自由地开展讨论。

2. 要善于讲故事

领导者要用讲故事的形式把自己的思想讲给团队成员听，也就是要善于用平白的语言表达深邃的道理,这样更能够让大家容易领会和接受。

3. 褒奖合作行为

为了促进团队合作、提高团队绩效,团队成员就应该讲明合作的成本——收益率,这是非常重要的,并且奖励的对象应是众望所归,应是团队工作中的先进人物。

4. 在团队内部经常开展各类文体活动

组织团队成员通过聚餐、体育比赛、文艺会演等活动,加强彼此间的了解,建立友谊,能促进成员在开展工作时紧密合作,互相支持。

5. 引导团队解决问题

团队为了生存与发展,必须能够发现存在于自身内部的各种隐患,并有效地消除这些可能妨碍到团队发展的障碍。团队领导者应首先确保团队始终聚焦于预设目标,不允许任何理由分散团队的注意力。

6. 合理授权

团队领导者要在抓住主要权力的同时,合理向团队成员授权,这对搞好工作、提高管理效率有着极为重要的意义。

用魅力影响下属

有人用"总裁=实力+魅力"来概括世界500强企业的总裁的特征,突出了实力与魅力是构成领导能力的因素。我们总是强调,总裁的能力比什么都重要,其实未必尽然。要成为一个优秀的总裁,除了拥有超群的实力,还需拥有非凡的领袖气质。这种领袖气质,我们通常称之为魅力。

魅力,可以说是总裁头上的光环;失去了它,再有能力的总裁在下属眼中也显得一无所有!

因此,要成为一个优秀的总裁,或想获得高超的驾驭下属的能力,都必须拥有迷人的魅力。

作为一个总裁,应静下心来仔细思考以下几个问题,并从中找到真正的答案:

(1) 为什么会有许多人在没有加班费的情况之下,仍然愿意辛勤加班?

(2) 为什么总有一批人为你所设定的目标全力冲刺?

(3) 为什么总有一批人为你毫无保留地奉献他们所有的才智?

(4) 为什么有人心甘情愿,不顾性命,赴汤蹈火?

多年来,许多人一直不断思索这些问题,终于取得这样一个答案:成功的总裁,是因为他具有99%的个人魅力和1%的权力。

总裁,其实就是把魅力发挥到极致,影响他人与你合作,从而实现目标的一种身份。

正如圣雄甘地所说:"领导就是以身作则来影响他人。"

一个人之所以为企业的主管或部门卖力工作,绝大多数的原因,是这些主管拥有个人魅力——像磁铁般征服了大家的心,激励大家勇往直前。曾经听到一位下属是这样推崇他的主管的:

"你和他在一起待上一分钟,你就能感受到他浑身散发出来的光和热,我之所以卖命努力,就是因为他身上那股强大的魅力,深深地吸引了我!"

从领导效能的观点来看,我们不得不承认:魅力远胜过权力。

多少年来,有关统御、领导方法的书籍和研究报告数以千计,讨论的主题涉及组织领导、领导者行为、权力领导,可谓数量众多,内容广泛。这些主题都包含了许多不错的构想。但事实上,它们都可以精简成这样一句话:"与其做一位实权在手的主管,还不如做一位浑身散发出无比'魅力'的总裁。"

带人要带心。做一位成功的老板,除非我们具备了相当程度的魅力与影响力,否则,是很难赢得下属的信赖和忠心的。

有位颇具成效的企业老板在某个研讨会上,曾单刀直入地告诉大家:"在现实社会里,众所周知的一流管理者,无一例外,每一位都具有一种罕见的人格特质,他们处处展现出魅力领袖的风范。他们不但能激发下属们的工作意愿,又具有高超的沟通能力,动之以情,晓之以理,浑身散发出特别吸引人的力量,尤其重要的是,他带领团队屡创佳绩,拥有一连串骄人的成就。运用奖赏力与强制力来管理,也许有效,但是如果你要提高自己的领导魅力,赢得众人的尊重和喜爱,我建议你们要尽最大的努力以影响和争取下属的心。假如你们之中谁能做到这一点,谁就能成为一位成功的总裁,而且也可能完成许多不可能完成的任务。"

说得多好啊!确实如此,优秀的领导才能,特别是个人的魅力或影响力,要比他的职位高低和提供优越的薪资、福利来得重要得多。它才是真正促使人们发挥最大潜力,实现计划、目标的魔杖。

主管们需要更多的是令人慑服的魅力,而不是令人生畏的权力。而是否拥有这种魅力,正是一个总裁或主管能否成功的关键!

2.1.4 团队建设中的个人成长

正如一位企业家所说的,不要以为你什么都行,离开了团队你可能一事无成;也不要以为你势单力薄,有了团队你也许什么都行。在职场和生活中,我们遇到很多的目标,虽然单靠我们某一个人似乎很难实现,但只要依靠团队的力量、集体的智慧,我们就能取得成功。个人只有把团队当成"家",把自己的前途和团队的命运紧密联系在一起,才能更好地实现自我价值。团队目标的实现也需要个人才智的发挥、个人潜能的激发,凝聚发展合力,才能推动团队目标的实现。

在管理学界,韦伯被称为"组织理论之父",与泰勒、法约尔并列为西方古典管理理论的三位先驱。他以哲学家式的冷峻和严密,创立了"组织管理"相关理论,他认为:权力赋予职位,而非个人。组织把这个具体位置人格化,并赋予它角色以及与这个角色相对应的权力。其次要明白,你在组织中所处的位置。所以说,工作和体育比赛的道理是共通的:位置感很重要。而摆不正位置,是我们工作失误和烦恼的缘由之一。在团队建设与个人成长过程中,个人在团队中一定要认知并实践自己的角色,为实现团队与个人的目标而努力。

准确定位自己

世界上本没有领导者,追随的人多了也便成了领导者;世界上本无追随者,因为心中有了梦想,才有了追随者。

春秋时期,孔子的学生子贡问孔子,他的同学子张和子夏哪个更贤明一些。孔子说,子张常常超过周礼的要求,子夏则常常达不到周礼的要求。子贡又问,子张能超过要求是不是好一些。孔子回答说,超过和达不到的效果是一样的。

这就是过犹不及的典故。过犹不及包含了两个含义,一个是达不到,一个是超过了。

有些人喜欢抢着干工作,实际上有些工作由上司出面更合适,若你抢先去做,反而造成工作越位,费力不讨好。军队中的军衔代表了等级,这种等级规定了在各种场合中各人的位置。在队列中,低级军官若站在高级指挥员的位置上,就属于场合越位。在商务交往中参加宴请,主人应该坐哪个位置,主宾应该坐哪个位置,主陪应该坐哪个位置,都是有规矩的。主宾坐到主人的位置上就是场合越位———成语"喧宾夺主"大意如此。

企业里往往有很多优秀员工,这是一群让人敬佩的群体,他们的专业技能来自于不断地总结和自我提升。但是也许就是因为如此,自我崇拜的苗头就会萌生,一些人在企业中开始"嚣张",对企业的其他员工颐指气使,一副老子天下第一、无所不知的姿态。这些"嚣张"的人最后待在企业的时间往往并不长,半年、一年或者两年就离开了企业,他们离开的原因不是因为他们的能力,而是因为他们不融于企业潜规则的自我陶醉。

"水大漫桥",是缺乏位置感的表现。缺乏位置感,就会丢饭碗。聪明的职场中人要有"适当地放低自己,方能海纳百川"的胸怀。要做到这一点就需要我们调整心态,不自吹自擂,回避公众的恭维,对待同事要克服和改掉狂妄自大、自视甚高、一意孤行的毛病,不断自我反省、自我修炼、自我检讨。

我们在平时的工作中,应该相互欣赏、相互理解、相互信任,而不是相互瞧不起、相互不买账、相互抬杠,甚至对方反对的我就拥护,对方拥护的我就反对。在企业中发生的许多矛盾,其实很多情况下并不是有意发生的,根本原因在于我们在谦虚、谨慎方面修炼得不够。古人说"心满为患",同样,我们中的不少人在取得了一点小小的成绩后,就已经把自己心中的门反锁上了,他无法走出自以为是的小天地,别人也无法打开这扇门。因此,打开心门,以谦虚、谨慎、开放的心态对待同事,将有助于自我的成长,也将会促进业绩的提高。

其实,老板与员工之间既是矛盾对立体,又是利益共同体。老板希望借助员工的知识、经验和能力,带领企业赢得竞争,走向辉煌,追求的往往是长远的利益;员工则是希望借助企业这个平台施展自己的才华,实现自身的价值,追求的大多是短期的回报。双方各取所需,既存在价值取向的不一致,又有协作的愿望和必然性。

所以,只有成为一个能够正确定位的人,才能给自己的职业生涯不断创造精彩!

2.2 关键能力素质

2.2.1 团队合作能力

为什么很多才华横溢的人往往不是事业的成功者,而一些能力平平的人却能够在事业上如鱼得水?一个人即使你能力再强,如果你恃才傲物,缺乏与周围环境的良好亲和力,没有与别人的合作,则很难取得成功。有些人虽然才智平平,却懂得如何为人处世,如何把握机遇,懂得借力打力,在与别人的合作中取得了成功。

有一句话说得好:"没有完美的个人,只有完美的团队"。团队合作能力是适应社会、立足职场、成就事业的不可或缺的重要素质,是指建立在团队的基础之上,发挥团队精神,关注团队的整体目标而非个人利益,互补互助以达到团队最大工作效率的能力。如果缺乏与他人合作的能力,不仅在事业上会毫无建树,而且很难适应并融入社会中。只有具有团队意识,能与他人合作的人,才能获得生存空间,才能赢得更大的发展。

微软 Windows 2000 这一视窗系统有 3000 多名软件工程师参与编程、开发和测试,如果没有高度统一的团队精神,没有全部参与者的分工合作,这项工程是根本不可能完成的。所以,一支良好合作的员工队伍直接关乎企业的兴衰与成败,由此也就不难理解为什么企业在招聘人才时经常把团队合作能力(或精神)作为一项重要的考核指标了。因为每个人只有将自己融入集体中,才能充分发挥个人的作用。企业中每个人的工作都不是绝对独立的,合作是为了更好地工作。一项工作的完成,一定是大家共同努力的结果,唯有团结合作才能不断增加企业的向心力和凝聚力,使企业永远保持欣欣向荣。现在,团队合作已成为企业最为重要的价值观和理念之一,并将其作为员工晋升的重要指标。

团队合作能力行为特征比较如表 2-1 所示,团队合作能力分级定义如表 2-2 所示。

表 2-1 团队合作能力行为特征

能力素质	具备此能力素质的行为特征	不充分具备此能力素质的行为特征
团队合作能力	1. 作为团队一员,愿意并富有建设性地参与工作。 2. 表现出对团队的认同,支持团队决策。 3. 公开坦诚地与团队共享信息。 4. 为了团队的利益能够调整自己的位置。 5. 重视他人的看法、专长和所提供的信息。	1. 做他们想做的而与团队决策无关的事。 2. 牺牲团队其他成员以谋求自身发展。 3. 不接受他人的观点、想法。 4. 隐瞒关键信息,暗中破坏团队的工作进程。

表 2-2 团队合作能力分级定义

能力素质	级别	行为表现
团队合作能力	1级	1. 有一定的团队合作意愿,但在具体的团队合作中稍显欠缺。 2. 对于职责范围内的工作能够主动承担。
	2级	1. 能够做到以团队利益为重,从大局出发思考、解决问题。 2. 对于团队成员的工作成绩及时给予肯定,并能做到与团队成员共享知识和经验。
	3级	1. 能够凭借自身的影响力将整个团队的力量凝聚起来。 2. 能够及时发现团队合作过程中出现的障碍,并采取有效措施将其化解。 3. 能够建立团队资源共享平台,确保团队任务的达成。

面 试 实 例

面试官:你认为企业为什么需要团结协作?

问题分析:这个问题可用来判断应聘者是否具有合作精神。作为一名合格的员工,他应该不仅能和人合作,还应该在需要的时候具备独立工作的能力。因此,面试官应该从他的回答中得到这两方面的信息,同时也可根据他应聘的岗位来确定他是否需要独立工作。

应聘者:在必要的时候,我很乐意独自工作,而且我不需要别人的督促也可以保质保量地完成工作任务。然而,我也愿意和别人一起工作,俗话说:三个臭皮匠顶个诸葛亮嘛,大家分工协作、互相配合,这样能更加高效地完成任务。另外,我理解的合作精神是指一个人为了保证实现部门的工作目标,在必要的时候可以牺牲个人的许多东西,比如当个人的利益与团队的利益发生冲突时,个人就要适当地做出牺牲,应以大局为重。合作精神还包含这样的含义:一个人渴望成为团队中的一分子,通过自己的努力工作及所具有的向心力使部门的群体力量比各个成员之和更强大。

点评:这位应聘者的回答表明他对团结协作的内涵理解得很深刻,而且升华了一个高度,即为了团队利益可以牺牲个人的利益,说明了他是忠诚、敬业的员工,同时也显示了自己独立工作的能力。

二

面试官：你与同事相处，是否能做到赏识别人的优点？请讲一段具体的事例。

问题分析：面试官提出的这个问题是要考查应聘者是否善于团结协作，是否拥有欣赏别人的眼光和接纳别人的胸襟，以及是否具备复合型人才的条件。应聘者可以结合自己的经历来讲述一段成功的事例。应交代清楚时间、背景、具体内容及事件的结果，从中自己学到了什么，有什么样的感受等。

应聘者：我就讲一段我自己的求职经历吧。我曾经去一家著名的广告公司求职，当时很顺利地通过了第一轮测试，成了10个入围者之一。第二轮测试内容很简单：让每位入围者按要求设计一件作品并当众展示，让另外9个人打分并写出相关的评语。

我在评分时，发现其中3个人的作品非常出色，我很佩服他们。其实我当时的心情也很复杂，但是最后我还是给他们打了高分，并给予了很高的评价。

让我感到很意外的是，最后我入选了！而最出色的那3个人中只有一位入选，我当时搞不懂原因。

该广告公司总经理的一番话解开了我心中的谜团，他说：入围的10个人可以说都是很优秀的，专业水平都很高，这固然是重要的方面。但公司更加关注的是，入围者在相互评价中是否能够彼此欣赏。有的人心胸狭隘，自以为是，看不见别人的长处，对别人的优点视而不见，这样的人即使专业水平再高也不能算真正的人才。落选的那几个应聘者虽然专业水平不错，但遗憾的是他们缺乏欣赏对手的眼光。

听了总经理的一番话，我顿然明白，也庆幸自己不是心胸狭窄的人，同时我更懂得了欣赏别人的重要性，它反映了一个人的胸怀与综合素养。从此以后，对于优秀的人我总会用欣赏的眼光去看待，甚至会有一种惺惺相惜的感觉。

点评：这个应聘者所讲的似乎并不是一个直接关于合作的故事，因为在这个故事里，大家都是一个人完成自己的作品。其实故事里想要表达的含义并不限于此，能够欣赏别人、接纳别人，不自命清高，才是应聘者所要表达的，因为这些品质是合作真正开始的必要条件。通过应聘者的娓娓道来，很好地诠释了他对合作的理解，从中可以看出他身上具备复合型人才的素质。

2.2.2 领导力

乔布斯说过这样的一句话："领导者，是梦的追寻者。"团队领导者要关注如何规划团队并让其运作起来，要努力使团队成员对其提出的理想充满热情，相互团结，有强烈的方向感和力量感，努力探索，不断反思和学习。

英国蒙哥马利将军认为："领导才能是把人们集结到一个共同目标下的能力和意志力，以及激励人们自信心的品德。"

美国第34任总统艾森豪威尔说:"领导才能是决定要做什么并且让别人愿意做的能力。"

前人所说的"领导才能",也就是我们今天所说的"领导力"。其实,每个人都有领导力,领导力是影响他人和带动自己达到更高的绩效标准及能够成功组织完成各类项目、活动的能力。领导力应该包括"描述未来,敢于决策,建立关系,激励众人,增长才干,交付成果和有容乃大"这些内容,它对任何人来说都是非常重要的。

领导力之所以备受推崇,其原因就在于领导力不但能使事情发生,而且是使事情发生的第一力量。

领导力是由领导人员的个人价值观和信念,以及他们的态度、行为和领导方式等共同衍生出来的,是领导者的相关技能和能力的一个函数。所谓"相关技能"是指领导者在具体情境下分析人员和任务的技能,而"相关能力"是指领导者合理调整领导方式的能力。

在任何给定的情境中,具有最大正式职权的人不一定是领导者。一个潜在的领导者,可能是试图影响他人行为的任何个人,不论他是他们的下属、同事还是上级。因而,有志于成为一名优秀领导人的管理者,应该选择最合理的影响、管理或者沟通方式,以使特定的人员实现必需的目标。

领导力主要体现在以下几个方面:

(1)面对冲突时,能根据具体情况果断采取适当的处理方法,趋利避害,使获益最大或损失最小,并且愿意为下属承担错误和责任,深受下属的拥戴。

(2)面临需要处理的大量复杂的问题和矛盾时,不是事必躬亲,而是通过有效地利用各种资源并充分授权去完成。

(3)善于沟通,及时为团队确定目标,并能采取各种激励方法帮助员工克服障碍。

(4)善于运用个人领导魅力有效影响下属,并能够劝导下属配合组织工作。

领导力行为特征比较如表2-3所示,领导力分级定义如表2-4所示。

表2-3 领导力行为特征

能力素质	具备此能力素质的行为特征	不充分具备此能力素质的行为特征
领导力	1. 给予团队成员清晰的发展前景和发展目标。 2. 明确个人与团队的角色分工与职责权限,避免混乱的工作局面。 3. 设定富有挑战性的目标,并取得他人对此的认同。 4. 承认个人绩效并给予反馈。 5. 给予合适的人选充分的权限,使其最大可能地发挥潜能。	1. 不能为个人和团队设定标准或目标。 2. 制造和加剧冲突。 3. 不能体察团队的需要。 4. 没有明确团队的分工。 5. 无法完成项目的组织、不能进行有效的工作安排。

表 2-4　领导力分级定义

能力素质	级别	行为表现
领导力	1 级	1. 能够领导团队成员,使其达成合作关系。 2. 能够通过监督所属团队成员的工作,保证团队目标的实现。
	2 级	1. 能够将所属团队成员聚集在自己的周围工作。 2. 能够以身作则,带领团队完成特定的任务。 3. 能够为团队成员建立清晰的愿景,并知道通过何途径去实现。
	3 级	1. 在团体中,不需要任命或选举而成为群体的核心。 2. 能够通过设计目标愿景而使团队成员不懈地为目标而努力。 3. 能够通过引导或授权,使团队成员自发、自愿地形成一个集体,并为同一目标努力工作。

一

面试官：你认为作为一个领导最主要的工作职责是什么?

问题分析：面试官提出这样的问题,是想考查应聘者对于领导能力的具体理解,应聘者应结合自身的实际工作经历和自己对这个问题的理解来阐述,应尽量全面而具体,最好能在回答的基础上进行深度的探讨,让面试官相信你是一个有着卓越领导才能的人。

应聘者：我认为一个好的领导必须做到以下三点：第一,要明确告诉下属应该做些什么及怎么做。领导如果不能让下属明确哪些是他们必须做到的,哪些是应该做而现在没有做的,就会造成工作上面的混乱无序。同样,如果不在一开始就告诉他们应怎样做,他们在这项工作上就会达不到你的要求,下属也学不会独立工作。第二,要明确分工,给予适当的权限。领导必须明确个人分工和职责,最大限度地利用下属的力量。必须了解每个下属,明白每个人的长处和短处,给予合理安排,使每个下属的潜能得到最大的发挥。第三,对下属的工作无论好坏都要及时地和他们沟通,要让他们在第一时间知道什么是正确的,应该继续做下去,什么是错误的,应该马上停止或及时纠正。

点评：该应聘者的领导概念清晰,思路很有条理,在回答中抓住了领导力的具体行为表现并加以分析,让面试官觉得他是一个有条理、具有领导才能的人。

二

面试官：假如你是一家公司的销售经理,最近你们部门新进一名员工,这名员工工作时经常偷懒,工作任务也常常完不成,你想解雇他,你会怎么做?

问题分析：这是对应聘者的领导能力的一种考查。作为领导,什么类型的员工都可能遇到,什么样的事情也都可能发生。如果只是简单地把员工叫到办公室,直截了当地告诉他,他被解雇了,这说明领导方式比较传统、独裁;只是一味地要求下属把工作做好,而不能忍受下属犯错误,这样做会使下属心生不满,不利于整个团队的和谐与稳定。

应聘者:我会把这名员工叫到办公室,以友好的态度和诚恳的语气详细地说明他真的不适合在本公司工作,离开了本公司也许他会有更好的机遇,在其他公司他可能会干得很好,会有更好的发展空间,同时我会把工资一分不少地给他结清,让他心里不至于有太多的怨恨;同时我也会安抚其他的下属,让他们安心工作,不要受这件事情的干扰。

点评:这位应聘者的回答充分地展示了他民主式的领导风格,待人友善,能够顾及员工的自尊;又懂得在适当的时候运用手中的权力,尽量和下属保持合作,提高士气,让每位下属都觉得自己是队伍中的一分子。

【思考题】

1. 什么是团队?你最喜欢的团队是怎样的?为了达成团队目标,作为团队成员的你,又应该如何去做?

2. 假如让你担任一个团队的领导,你认为自己具有哪些优势和劣势?

第三讲　自我管理

人们都希望获得成功，都在探索成功的奥秘。其实，那些成功的人们和其他人中间有着一条明显的界限，这个界限并非标示特殊环境或具有高智商，也不是受教育程度或天赋差异的影响，更不是靠运气。成功的关键是有效的自我管理。在管理上看似无为的谷歌在成立仅仅8年之后，市值就达到了2200亿美元。已离职的创新工场董事长李开复在自传中有过这样一段描述："曾经有一个员工告诉我：我不认为所有的人都适合谷歌的工作方式。适合它的人会非常开心，不适合它的人会无所适从，因为没有人告诉你应该怎么做。"李开复一语道破了谷歌企业文化的核心，即谷歌的员工必须学会有效的自我管理。其实不仅是谷歌，其他任何职业人都应该学会自我管理，只有高效的自我管理才能使我们在职场中制胜。成功也并不是天才或领袖的专利，只要我们运用正确的理念和方法，清楚地认识自己，有效地管理自己，不断地提升自己，我们也可以获得成功。

3.1　自我管理认知

3.1.1　自我管理的概念

所谓自我管理，就是指个体对自己本身，对自己的目标、思想、心理和行为等表现进行的管理，自己把自己组织起来，自己管理自己，自己约束自己，自己激励自己，自己管理自己的事务，最终实现自我奋斗目标的一个过程。

作为"现代戏剧之父"的易卜生曾经告诫后人：你的最大责任就是把你这块材料铸造成器。每个人，甚至包括那些资质平平的人，都应该学会自我管理，学会把自己造就成一个成功的人。

自我管理是每个人对自己生命运动和实践的一种自我调节。自我管理的核心就是自我认知、自我组织、自我激励、自我监督、自我调控、自我评价、自我意识、自我锻炼、自我反省，使个体科学地、有目的地逐步走向自我完善和完美，从而达到自我实现、自我成就和自我超越。自我管理也是充分调动心灵的自动调节功能、最大限度地激发自身潜能、更有效地发掘和实现自身最大社会价值和责任的一门科学与艺术。自我管理是自动、自发进行的,自动、自发就是没有人要求、强迫而自觉且出色地做好自己的事情。

成功需要卓有成效的自我管理。在我们周围有一些非常出色的人,他们身上散发着与众不同的光芒,或是在学业上非常出众,或是在事业上如日中天,或是过着众人称羡的幸福生活,总之,他们在人生中无往而不利,好像他们天生就是注定成功的人。实际上,那些春风得意的人无论是智力还是外貌,与我们并无大的差别,在资质方面也很普通,上天也没有对他们格外的眷顾。只因为他们懂得让好的自我管理习惯替他们创造好的机会。深入那些所谓的佼佼者之中,不难发现他们身上的确有着异于一般人的特质,他们的心从不受到束缚,几乎顽固地坚持自己的理想,为此甘愿承受重负;他们有着明确的职业目标和果断的行动力;对人生他们一向抱着积极热忱的态度;他们有着行之有效的自律生活,以及毫不虚华、踏实的生活态度;他们能在压力当中调整自己的情绪与健康,所以他们理当受到生活的厚遇,在平庸中脱颖而出。

福特和里根的自我管理

美国第38任总统福特非常了解自己,非常清楚自己的长项和弱项,而且由于他有着很清醒的意识,所以他很愿意请一些比自己更加聪明的人担任内阁成员。因此,他虽然担任总统的时间不长,但他成功地组建了美国现代史上最出色的内阁;虽然他先后经历了多次失败,但他能够从中总结经验和教训,最终以自己的人格魅力给白宫带来了荣耀,并拯救了整个国家。

美国第40任总统里根跟福特一样,也是一个非常了解自己的人,并且能够坦然接受自己的一切。他不仅在生活中有着明确的指针,在政治上也有着非常明确的信念,并且他还将自己那极富感染力的乐观精神传遍整个美国。不管他的政策是否得到认同,但他无疑是自富兰克林·罗斯福以来最优秀的美国总统。里根并没有自以为是,他非常清楚自己应该怎么做。让他走向成功的关键就是奥利佛·温德尔·霍姆斯(Oliver Wendell Holmes)曾经用来评价富兰克林·罗斯福的那句名言:"他只有一个二流的大脑,但有一流的性格。"

3.1.2 自我管理的内容

"管理他人之前,必须先懂得管理自己"。自我管理是一个比较艰难的过程,如果能够坚持强化这方面的能力,会让我们的人生少走许多弯路。如何进行自我管理呢?主要包括下列基本内容:

1. 目标管理:做事有目标,生活有方向

生命的悲剧往往不在于目标没有达成,而在于没有目标。目标有多远,我们就能走多远。目标指引人生的总方向。人每天的生活与工作，其实都可以理解为：一个不断地提出目标，不断追求目标并实现目标的过程。

2. 时间管理：时间有安排，做事有效率

每个人都同样地享有每年 365 天、每天 24 小时。可是，为什么有的人在有限的时间里既完成了辉煌事业，又能充分享受到亲情和友情，还能使自己的业余生活多姿多彩呢？他们有三头六臂吗？他们会分身术吗？时间老人过多地偏爱他们吗？关键的秘诀就在于成功者善于进行自我时间管理。

3. 计划管理：工作有计划，成功有保障

凡事预则立，不预则废。做任何的事情，在付诸行动之前都要有计划。我们是不是每天都很努力，也很辛苦，但总是没有什么收获。我们是不是每天都很勤奋、很忙碌，却总是没有效率。为什么？原因很简单：我们只是在动手做事情，而没有动脑去想，没有认真地做好计划。做事情的最后结果是否达到预期的目标，计划起着至关重要的作用。我们只有做到事事有计划，时时有准备，才能取得预料之中的成功，避免出乎意料的失败。

每个人在这个世界上都是管理者，或者说至少是一个自我的管理者，自我管理是一项重要而又最难做到的管理。美国著名歌手杰克森·布朗曾经有个有趣的比喻："缺少了自我管理的才华，就好像穿上溜冰鞋的八爪鱼，眼看动作不断，却搞不清楚到底是向前、向后，还是原地打转。"如果你确实付出了努力，但又总看不到太多的成果，那么你真正需要的是重新审视一下你的自我管理能力。

案例分析

自我管理的榜样：富兰克林

本杰明·富兰克林出身贫寒，只念了一年书，就不得不在印刷厂做学徒。但他刻苦好学，自学数学和 4 门外语，成为美国的政治家、外交家、科学家、发明家而闻名于世。富兰克林是个普通人，他是怎样走向成功之路的呢？富兰克林成功的秘诀是什么？就是善于自我管理。具备良好的品德习惯、自我管理和监督，是一切成功的条件。

富兰克林的自我管理从两方面入手：一是自我时间管理；二是自我品德管理，并辅以严肃的检查。在自我时间管理方面，他把每天的作息时间列成表格，规定自己何时工作，何时休息，何时做文艺活动。下面是他的时间表，可以作为参照。

早上 5 点至 7 点：

起床、洗漱、祷告、早餐。

规划白天的事务和下决心。

晨读和进修。

在这段时间里，他向自己提一个很有意义的问题：我一天将做些什么有意

的事。

8点至11点：

　　切实执行一天的工作计划。

12点至1点：

　　读书或查账，吃午饭。

下午2点至5时：

　　把未做完的工作迅速完成，把已经做好的工作仔细检查，有错的地方立即改正。

晚上6点至9点：

　　整理杂物，把用过的东西物归原处。

　　晚餐、音乐、娱乐、聊天。

　　作每天的反省。

　　此段时间，他提出了一个帮自己反省的问题：我今天做了什么有益的事情？

晚上10点以后：

　　好好睡眠。

在自我管理品德方面，他列举了自己需要培养的13种美德：

（1）节制。食不过饱，饮酒不醉。

（2）寡言。言必于人于己有益，避免无益的聊天。

（3）生活秩序。每一样东西应该有一定的安放地方，每件日常事务应有一定的时间去做。

（4）决心。当做必做，决心要做的事应坚持不懈。

（5）俭朴。用钱不要浪费。

（6）勤勉。不浪费时间，每时每刻做些有用的事情。

（7）诚恳。不欺骗人，思想要纯洁公正，说话也要如此。

（8）公正。不做损人利己之事。

（9）适度、避免极端。别人若给了你处罚，应当容忍。

（10）清洁。身体、衣服、住所力求清洁。

（11）镇静。不要因为小事或普通的、不可避免的事故而惊慌失措。

（12）贞节。切忌伤害身体或损害自己以及他人的安宁和名誉。

（13）谦虚。虚心，不夸大自己的能力和价值。

为了培养这些品质，他采取了一次只完成13项中一项的办法。他做了一个小本子，用红笔在每页纸上画上表格，分别写上每周的7天，然后用竖线画出13格。每天用黑点记载当天完成该项道德手册中的不足。这样不断反复练习，直至巩固为止，他每天检查自己的过失，目的就在于养成履行这些美德的习惯。同时，他告诫别人，如果要学习这种自我管理方法的话，最好不要去尝试13种美德一起培养，以致分散注意力，最好在一段时期内集中精力掌握其中的一种美德，等完全掌握了这种美德后，再尝试掌握其他的美德。

3.2 关键能力素质

3.2.1 目标管理

美国著名潜能大师博恩·崔西(Brian Tracy)说,成功就等于目标管理,其他一切都是这句话的注解。个人目标管理,是为了在预设的一段时间内实现成功,而进行基于个人的目标管理。为了达到成功的目的,个人在未来一段时间,充分利用目标的导向、激励、协调和沟通、考核和评价作用,以如期完成目标。

1. 个人目标的作用

(1) 目标管理能够让人成功。

有一句名言是:我们今天所处的状态并不是完全由今天的机遇造成的,它是我们过去的生活目标产生的结果。

(2) 对目标的期望强度决定了行动的质量。

① 如果期望强度为零,则可能是不想要,或者是找借口,但是真实的原因是害怕付出之后失败。

② 期望强度为20%~30%,则表现为空想,但又不愿意实际付出太多,空想的结果注定目标无法实现,人生注定无法成功。

③ 期望强度达50%时,表现为有则最好,没有也可以,努力争取了,但是未必会坚持下来。这种情况下机遇和运气开始发挥作用,但是偶然因素无法主导结果,不成功的可能性比较大。

④ 当期望强度超过70%时,决心不够坚定但还是付出了很多的努力。这个时候运气不仅干扰着成败,也成为失败的一个自我安慰因素。成败一切都可以归咎于运气使然,这是一种很好的自我释然路径。

⑤ 当期望强度到99%时,潜意识之中唯一的一丝放弃的念头,往往成为影响成败的最关键一根羽毛。

⑥ 古来有破釜沉舟和置之死地而后生的成功先例,没有活路,也注定了只有不惜一切代价达到目标才可以活下去。最终的成功,往往来自于这种决心和魄力。

(3) 目标可以锁定工作方向。

(4) 目标有助于克服拖延和懒惰的习惯。

(5) 目标有助于集中精力和充分利用资源。

(6) 目标有助于节省时间,提高效率。

(7) 目标有助于改善工作的主动性和积极性。

(8) 达成目标是工作的终极目的和最大成就感所在。

2. 个人目标的制订

"黄金准则"——SMART原则。SMART是英文5个单词的第一个字母的汇总。好的目标应该能够符合SMART原则。

（1）S(Specific)——明确性。

所谓明确，就是要用具体的语言清楚地说明要达成的行为标准。明确的目标几乎是所有成功者的一致特点。很多人不能成功的重要原因之一就是目标定得模棱两可，或没有将目标有效地传达给相关成员。

示例：目标——"增强客户意识"。这种对目标的描述就很不明确，因为增强客户意识有许多种具体做法，如减少客户投诉，过去客户投诉率是3%，现在把它减低到1.5%或者1%；提升服务的速度，使用规范礼貌的用语，采用规范的服务流程，也是增强客户意识的一个方面。

有这么多增强客户意识的做法，我们所说的"增强客户意识"到底指哪一块？不明确就没有办法评判和衡量。所以建议这样修改，比方说，我们将在月底前把前台收银的速度提升至正常的标准，这个正常的标准可能是两分钟，也可能是一分钟，或分时段来确定标准。

（2）M(Measurable)——衡量性。

衡量性就是指目标应该是明确的，而不是模糊的。应该有一组明确的数据，作为衡量是否达成目标的依据。

如果制定的目标没有办法衡量，就无法判断这个目标是否实现。例如，领导有一天问"这个目标离实现大概有多远？"团队成员的回答是"我们早实现了"。这就是领导和下属对团队目标所产生的一种分歧。原因就在于没有给他一个定量的可以衡量的分析数据。但并不是所有的目标都可以衡量，有时也会有例外，如大方向性质的目标就难以衡量。

例如，"为所有的老员工安排进一步的管理培训"。这里的"进一步"是一个既不明确也不容易衡量的概念，到底指什么？是不是只要安排了这个培训，不管由谁讲，也不管效果好坏，都叫"进一步"？

可对目标作改进：在什么时间完成对所有老员工关于某个主题的培训，并且在这个课程结束后，学员的评分要在85分以上，若低于85分就认为效果不理想，高于85分则是所期待的结果。这样目标就容易衡量。

（3）A(Acceptable)——可接受性。

目标是要能够被执行人所接受的，如果上级利用一些行政手段，利用权力的影响一厢情愿地把自己所制定的目标强压给下属，下属典型的反映是一种心理和行为上的抗拒：我可以接受，但能否完成这个目标，没有最终的把握。一旦有一天这个目标真的完成不了的时候，下属有一百个理由可以推卸责任：你看我早就说了，这个目标肯定完成不了，但你坚持要压给我。

"控制式"的领导喜欢自己定目标，然后交给下属去完成，他们不在乎下属的意见和反映。这种做法越来越没有市场。今天员工的知识层次、学历、素质以及他们主张的个性张扬的程度都远远超出从前。因此，领导者应该更多地吸纳下属来参与目标制订的过程，即便是团队整体的目标。

（4）R(Realistic)——实际性。

目标的实际性是指在现实条件下是否可行、可操作。可能有两种情形：一种是领导者乐观地估计了当前形势，低估了达成目标所需要的条件，这些条件包括人力资源、硬件条件、技术条件、系统信息条件、团队环境因素等，以至于下达了一个高于实际能力的指标；另一种是可能花了大量的时间、资源，甚至人力成本，最后确定的目标根本没有多大实际意义。

示例：一位餐厅的经理定的目标是：早餐时段的销售在上月早餐销售额的基础上提升15%。这可能是一个几千块钱的概念，如果把它换成利润是一个相当低的数字。但为完成这个目标需要投入多少？这个投入可能比利润更高。

其之所以是一个不太实际的目标，就在于它花了大量的人力、物力，最后还没有收回所投入的资本，它不是一个好目标。

有时实际性需要团队领导衡量。若领导的目标是打败竞争对手，尽管获得的收益并不高，但若能真正打败竞争对手，这种情形下的目标就是实际的。

（5）T(Times)——时限性。

目标特性的时限性就是指目标是有时间限制的。例如，应在2016年10月15日之前完成某事。10月15日就是一个确定的时间限制。没有时间限制的目标没有办法考核，或带来考核的不公。上、下级之间对目标轻重缓急的认识程度不同，上级着急，但下属不知道。到头来上级可能着急上火、暴跳如雷，而下属觉得委屈。这种没有明确的时间限定的方式也会带来考核的不公正，伤害上、下级员工的关系，伤害下属的工作热情。

3. 个人发展实行目标管理的关键因素

（1）目标设立的客观性。

个人发展目标的确立与团队或企业目标一样，必须具有客观性，否则个人目标只能停留在幻想当中。也就是说，个人目标的设立必须建立在个人兴趣、爱好、知识、能力、身体条件及社会环境等因素的基础之上，应该是通过努力可以达到的，并且是可考核、可评价的，明确、具体，是可量化、可分解的。如果脱离了这些因素与特征，个人目标是永远都不可能实现的。如一个人的身体条件本来是不适合运动的，但他非要为自己确立一个长跑世界冠军的奋斗目标，一般情况下这只能是一种幻想。当然一个人奋斗目标一经确立，也不是完全一成不变的。随着个人的成长，知识与阅历的增加，以及兴趣、爱好的转移，阶段性地调整自己的目标更加有助于自己人生价值的实现，但不能过分频繁地变换自己的目标。频繁地变换目标与没有目标，对于一个人的发展来说同样是危险的。一个成功者是善于改变方法而不改变目标，而失败者是经常改变目标而不改变方法。

（2）目标分解的科学性。

任何一个人都不可能一步跨入自己的理想世界，都不可能瞬间实现自己的人生目标与价值。一个人的成功之路是由一个个目标铺就的，一个目标实现以后，一个新的目标必然出现在前方。因而,一个人最终价值的实现就是在一个个具体目标的实现中体现出来的。而这些具体目标也是相互关联的,它们是在一个人的人生总目标统领之下逐渐分解而来的。一个人人生价值的实现过程就如攀登一座高峰,要想顺利到达峰顶就要从山脚下往上攀登。路要一步一步走,登山也一样,每攀登一步就离峰顶近了一步。峰顶就在前方,我们每走一步都要考虑到下一步的落点,只有每一步都踏准位置,我们才有顺利登顶的可能。就是这一步一步的踏点为我们支起了登顶的天梯,这每一个踏点也就是我们登顶过程中的一个个分目标,正是这些分目标的不断实现才促使我们最终能够顺利完成登顶的大目标。对于一个人的成长来说,在其实现自身价值的总目标确定之后,也要如登山一样将自己的总目标分成若干分目标,如阶段目标、年目标、月目标、周目标、日目标等,而且在目标分解的过程中一定要坚持科学性的原则,只有这样才能保证我们每走一步都能够离我们的总目标更近一点,我们人生发展的总目标及人生的价值才能真正实现。

(3) 目标的实现是以努力为基础的。

"世上无难事,只要肯登攀。"这是成功者的行动信条,也是对"目标"及实现目标途径的最贴切、最科学的阐述。从小时候起,老师、家长及所有关心我们的人们常拿"卧薪尝胆""铁杵磨针""闻鸡起舞""悬梁刺股"等故事来教育我们,希望我们能以这些故事中的主人公们为榜样,锲而不舍,刻苦努力,成就一番事业。"织席贩履"的刘备可以做到三分天下有其一;讨过饭、当过和尚的朱元璋可以成为开国君主;身陷囹圄、失去自由的勾践可以成功复国,一雪国耻;出没于田间地头,置身于农民中间的袁隆平能够成为世界公认的"杂交水稻之父"……历史与现实中无数个成功典范告诉我们,一个人不论出身多么卑微,从事的职业多么微不足道,只要有明确的奋斗目标,同时能为实现这一目标不懈地努力,即使最终无法到达人生的辉煌巅峰,但也会离它越来越近。

(4) 人生发展总目标的实现是从过好每一天、做好每一件事开始的。

与团队或企业的目标管理一样,一个人的人生目标通过层层分解,最终会落实到每一天、每一件事上。一个善于对自己实行目标管理的人是从来都不会忽视对每一天的工作或每一件事的计划与总结的。一天的工作结束后,可利用十分钟的时间做一个简单的回顾与总结,找出其中的经验与教训,以后引以为戒。然后可整理思路,对第二天的工作做一个简单的计划,必要时还可以列一个计划表,第二天按计划安排自己的工作。在做每一件事情之前,同样按照自己的思路列出计划,并做好相应的准备工作,之后再将其付诸实施。养成这样的习惯后,工作效率和工作能力可得到显著提高,并能得到上级的赏识,自信心也能逐渐地增强。

目标管理能力行为特征比较如表3-1所示,目标管理能力分级定义如表3-2所示。

表 3-1　目标管理能力行为特征

能力素质	具备此能力素质的行为特征	不充分具备此能力素质的行为特征
目标管理能力	1. 能够清晰界定什么事情具有优先级,需要怎样完成。 2. 将更多的精力放在重要的事情上面。 3. 按事情的轻重缓急来安排事务,不因为"紧急性"而忽视"重要性"。 4. 能够把握事物的全局性,从而明确目标。 5. 清楚掌握为实现目标所需要完成的任务。 6. 建议一个解决方案之前考虑过所有可能的方案。	1. 希望可以将更多的精力放在重要的事情上面,但是经常失败。 2. 经常受紧急的事情影响,而没能很好地关注重要的事情。 3. 处理事务时,对于如何进行下一步没有明确的计划。 4. 抛出了大量的问题,但是没有自己的答案。 5. 制订的计划太复杂,不尝试将其简化。

表 3-2　目标管理能力分级定义

能力素质	级别	行为表现
目标管理能力	1级	基本理解公司经营目标中本部门的主要工作及任务,但工作无明确的计划。
	2级	能够较好地理解公司经营目标中本部门的主要工作及任务,目标分解基本合理,制订的工作计划相对简单。
	3级	能充分理解公司经营目标中本部门的主要工作及任务,对目标能进行有效的分解并制订出详细的工作计划,能够有效跟踪工作的进展情况,善于采取补救措施。

老狼训子

老狼的三个孩子逐渐强壮起来了,但离"长大成狼"还有一步之遥,因为它们还没有学会捕猎。一个晴朗的早晨,老狼决定带着三个孩子去草原深处训练它们捕猎的本领。草原深处有的是兔子、黄羊及野驴,那是这个狼的家族取之不尽的食物仓库。之前,小狼们从来没有走出过这么远,它们不停地东张西望。老狼便问老大:"你在看什么?"老大说:"草原深处真美,我从来没见过这么美的地方。"老狼摇了摇头,没说什么。过了一会儿,它问老二:"你在看什么?"老二说:"我在看草原上有没有狮子和老虎。"老狼摇了摇头,也没说什么。接着它问老三:"你看到了什么?"老三说:"我看到这里有很多兔子、黄羊和野驴,够我们抓好长时间的。"老狼高兴地说:"你很快会成为一只真正的狼!"

对于"父子四狼"来说,此次出行的目的是捕猎。老大被草原深处的美丽风光所吸引,老二带有明显的畏惧情绪,只有老三的眼睛始终盯着自己的猎物。因而,老狼认为老三很快会成长为真正的狼。

面试实例

一

面试官：怎样确保自己所制订的目标具有现实性和可行性呢？

问题分析：这类题目考查的是应聘者的目标管理能力，目标具有导向和激励作用，在制订目标的过程中需要根据自己的实际情况进行，既要考虑现实性，还要考虑可操作性，不能为了体现自己的宏图大志而忽略上述两点。另外，也不能为了尽快实现目标而降低标准，这样不利于自己的成长和进步。应聘者需要综合考虑，既要突出目标的作用，还要注意现实环境和实现过程。

应聘者：在制订目标之前我会对自身的实际情况和可利用的资源进行详细的梳理，及时听取老师、同学和家长的建议。另外，也会利用相关的职业测评工具，对自己的优、缺点进行全面考量。在制订目标的过程中，会结合自己的职业生涯规划，确定总目标，然后将总目标分解成阶段性目标，给每个阶段性目标确定时限，这样就会增强可行性。在实现目标的过程中，也会根据可利用的资源对目标进行及时调整。当然，不会因为太多的困难而降低标准，在面对问题时，会考虑如何通过其他途径实现阶段性目标。

点评：该求职者思路清晰，具有较强的目标管理能力，在制订目标时不盲目、不浮夸，充分考虑了自身的情况和可以利用的资源，而且能够听取别人的建议，利用职业测评工具，对自己有一个比较客观的认识。可以将自己的目标分解成阶段性的目标，并能确定每个目标的实现期限，大大提高了目标的可操作性。同时，对目标的实现过程进行了充分的预估，确保目标的实现，突出目标的作用。

二

面试官：如果您自己定的目标非常容易实现，您该怎样制订更加富有挑战性的目标呢？

问题分析：自己制订的目标非常容易实现，说明没有充分考虑目标的作用，这样的问题主要是考查应聘者能否及时调整自己的目标，这是目标管理能力的一种体现。目标确定以后，不是一成不变的，要根据自身的进步和周围的环境及时进行调整，只有这样才有利于个人工作能力的提升。

应聘者：自己定的目标非常容易实现可能是在制订目标时考虑不够全面，或者是对自己不够自信，需要对目标进行及时的调整，增强目标的挑战性。可以借助能力素质模型对自己进行更加全面的分析，充分发掘自身潜在的工作能力，根据行业发展趋势和岗位需求，并结合自己已经具备的资源制订目标。

点评：该求职者对目标非常容易实现的原因进行了分析，而且能够意识到需要通过能力素质模型对自己进行评估，说明其目标管理能力进一步增强，在制订更加富有挑战性的目标时,考虑到了自身潜在的工作能力,也考虑到了行业发展趋势和岗位需求,在这种情况下制订的目标,既有挑战性,又具有较强的可行性。

3.2.2 时间管理

时间是不可逆转的,而且也无法取代,每个人手里的时间一样多。我们经常说时间就是生命,浪费时间就是浪费生命,一旦把握好自己手里的时间,也就可以说你掌握了自己的生命,并能够更好地发挥其价值。世界上根本不存在"没时间"这回事,很多人都会因为"太忙"而没有时间做一些事情或者把工作、生活和学习安排得更加合理。那些取得成功的人,不是因为拥有更多的时间,而是学会了如何管理自己的时间。

时间管理是指通过事先规划和运用一定的技巧、方法与工具实现对时间的灵活以及有效运用,从而实现个人或组织的既定目标。时间管理不是要把所有事情做完,而是更有效地运用时间,其目的是要明确该做什么事情和不该做什么事情;不是完全地掌控,而是降低变动性。其实质就是通过事先的规划,给每天的工作和活动以提醒与指引。

1. 时间的特征

时间是一种特殊的资源,我们的生命是由每一秒钟组成的,因此,时间的重要性不言而喻。时间具有一些最基本的特性:

(1) 无法掌控。

时间的供给量是固定不变的,在任何情况下都不会增加、也不会减少,每天都是 24 小时,不受人的掌控。

(2) 无法取代。

任何一项活动都有赖于时间的堆砌,也就是说,时间是任何活动所不可缺少的基本资源。因此,时间是无法取代的。

(3) 无法蓄积。

时间不像人力、财力、物力和技术那样可以被积蓄和储藏,不论是否愿意,我们都必须消费时间,不会因为时间宝贵而能够积攒。

(4) 无法再生。

时间无法像物品一样失而复得,它一旦失去,则永远无法找回。花费了金钱,尚可赚回,如果挥霍了时间,任何人都无力挽回,因为时间不可再生。

2. 时间的划分

按照运用和消费对象的不同,可以把时间划分为:工作或学习时间、休闲时间、家庭时间、个人时间等。其中,个人时间是用来修身养性、充实自我的,是完全属于个人独自享受和自省的时间。

按照自身特点的不同可以把时间划分为:大块时间、零碎时间、固定时间、弹性时间、交通时间等。

时间管理是指通过事先规划和运用一定的技巧、方法与工具实现对时间的灵活以及有效运用,从而实现个人或组织的既定目标。时间管理学者杰克·弗纳认为:有效地应用时间这种资源,以便我们有效地达成个人的重要目标。成功学大师戴尔·卡耐基认为:竞争的实质就是在最短的时间内做最好的东西。简单地讲,时间管理就是如何以最少的时间投入来获取最佳的结果。

时间就是生命,时间就是金钱。人们往往是重视生命,乐于理财,而忽略了时间管理。善用时间,就是善用自己的生命。时间管理是在日常事务中执着并有目标地应用技巧,引导并安排、管理自己个人的生活,合理有效地利用可以支配的时间。今天所做的每一种选择,以及所做的每一个决定都有两种可能性,或者两种结果:一种是离你的目标越来越近,一种是离你的目标越来越远。因此,你所做的每一种决定,离目标越近,就要去做;离目标越远,就要灵活地去修正。在这个过程中,要让你的目标规划更具合理性,就要进行时间管理。

何经理的时间去哪了

何经理,本科毕业,在东莞一家民营企业任人事经理。

他8:28分打卡,到办公室刚好8:30,然后倒了一杯水,抽了一支烟,正好工程部谭经理来找他,说有一个工程师想离职。为了了解情况,两人又抽了一支烟。谈了半个小时没有结果,何经理说你找老板谈谈,我没有权利给他加工资。

一晃9:30了。然后开始签各部门交来的考勤单、奖罚单、请假单等。打开招聘网,顺便看看网易新闻,就已经是10:30。

上厕所时碰到几个新员工来应聘,在门口,看到文员服务态度不好,问了下情况,批评了文员几句,弄得心情不太好。回到座位上,看了看昨天没写完的报告。生产部来反映天气热,行政主管不在岗,只好亲自去安排厨房烧凉茶。回来时只差半小时就到午饭时间了,这么短的时间也做不成什么,索性与下属聊了会儿天。还差十多分钟下班,就给东莞以前的同事打了个电话。下班后去吃饭。

下午13:30上班。昨晚打麻将没睡好,午休还没有睡好,迷迷糊糊地坐到办公桌前。自己泡了一杯浓茶。刚好看到应聘的工人不会填简历,又解释一通,回到办公桌前已经14:30。然后参加下午的生产例会,大概花了5分钟介绍了招聘情况,散会时已经16:30。碰到品管经理来找文员要培训名单,又聊了一会。明天还要开会,需提交一份月度总结报告,还没有写好。刚写好已经5:30了,已到下班时间。

3. 时间管理的误区

要提高时间利用效率,需在实际工作中尽可能避免时间管理的误区。时间管理误区,是指导致时间浪费的各种因素。在做好避免时间管理误区这项工作之前,管理者必须先认清自己所面临的时间管理误区。各种时间误区,大致上可以区分为外生误区与内生误区两类。所谓外生误区,即指由他人所引起的时间浪费因素;至于内生误区,则指由自己所引起的时间浪费因素。在初次落入误区时,一般管理者所列举的多半是外生误区。这种"先求诸人,后求自己"的态度虽然是人之常情,但却不利于时间管理效能的提高。几种常见的时间管理误区有:

误区之一:工作无计划。

误区之二:不拒绝他人。

误区之三:习惯性拖延。

误区之四:"餐桌病"缠身。

误区之五:埋入事务堆。

误区之六:决策失误症。

误区之七:失约或迟到。

面对这些时间管理误区,需要遵循一定的时间管理法则,比较常见的时间管理法则有:

(1)考虑不确定性事件法。

在时间管理过程中,还需应付意外的不确定性事件。因为计划没有变化快,需要为意外事件留时间。具体有三个方法:

① 为每件事都留有充足的预备时间。

② 努力使自己在不留余地、又饱受干扰的情况下,完成预计的工作。这并非不可能。事实上工作快的人比工作慢吞吞的人做事精确些。

③ 另准备一套应变计划,迫使自己在规定时间内完成工作。对自己的能力要有信心,并仔细分析将要做的事,然后把它们分解成若干阶段任务,这是正确、迅速完成它们的必要步骤。

(2)时间"四象限"法。

著名管理学家科维提出了一个时间管理的理论,把工作按照重要和紧急两个不同的程度进行了划分,基本上可以分为四个"象限":既紧急又重要(如人事危机、客户投诉、即将到期的任务、财务危机等)、重要但不紧急(如建立人际关系、新的机会、人员培训、制订防范措施等)、紧急但不重要(如电话铃声、不速之客、行政检查、主管部位会议等)、既不紧急也不重要(如客套的闲聊、无聊的信息、个人的爱好等)。时间管理理论的一个重要观念是:应有重点地把主要的精力和时间集中地放在处理那些重要但不紧急的工作上,这样可以做到未雨绸缪,防患于未然。在人们的日常工作中,很多时候往往有机会去很好地计划和完成一件事,但常常因平时没有及时去做,随着时间的推移,造成工作质量的下降。因此,应把主要的精力有重点地放在重要但不紧急的事务上。要做好这一点,一个好的方法是建立预约制度。建立了预约制度,自己的时间就不会被别人占据,工作就可有效地开展起来。

（3）以人替时法。

能让别人代劳的事情，自己就不要做，学会运用别人的时间。因为每个人的精力都是有限的，要做到有所为和有所不为，把自己的精力和时间用在最能体现自己价值的方面。

（4）以钱购时法。

交通方面，能坐飞机，就不要坐火车；如果能打车，就不要等公交。乘坐最快的、最有助于休息和学习的交通工具；学习方面，采用最有效率的学习方法；工作方面，用最好的工作设备，如用最好的电脑、用最快的传真机，好的设备可节省大量时间，从而带来可观的收益。

（5）见缝插针。

要很好地完成工作，就必须善于利用自己的时间。工作是无限的，时间却是有限的；时间是最宝贵的财富，没有时间，计划再好，目标再高，能力再强，也是空的；时间是如此宝贵，但它又是最有伸缩性的，它可以一瞬即逝，也可以发挥最大的效力；时间就是潜在的资本，应充分、合理地利用每个可利用的时间，压缩时间的流程，使时间价值最大化。

（6）80∶20 时间管理法则。

在时间管理中，必须学会运用 80∶20 法则，要让 20% 的投入产生 80% 的效益。从个人角度来看，要把握一天中的 20% 的精华时间用于关键的思考和准备，可以根据自己的生活状态和生物钟来确定 20% 的精华时间是在什么时段。

80% 最佳效果的工作来自 20% 的时间；20% 较为次要的工作花去 80% 的时间。我们需要寻找 20% 的努力就可以获得 80% 效果的领域，这就要求我们必须遵循这样的原则：集中精力解决少数重要问题，而不是解决所有的问题；在每天思维最活跃的时间内做最有挑战和最有创意的工作；把精力用在最见成效的地方。

当然，你还需要用 80% 的时间来做 20% 次要的事情。善用 80∶20 法则要求你必须对所要处理的事务在优先顺序上有明确清醒的认识。

时间管理能力行为特征比较如表 3-3 所示，时间管理能力分级定义如表 3-4 所示。

表 3-3　时间管理能力行为特征

能力素质	具备此能力素质的行为特征	不充分具备此能力素质的行为特征
时间管理能力	1. 计划并管理自己的日常工作，能对自己的工作按重要性和时间紧急性进行排序，确保工作效率。 2. 按照要求在既定时间内完成工作，并对工作的质量、成本和所带来的风险负责。 3. 了解工作所需的资源情况及其对成本的影响，并能够有效规划资源。 4. 能够有效解决工作中的问题，及时向上级汇报或向下属传达。	1. 面对较为繁杂的工作，无效地管理自己的实践，或没有按事情的轻重缓急处理事务。 2. 难以在既定的时间内保质、保量，且保证成本、避免风险地完成任务。 3. 没能有效规划工作所需要的资源。 4. 对于工作中产生的问题，总是茫然地要求他人给以解决，而无法自己寻找解决方案。

表 3-4　时间管理能力分级定义

素质名称	级别	行为表现
时间管理能力	1级	很少或不花时间系统地安排工作任务,倾向于处理临近的但是缺乏规划和远见的任务,不善于安排其他人去完成相关的工作。
	2级	1. 详细周到地考虑工作计划,制订工作目标的进程及步骤,并为计划预留时间,掌握一定的应付干扰或其他事件影响的技巧。 2. 制订合理的工作计划,将事务整理归类,并根据事情的轻重缓急进行安排和处理。 3. 善于将部分工作分派给他人来完成,以提高工作效率。
	3级	1. 将个人时间主要集中在对关键性战略问题的解决上,工作有方向感,不会在具体的工作细节上耗费大量的精力,工作效果较好。 2. 能够安排自己和其他人迅速适应工作上的重大变革,并重新确定工作的优先次序。

面试实例

一

面试官：您认为在工作中怎样做才能更好地管理自己的时间?

问题分析：这类题目考查的是应聘者的时间管理能力,工作中可能会面对各种各样的问题,只有提高时间管理能力,才能保证工作效率和工作质量。应聘者在回答这类问题的时候需要条理清楚、考虑周全。

应聘者：我认为时间管理能力在工作中非常重要,我的做法一般是每天列出工作清单,就像家庭主妇去购物时先列出一份购物清单一样,这样可以避免疏漏;将清单上的工作分出轻重缓急,设置处理的先后顺序;预留时间以防紧急事情发生,以做应变;设定截止日期和时间并预先提示;东西放置整齐,减少寻找时间;提高技能,提高工作效率。

点评：该求职者在回答问题时考虑得比较全面,给面试官的印象就是能够充分利用时间且不浪费时间,同时,也懂得预留出一部分时间来应对突发状况,说明该应聘者的时间管理能力较强,善于通过改善细节来提高工作效率。

二

面试官：你是如何保证自己处于一种高效能的工作状态的?

问题分析：面试官提出这样的问题,是想考查应聘者的时间观念、工作效率以及应聘者的工作目标和计划性。

应聘者：首先我加强了自己的时间观念。养成今日事今日毕的好习惯,如果是一小时的工作量,我绝对不会用两小时来完成,这样就大大减少了工作时间的浪费。其次我制订了每天、每月甚至一年的工作计划,对时间和工作量进行合理的安排,确保我的目标明确,职责清晰,并对计划内的工作早做安排。凡是在计划内的工作项目,绝不拖延,在时间和质量上绝不含糊。为了达到高效能工作的目的,我会尽可能考虑周详,预料到更多可能发生的状态,避免人力和物质资源上的短缺现实,保证工作不因外界因素而耽搁。

点评:该求职者从自身经验出发,总结了保持高效能工作的要点,逻辑性强,表达清晰,很容易打动面试官。

3.2.3 计划管理

在管理学中,计划具有两重含义,其一是计划工作,是指根据对组织外部环境与内部条件的分析,提出在未来一定时期内要达到的组织目标以及实现目标的方案、途径。其二是计划形式,是指用文字和指标等形式所表述的组织以及组织内不同部门和不同成员,在未来一定时期内关于行动方向、内容和方式安排的管理事件。

一个计划包括我们将来行动的目标和方式。计划与未来有关,是面向未来的,而不是过去的总结,也不是现状的描述;计划与行动有关,是面向行动的,而不是空乏的议论。面向未来和面向行动是计划的两大显著特征。

银行存款有5万

日本麦当劳的开拓者藤田田1965年毕业于日本的早稻田大学经济系,毕业以后随即在一家电器公司打工,1971年,他准备开创自己的事业,经营麦当劳业务。但是藤田田仅有5万美元,根本不能取得麦当劳的特许经营资格。于是,一天早上他西装革履满怀信心地跨进了住友银行总裁的办公室大门。藤田田以极其诚恳的态度向对方表明了自己的创业计划与心愿。

银行总裁耐心听完他的表述之后,说:"你先回去吧,让我考虑一下。"

藤田田听后,心里感觉一丝的失望。但是,他马上镇定下来,恳切地对总裁说:"总裁先生,可否让我告诉您我那5万美元存款的来历呢?"

对方回答:"可以。"

"那是我6年来按月存款的收获。"藤田田说:"6年里,我坚持每月存下三分之一的工资,雷打不动,从未间断。6年里,不管自己资金如何紧张,我都咬紧牙关,克制欲望,就这样,我坚持到今天。我必须这样做,因为在我跨出大学校门的那一天就立下志愿,要以10年为限,存够10万美元,然后自创事业,干出一番名堂来,我一定要提早创业!"

第二天,银行总裁确认了藤田田讲述的真实性后,让秘书打电话给藤田田,告诉他住友银行可以无条件地支持他创建自己的事业。

1. 计划的特性

（1）计划的预先性与指导性。

计划、组织、控制,是管理的三项职能,而作为计划,是管理工作之先。列宁曾经指出过:"任何计划都是尺度、准则、灯塔、路标。"它是管理过程的中心环节,因此,计划在管理活动中具有特殊重要的地位和作用。一项工作,首先要具有计划,才会有后续的组织和控制,没有计划的工作,不叫管理工作。只有有了计划,才有控制的标准和组织的目的。计划,在管理工作中具有预先性,同时,它对管理工作的执行和控制又具有指导性。在管理实践中,计划是其他管理职能的前提和基础,并且还渗透到其他管理职能之中。

（2）计划的可行性。

计划的程序是:目标—可行性研究—方案—决策。计划要有针对性,是为了完成某项工作或达到某个目的而制订的。完成的目标要具有可行性,针对经研究后的既定目标,提出执行方案,领导决策。这样,经决策后订定的方案,就形成了我们的计划。计划是综合考虑各方面因素后形成的工作方案。计划制订完成后,它应该是一个可行的行动方案。不可行的计划是失败的计划。无论是个人的工作、生活,还是一个组织的事务,切实做好计划是一件尤其重要的事。

（3）计划的原则性与灵活性。

既然我们花费时间、人力、物力、财力制订计划,在计划制订后,它就要在工作中起到调控作用。我们要遵循计划,在计划规定的范围内去完成我们的工作。这里,计划具有原则性,不能随意更改和破坏。因为对于一个组织,大家都在按计划有步骤地工作,如果某个人或某个方面的破坏,就可能会影响到整个计划的达成。但是,计划并不是僵化的、不可更改的。在计划的执行过程当中,由于制订计划的时候一些相关因素发生了变化,从而导致计划的执行或我们的预期结果将产生改变,这时候,我们就要适时调整计划,让计划与过程改进结合起来,以使计划更切合实际,更可行。

2. 计划管理的重要性

（1）明确目标,鼓舞斗志。

人们常说,如果一个人没有了希望,也就没有了勇气;如果没有了目标,也就没有了动力。而计划之中,恰恰包含着一个人或一个团队的希望和目标,对这种希望和目标,计划之中虽然没有过多地进行修饰和描绘,但一个目标实际上它里面已经包含着一个灿烂的前景和美好未来。而这种前景和未来对一个人或一个团队的鼓舞力量是难以估量的。

（2）循序渐进,提高效率。

效率,就是单位时间内所做事情的多少。要想提高学习工作效率,必须在尽量短的时间内做尽量多的事。要这样,就必须设法尽量减少犹豫时间,少走弯路,少做无用功,减少精力的浪费。而一个科学而周密的计划,恰恰具有这些作用:做什么,做多少,计划中全有了,这有利于尽早进入实战,无须观望、犹豫。先做什么,后做什么,具体步骤计划中有了,可有效地避免走弯路;某一步用什么办法,某个问题采取什么措施,这些如都是事先反复考虑过的,一般就不会出大错,也能有效地避免精力的浪费,增加学习和工作的速度,提高学习和工作的质量。这些情况综合在一起,就会促成学习和工作效率的提高。而一些平时无学习计划的同学,到考试前通宵苦战,造成生理负担过重,不仅学习效率提不高,还会严重损害身体健康。

(3)驾驭生活,增强能力。

人们总是用自己以往的经验指导未来的生活。计划,考虑的是未来,但它的依据是"过去"。同时一个好的计划还必须顾及当前实际和个人的主观条件,在对"过去"经历的回忆中,在对当前客观情况的考察中,在对个人主观条件的分析中,不仅提高了自我认识能力,而且对客观世界认识的能力也会得到锻炼和提高。例如,一般来说,管理人员接触和从事计划的实践多些,因而生活能力、工作能力、认识问题的能力会比普通员工高些。

(4)养成良好的学习和工作习惯以及优良的学习和工作品质。

人力资源专家告诉我们,一种习惯的养成,一般需要三周左右的有规律性的持续的锻炼与培养。采用计划学习和工作,计划的连续性短则一学期,长则一学年,只要在执行计划的前21天内能坚持按计划学习和工作,一个良好的学习、工作习惯就可能变为自觉行动。于是学习和工作的积极性、主动性也随之增强。在实际学习和工作生活中,会遇到一些意外的情况冲击学习和工作计划,也就会产生计划与现实的矛盾冲突,这时可以调整一下这一天的学习和工作计划。但有时计划是不能调整的,这时就要努力克服困难,保证计划实施。例如,电影院正放映精彩的影片,或者手中有一本感兴趣的小说,等等,这时一定要排除干扰及各种诱惑,认真按计划学习和工作。在这个过程中,意志品质受到考验和磨炼,良好的意志品质也得以形成和发展。

3. 计划制订的要素

要表述清楚一件事情,必须要阐明一些要素。计划制订也如此,也需要用一些要素来表达,具体可概括为5w、2h。

(1)5w:what、who、when、where、why。

what:要做什么或完成什么,明确工作任务。

who:计划由谁、哪些人执行,明确工作任务的担当者。

when:什么时候执行到什么程度,明确工作任务进度。

where:在什么地方进行工作,明确工作开展地点、区域。

why:为什么要这样做,明确工作起因、动机。

(2)2h:how、how many。

how:怎么开展工作,明确工作方式和方法。

how many:完成多少工作,明确工作量。

布置工作任务或做工作计划应该具备以上要素,才能称为一项基本完整的计划。

4. 制订计划时应遵循的原则

(1)统筹原则。

在制订计划时,不仅要考虑它对计划范围会产生哪些影响,而且要考虑对全局可能产生的影响。

(2) 重点原则。

既要认清主次和轻重缓急,抓住关键及重点,又要解决好影响全局的问题。

(3) 连锁原则。

在计划中,要考虑各项活动的相互关系及连锁反应,进行必要的协调,有效利用资源,提高组织的各项效益。

(4) 发展原则。

计划的制订一定要面向未来,充分预计发展趋势及速度,使计划适应新的发展、新的形势。

(5) 创新原则。

要求针对任务、目标及对未来情况进行分析,创造性地提出新思路、新方法、新措施。

(6) 弹性原则。

制订计划必须有一定弹性,留有余地,减少不确定因素的影响,保证计划目标的实现。计划执行能力行为特征比较如表3-5所示,计划执行能力行为分级定义如表3-6所示。

表3-5 计划执行能力行为特征

能力素质	具备此能力素质的行为特征	不充分具备此能力素质的行为特征
计划执行能力	1. 如果决定进行某项工作,就不再拖延,并确保预期的效果。 2. 一件事如果可以在一小时内完成,就不会拖延到两小时。 3. 具有管理项目的能力,确保项目工作目标明确、职责清晰、工作量安排合理。 4. 为达到工作高效的目的,尽可能周详地思考,尽量避免人员闲置或人手短缺现象。	1. 只要还有时间,便不愿意马上投入工作。 2. 喜欢拖延直至最后期限才完成工作。 3. 管理项目非常混乱。 4. 没有高效管理的意识。

表3-6 计划执行能力行为分级定义

能力素质	级别	行为表现
计划执行能力	1级	1. 根据公司领导的明确要求,结合本部门的职责定位,能够确定部门工作的短期目标。 2. 根据部门具体目标,将整体工作分解为若干个关键可操作性步骤,设立优先次序,形成任务进度时间表。
	2级	1. 能够准确评估实现工作目标所需要的人、财、物等资源,并提出资源配置的可行性方案。 2. 执行具体的工作计划,并建立监控和反馈机制,能够从整体上把握计划实施的进程。
	3级	1. 根据部门工作目标将整体工作分解为若干个关键可操作性步骤,设立优先次序,形成任务进度表。 2. 在工作计划中预留弹性或额外工作时间,以应对意外事件。 3. 主动评估工作中可能存在的风险,随时准备应对各种障碍和问题,并提前制订应变方案,以确保工作任务按时、保质完成。

面试实例

一

面试官： 工作中您发现自己的实施结果与之前的计划出现较大的偏差，你将如何去行动？

问题分析： 这类题目考查的是应聘者的计划管理能力，工作中需要制订详细、周密的计划，但是计划的实施和管理也非常重要，面试者在回答这样的问题时，需要考虑周全，注意突出计划管理的重要性，对于出现偏差的原因进行分析，并能够及时采取行之有效的行动。

应聘者： 在了解清楚出现偏差的具体原因后进行决策，如果是计划问题，直接调整计划，毕竟计划不如变化快，不断调整计划的可行性也是必要的。如果计划没有问题，而是因为其他原因造成的，就要制订相关的补充方案。我认为，在制订计划时一定要考虑周全，把所有可能发生的情况都包括在内，在计划实施的过程中进行跟踪和管理，只有这样才能降低结果与计划的偏差。

点评： 该求职者思路清晰，回答问题逻辑性比较强，从计划和实施两个方面对出现偏差的原因进行了分析。同时，也特别强调了制订计划的注意事项，阐述了如何降低结果与计划之间的偏差。通过这样的问题回答，让面试官感受到了该应聘者在计划管理方面的潜力。

二

面试官： 从简历中可以看出，您的大学经历是比较丰富多彩的，能谈一下当时您是怎样计划自己的大学生活的吗？

问题分析： 根据简历的内容进行提问，主要考查应聘者的计划管理能力，应聘者需要根据当时的具体情况进行回答。在回答过程中要注意逻辑性和完整性，介绍制订计划的初衷，计划实施的过程，以及自己的一些收获和感受。应聘者应该提前做一些准备，通过讲述自己的真实经历体现计划管理能力。

应聘者： 进入大学之前，我就对大学生活充满了期待，希望在大学里更好地锻炼自己，提高各方面能力。每个学期我都制订了详细的个人计划。例如，第一学期，我的计划是能够认真学习，在专业课方面打下坚实的基础；第二学期我的计划是积极参与各项活动，参加学生会干部的竞选，以此提升自己的组织协调能力和人际交往能力；第三学期在专业社团方面我花了很多时间，目的就是想开拓自己的视野；第四学期我报名参加了志愿服务活动。虽然每个学期的侧重点不同，但是我始终没有放弃学业，在保证专业成绩的同时，各方面能力均得到了明显的提高。

点评：该求职者在回答问题的过程中逻辑性较强，结合个人经历介绍了如何计划自己的大学生活。每个学期他都有一份详细的计划，而且通过自己的努力，计划都能够顺利实施。同时，在参与各项活动的时候，始终没有影响专业课的学习。这些都说明该求职者具备较强的计划管理能力，这样的回答也一定会令面试官感到满意。

【思考题】

1. 举例说明你的自我管理能力。你是如何应对工作中的压力的？
2. 对于日常生活中影响你身体健康的不良因素，你是如何避免的？

第四讲　职业沟通

职场中,为什么有的人能与人和谐共处,受到领导的青睐、同事的喜欢,在职场上游刃有余,而有的人却到处碰壁,一再受挫,不受人欢迎?中国职业能力认证中心为此对近千名被解聘的员工进行了解聘原因调查,得到的结论令人大跌眼镜:因知识和技能不称职而遭到解聘的不到15%,而超过85%的人是由于他们的人际关系处理不当和沟通能力欠缺而被解聘的。另一项调查则表明:企业中70%以上的问题来自于沟通不畅。给企业造成最大损失的,不是技术不精良,不是人手不够多,不是资金不到位,也不是理念不先进,而是企业与企业之间或企业内部部门与部门之间、人与人之间的沟通不通畅。

有效的职业沟通已成为人们生存与发展所必需的基本能力,拥有了沟通能力就等于掌握了成功的钥匙。同样,有效的职业沟通也是企业利润的源泉。

4.1　职业沟通认知

4.1.1　职业沟通的概念

戴尔·卡耐基说:"一个人的成功只有15%依靠专业技术,而85%却要依靠人际关系、有效说话等软科学本领。"有研究指出,人们一生中大概用70%的时间在和别人沟通。

沟通(communication)就是信息传递和反馈的行为,发送者凭借一定的渠道,将信息传授给接受者,并寻求反馈以达到相互理解的过程。沟通有时又称交流,是人类最基本、最重要的活动之一,是一个连续和循环的过程。

职业沟通,是指在职场中人与人之间用语言和文字等符号交流信息、思想和情感来达成职业活动的双向互动过程。

当人们准备进入职场去应对更深层次的相互关系时,沟通技巧对成功将会变得更为重要。在职场中,不善于沟通将失去许多机会,同时也将导致自己无法与别人顺利地合作。我们都不是生活在与世隔绝的孤岛上,只有与他人保持良好的沟通协作,才有机会获得成功。要知道,现实中大部分的成功者都是擅长人际沟通、重视人际沟通的人。一个人只有能够与他人准确、及时地沟通,才能建立起牢固、长久的人际关系,进而能够使得自己在事业上如虎添翼,最终取得成功。

1. 职业沟通的作用

(1) 通过沟通,可以帮助沟通双方理解对方的意图,产生共识,达成一致。

(2) 沟通可以减少员工之间的摩擦、争执与意见分歧。

(3) 沟通可以疏导员工情绪、消除心理困扰。

(4) 沟通可以使员工了解组织环境、理解组织意志,从而减少变革阻力。

(5) 沟通可以有助于下情上传,使管理者洞悉真相、排除误解。

(6) 沟通可以增进人员彼此了解,改善人际关系,促进和谐。

(7) 沟通可以减少上、下级与同事间的互相猜忌,有利于增强团队凝聚力。

2. 职业沟通的特点

(1) 沟通是信息的传递。

(2) 信息不仅要传递,还要被充分理解。

(3) 沟通并不意味着双方就能达成一致的意见,而是准确地理解信息的含义。

(4) 沟通是一个双向、互动的反馈和理解过程。

(5) 沟通具有鲜明的职业性。

(6) 沟通无所不在。

3. 职业沟通的类型

(1) 语言的沟通。是指使用语言、文字或符号进行的沟通。沟通中约35%属于语言沟通。具体渠道有:口头沟通、书面沟通、电子媒介。

(2) 非语言性沟通。是指不使用语言、文字的沟通。它可以伴随着语言沟通而发生。非语言沟通约占沟通形式的65%,其含义丰富,但界限模糊。包括以下两类:

① 肢体语言:包括仪表、面部表情、目光接触、姿态、手势、触摸。

② 类语言:是指伴随语言沟通所产生的声音,如哭声、笑声、叹息、呻吟以及各类叫声。

4. 有效沟通的原则

(1) 理解原则。理解是人际沟通的润滑剂,凡事一旦被理解,沟通就顺畅了;沟通双方要多站在对方的立场考虑,懂得换位思考;理解既是一种原则,也是修养的一种体现。

例如,有名的试飞驾驶员鲍伯·胡佛有一次从圣地亚哥飞回洛杉矶,有两个引擎同时发生故障。幸亏他反应灵敏,控制得当,飞机才得以降落。虽无人员伤亡,但飞机已面目全非。在胡佛检查飞机用油时发现,这架螺旋桨飞机装的竟是喷气式飞机用油。回到机场,胡佛见到那位负责保养的机械工,你可以想象出胡佛的愤怒。然而,这位自负、严格的飞行员却没有责备那个机械工人,只是伸出手臂,围住工人的肩膀说道:"为了证明你不会再犯错,我要你明天帮我的F-51飞机再做修护工作。"而此时,年轻的机械工早为自己犯下的错误痛苦不堪,眼泪沿着面颊流下。由此看来,尽量去理解别人,尽量设身处地去想他为什么这样,这比简单地批评责怪要有益得多。

(2) 尊重原则。在1922年,经过几个世纪的敌对之后,土耳其下决心把希腊人逐出土耳其领土,最终获胜。当希腊人的迪利科皮斯和迪欧尼斯两位将领前往土耳其总部投降时,士兵们对他们大声辱骂,而总指挥凯墨尔却丝毫未显现出胜利者的骄傲,他以军人对待军人的口气说:"请坐,两位先生,你们一定走累了。战争中有许多偶然情况,有时,最优秀的军人也会打败仗。"凯墨尔对自己手下败将如此尊重,实在令人折服。

(3) 宽容原则。宽容是一种胸怀,一种自信,一种修养,一种人生境界。

例如,清末豪商胡雪岩,在他开的钱庄生意兴隆时,当初在他落魄时不见踪影的朋友纷纷现身,请求投资或重修友好。胡雪岩一概没有拒绝,这种宽容大气,带来了人气。人气就是面子,面子就是本钱。

(4) 真诚原则。有人做过一个统计,要求人们从描述人品的词语中选出自己认为最重要的几个,真诚被排在了第一位。一个人可能不善言辞,但有真诚就足够了,没有比真诚更能打动人。

(5) 明确原则。沟通时最好用简单、易懂的语言来传达讯息,而且对于说话的对象、时机要有所掌握,有时过分的修饰反而达不到想要完成的目的。换言之,就是要学会用平白的语言表达自己深邃的道理。

(6) 互动原则。沟通是互动的,不是一方的事,需要双方共同参与;沟通双方共享说话的权利是互动的前提,要建立"我和你"这样的民主对话关系。

(7) 技巧原则。有句老话说得好,"会说的说圆了,不会说的说翻了"。所以沟通是问与答的统一体,问是一门艺术,答同样也需要高超的技巧。

5. 有效沟通的成功模式

(1) 制订沟通计划,解决怎么沟通的问题。

(2) 建立沟通关系,以信任为基础,使沟通在友好的气氛中顺利、高效地进行,解决如何高效、友好地沟通问题。

(3) 达成沟通协议,使沟通围绕主题,达到双赢的结果。

(4) 履行沟通协议并维持良好的关系,解决好沟通结束后双方关系的去向问题。

测测你的人际沟通能力

下面是一组沟通能力的小测试,请不假思索地选择适合你的情形。

1. 在说明自己的重要观点的时候,别人却不想听你说,你会(　　)

A. 马上气愤地走开

B. 于是你也就不说完了,但你可能会很生气

C. 等等看还有没有说的机会

D. 仔细分析对方不听自己的原因,找机会换一个方式去说

2. 去参加老同学的婚礼回来,你很高兴,而你的朋友对婚礼的情况很感兴趣,这时你会(   )

   A. 详细述说从你进门到离开时所看到和感觉到的以及相关细节

   B. 说些自己认为重要的

   C. 朋友问什么就答什么

   D. 感觉累了,没什么好说的

3. 你正在主持一个很重要的会议,而你的一个下属却在玩弄他的手机,并有声音干扰会议现场,这时你会(   )

   A. 幽默地劝告下属不要玩手机   B. 严厉地叫下属不要玩手机

   C. 装着没有看见,任其发展   D. 给那位下属难堪,让其下不了台

4. 你正在跟老板汇报工作,你的助理急匆匆地跑过来说有你一个重要客户的长途电话,这时你会(   )

   A. 说你在开会,稍后再回电话过去   B. 向老板请示后,去接电话

   C. 说你不在,叫助理问对方有什么事   D. 不向老板请示,直接跑去接电话

5. 去与一个很重要的客户见面,你会(   )

   A. 像平时一样随便穿着   B. 只要穿得不要太糟就可以了

   C. 换一件自己认为很合适的衣服   D. 精心打扮一下

6. 你的一位下属已经连续两天下午请事假了,第三天上午快下班的时候,他又拿着请假条过来说下午有事请假,这时你会(   )

   A. 详细询问对方因何请假,视原因而定

   B. 告诉他今天下午有一个很重要的会议,不能请假

   C. 你很生气,什么都没有说就批准了他的请假

   D. 你很生气,不理会他,不批假

7. 你刚应聘到一家公司就任部门经理。上班不久,你了解到公司中有几位同事想就任你的职位,老板不同意,才招了你。对这几位同事你会(   )

   A. 主动认识他们,了解他们的长处,争取成为朋友

   B. 不理会这个问题,努力做好自己的工作

   C. 暗中打听他们,了解他们是否具有与你进行竞争的实力

   D. 暗中打听他们,并找机会为难他们

8. 与不同身份的人讲话,你会(   )

   A. 对身份低的人,你总是漫不经心地说

   B. 对身份高的人说话,你总是有点紧张

   C. 在不同的场合,你会用不同的态度与之讲话

   D. 不管是什么场合,你都是一样的态度与之讲话

9. 你在听别人讲话的时候,你总是会(   )

   A. 对别人的讲话表示兴趣,记住所讲的要点

B. 请对方说出问题的重点

C. 对方老是讲些没必要的话时,你会立即打断他

D. 对方不知所云的时候,你就会很烦躁,就去想或做些别的事

10. 在与人沟通前,你认为比较重要的是应该了解对方的( )

A. 经济状况、社会地位 B. 个人修养、能力水平

C. 个人习惯、家庭背景 D. 价值观念、心理特征

评分方法:

题号为1、5、8、10者,选A得1分,B得2分,C得3分,D得4分;其余题号的,则选A得4分,B得3分,C得2分,D得1分。将10道测试题的得分加起来,就是你的总分。

结果分析:

如果你的总分为10~20分,表明因为你经常不能很好地表达自己的思想和情感,所以你也经常不被别人所了解;许多事情本来是可以很好解决的,正是你采取了不合适的方式,所以有时把事情弄得越来越糟;但是只要你学会控制好自己的情绪,改掉一些不良的习惯,你随时可能获得他人的理解和支持。

如果你的总分为21~30分,表明你懂得一定的社交礼仪,尊重他人,你能通过控制自己的情绪来表达自己,并能实现一定的沟通效果;但是,你缺乏高超的沟通技巧和积极的主动性,许多事情只要你继续努力一点,你就可大功告成。

如果你的总分为31~40分,表明你很稳重,是控制自己情绪的高手,所以,他人一般不会轻易知道你的底细。你能不动声色地表达自己,有很高的沟通技巧和人际交往能力。只要你能明确意识到自己性格的不足,并努力优化之,一定能取得更好的成绩。

4.1.2 沟通是团队合作的关键

《圣经·旧约》上说,人类的祖先最初讲的是同一种语言,他们能相互沟通,彼此合作,力量越来越大。后来,他们在底格里斯河和幼发拉底河之间发现了一块非常肥沃的土地,于是就在那里定居下来,修起了城池,建造了繁华的巴比伦城。他们的日子越来越好,决定修建一座可以能到天上去的高塔,用来传颂人类的赫赫威名。他们用砖和河泥作为建筑的材料。因为他们语言相通又团结一心,阶梯式的通天塔修建得非常顺利,高高的塔顶已冲入云霄。

上帝耶和华得知此事,立即从天国下凡视察。上帝一看,又惊又怒,认为这是人类虚荣心的象征。上帝心想,人们讲同样的语言,就能建起这样的巨塔,日后还有什么办不成的事情呢?于是,上帝决定让人世间的语言发生混乱,使人们互相言语不通。

从此,人类讲着不同的语言,感情无法沟通和交流,思想很难统一,无法齐心协力地完成一件事,甚至还会相互猜疑,各抒己见,争吵斗殴。就这样,通天塔的修建工作停止了。

这个流传久远的圣经故事寓意十分深刻,它时刻提醒着人们沟通在团队中是非常重要的。如果一个团队的沟通和互动正确、健康而有效,那么,它就能使团队成员的力量得

到整合放大,从而产生相加、相乘的效果,迅速推进团队工作,实现团队的目标。

　　管理学大师彼得·德鲁克非常强调沟通的重要性,其"管理就是沟通"的观点已经成为现代管理学界的共识。随着人本管理思想的推进和深入人心,团队只靠冰冷制度是发挥不了管理功效的。所以,有效的沟通在团队管理和团队建设中显得尤为重要。沟通看上去是小事,但往往能为团队创造难以想象的价值。所以说,沟通也是生产力。同时,沟通既能提高团队的工作效率,为实现团队目标做导航,又能化解团队中可能的矛盾,增进团队的凝聚力和向心力。一般来说,团队沟通要遵循"五心原则",即平等的心、欣赏的心、包容的心、合作的心和分享的心。

4.1.3　工作中的沟通

　　工作中的沟通,尤其重要的是部门和部门、上级和下级、同事之间的沟通,而与客户的沟通更是企业的生命线。上级关心员工,善于听取员工的意见和建议,充分发挥其聪明才智与积极性,可以提高员工的工作效率和成绩。部门和部门之间的沟通,可以迅速地传递各种信息,增进配合。同事之间的沟通,可以增进信息的共享,吸取不同的经验和教训。与客户沟通无障碍,才能为企业带来利润,带来生存和可持续发展的动力,这样企业才有生存空间。可见,工作中的沟通,对于一个企业来说,是何等的重要。

1. 如何与上级沟通

　　我们每个人不可能都成为领导,但是几乎每个人都会成为下属。和自己的顶头上司打交道,是自己日常工作的重点,沟通的效果既会体现人们的沟通能力,也能够影响人们的发展前景。因此,如何与上级沟通要引起高度重视。

　　尊重上级,是你和上级沟通的前提。当你满足了领导对于尊重的需要时,你同样会得到很好的回报。当然尊重不等于盲目地顺从。这里的尊重,主要是内心的敬重,来源于思想上的一致、情感上的共鸣以及对领导言行、品格、作风和处事方式的认可。而顺从领导反映的是下属不健康的心态,传递的是下属对领导的迎合和奉承,体现的是人与人关系的不平等,实质上是对领导不尊重。

　　踏实搞好本职工作,是与领导沟通的基础。人们无论从事什么工作,都应该兢兢业业、踏踏实实地做好本职工作。有的人常在领导面前夸夸其谈、言过其实,特别喜欢在领导面前表现自己,这些只能获得领导暂时的信任,很快就会感到你"华而不实"。

　　摆正位置、领悟意图是与领导沟通的根本。不要过分表现自己,突出自己,更不要张扬自己帮助上级做了什么。和上级打交道,要能够领悟上级的意图,领导要你做什么,要你怎样做,应该有默契,有时一个手势、一个眼色,都要心领神会。

　　树立与上级主动沟通的意识:多请示、勤汇报。领导的工作往往比较繁忙,而无法顾及方方面面,保持主动与领导沟通的意识十分重要。聪明的下属知道,每次做出部署、决定,都要先请示,得到领导的首肯。不仅完成任务后要汇报,而且工作进行到一定程度也要汇报,出现了任何情况也要汇报。汇报可以让领导了解你的工作,得到肯定与支持,有可能得到器重和更多发展机会。

灵活变通,让自己的想法被上级接受。即使你的意见是正确的,最好采取引导、试探、征询的方式说出来,这样更容易被上级采纳。在许多时候,仅仅引导、提供资料、提出建议就足够了,其中所蕴含的结论,最好让领导自己去定夺。同时,聪明的下属往往会提出多种不同的方案,供领导从中做出选择。

必要时也要说"不"。在日常工作中,下级要积极响应上级的号召,自觉配合上级工作,但的确也会有一些情形,必须要对上级说"不"。比如,上级安排的工作超出了自己的能力,无论如何努力都完成不了;上级做出错误的决定,可能会严重损害个人或者团体利益;或者是上级要求下级做违背自己的原则和良心的事——面对这些问题,必须对上级说"不",不要勉强答应,以免陷入更大的困境。尽量促成与上级单独沟通的机会,在拒绝上级意见的时候一定要给上级一个台阶或者一个备选方案,让上级有台阶下或者有选择。

总之,与上级经常进行富有艺术性的沟通,可以帮助人们建立一个融洽、和谐的工作环境,这也是事业取得成功的必要条件。

案例分析

机智的丰后守

日本的德川家光将军(1604—1651)在一次出去打完猎回来之后,他便开始洗澡。然而,负责洗澡间专门替将军冲水的仆人,不知道怎么一回事,误把滚烫的热水浇在了家光的身上,顷刻之间就把家光的皮肤烫得通红。

此时的家光十分愤怒,根本就不理睬吓得不知所措、正跪在地上一直求饶的部下,他愤怒地回到了自己的房间,立刻把总管家阿部丰后守叫来了,并且下令说:"那个替我冲水的人,简直是混蛋,立即判处他死罪!"丰后守也没有什么办法,只能听命从事。

如果是以前,丰后守会退下去办事,可是这一次他却退到侍从的房间,向家光的贴身侍从们说:"等将军的情绪、心情好一点的时候,请通知我一下。"然后他才退下去。

家光将军到了晚上,用过晚餐,他的情绪平静了一些,心情也好多了。于是,谈起白天去打猎的趣事和感想,开始有了笑容。在场的侍从们马上和丰后守说:"将军的心情好多了,现在的情绪看起来好了很多。"

丰后守听了侍从们的话之后,立刻去会见家光,说:"刚才主公曾经指示,处罚那个冲洗澡水的人,在下一时疏忽,没有记清楚是什么内容,非常抱歉,敢请主公重新做出指导,到底应该如何处置眼前的这个人?"

面对丰后守提出的问题,家光将军并没有马上回答,而是盯着他,想了一会儿之后才说:"那个人由于不小心而犯了严重的过错,我看判处他流放外岛好了。"丰后守受到家光的指示后,回答一声:"是,遵办。"也便退下去了。

丰后守一退下,在家光将军身边的贴身侍从们,把这件事情当作饭后的话题说:"最初,我们听到将军的指示是'判处他死罪',管家阿部丰后守也的确说过:'是,遵办',然后他就下去了。可是他好像忘了,连丰后守也会忘了将军的指导,那么假如我们有时候忘了,也是不得已的。"

家光将军在听了侍从们聊天之后,笑了一下说道:"丰后守这个老人怎么会忘?他记得才清楚呢。判处死刑,需要格外慎重,他明知做出这个决定十分重要,却故意说他忘了。他实际上是想提醒我重新考虑,收回成命,只是没有明说罢了。所以我也只好改变当初的想法了,把这个人的刑罚,由死刑改为流放外岛。他考虑得真是周到。我因一时冲动而开口大叫判处死罪,现在倒觉得很惭愧。"他的侍从们听了全都说不出一句话来。从此之后,阿部丰后守的声誉也由这件事情而大为提高。

2. 如何与同事沟通

俗话说得好,一个好汉三个帮。在职场,一个人想获得成功,要靠集体的力量,没有他人的理解和工作中的配合,事业是很难成功的。因此与同事沟通对一个职场中人来说是成功的关键因素。但是经常会听到有人抱怨同事关系处得不好,其实和同事相处是一门学问。

要以诚相待。真诚是人与人相处的基础,沟通的有效性在于真诚。对方认可了你的真诚,沟通才有了良好的基础。在办公室里无论是什么样的同事,你都应该平等对待,互学互助,建立起和谐的工作关系。

要学会尊重同事。有效的沟通必须做到尊重和理解,不是所有的沟通都能使彼此同意对方、达成共识,意见分歧、观点对立是常有的事,重要的是尊重和理解。

对同事要宽容。宽容就是尊重个性,不能强求一律。要学会积极、主动地适应别人的性格特点;容忍别人有和你不同的见解和感受,体谅别人的处境;在心理上接纳别人,学会欣赏别人。只有你欣赏别人,别人才会欣赏你。

灵活表达观点。和同事意见相左,或看到同事有明显错误或缺点,如果无伤大雅,不关原则,大可忽视,不必斤斤计较。即使确有必要指出,也要考虑时间、地点和对象的接受能力,委婉指出。如果过于直率,即使你实话实说,也不会受到欢迎,并可能给自己带来麻烦。

赞美常挂嘴边。同事的进步,要适时关注,适当赞美,同事的微小变化也要注意发现。要时常面带微笑,对他们微笑本身就是一种赞美。微笑着向同事问好,情绪是会感染他人的。只有这样,别人才愿意与你交往。

务必要少争多让。不要和同事去争什么荣誉,这是最伤害人的。你帮助同事获得荣誉,同事就会感激你的功绩和大度,更重要的是增添了你的人格魅力。要远离争论,对一些非原则性的问题,切忌去争什么你输我赢。

与同事勤联络。在与同事交往中,可能会有相处下来比较要好的,则无形中形成了自己的交际圈。在激烈竞争的现实社会中,空闲的时候给同事打个电话、发个短信、发个电子邮件等,哪怕只是片言只语,同事也会心感善意。

与同事沟通的忌讳:切忌背后打小报告;切忌将所有责任背上身;和同事交朋友一定要慎重。

职场需要委婉的表达

刘小姐工作多年了,各种事情遇到很多,但是她经常得罪人。原因是她的心里搁不住事情,有什么就说什么,从不会隐瞒自己的观点。

有的同事把茶水倒在纸篓里,弄得满地都是水,她会叫他不要这样做;有的同事在办公室里抽烟,她会很反感,请他出去抽;有的人爱没完没了地打电话,她就告诉他不要随便浪费公司的资源……她这样做是好心,因为上述情况如果让经理看见了,免不了会受到批评。

可是,好心没好报,她这样做的结果是把同事们都得罪了。每个人都对她有一大堆意见,甚至大伙一起去郊外游玩也故意不叫上她。有一次她实在很生气,就向经理反映,没想到经理也没有对她表示认同,弄得她在公司里更加被动。她很想不通,明明我是实话实说,为什么结局会这样呢?难道做人就一定要虚伪吗?

3. 如何与客户沟通

只有与客户进行有效的沟通,才能发现客户需求,为客户提供优质高效的服务,更好地推销产品。在眼下利润越来越薄、竞争越来越激烈的时代,企业要想发展,不光是职业经理人或者销售人员,甚至企业内的普通员工,都要努力提升与客户沟通的水平。

与客户沟通要把握好三个环节:了解客户、触动客户、维系客户。

(1) 了解客户。

通过倾听来了解。学会倾听,不仅仅是听客户说话的内容,更重要的是在和客户的沟通中,体会客户说话的原因(目的),客户是如何表达的(语音语调),听上去的感觉(词语的选择),说话的时机(与接收者的心理活动有关),以及在话被说出来的时候看上去的感觉以及内心的感觉等。

通过提问来了解。和客户交谈,尤其是在推销自己的产品时,要学会提问。提问是一门非常有趣的学问,要善于提问,不能一味地向客户推销,这样会打击客户的购买欲望。其次,问题要问得好,提到点子上。

(2) 触动客户。

赞美认同与关怀感恩。赞美顾客一定要诚恳。顾客对真诚的赞美是不会拒绝的。顾客是上帝,在与顾客的沟通中要自始至终表现出热忱的欢迎和诚挚的感谢。

描绘美好未来与唤起眼前危机。和客户沟通的过程中你要强调假如客户买了产品以后可以带来的好处和利益,以及假如不买所带来的坏处和损失,要尽可能描绘得具体、详细。

苦练内功,推销自己。有人说,三流的推销员推销产品,二流的推销员推销公司,一流的推销员不仅推销产品、推销公司,更重要的是推销自己。

对症下药,因人而异。要根据不同的客户的特点、个性,采取不同的沟通方法。

(3) 维系客户。

搜集客户信息,建立客户档案。从第一次和客户接触时就要有意识地搜集客户基本资料,然后不断地完善。客户档案一般包含这样的信息:客户的姓名、性别、年龄、生日、工作单位、联系方式、兴趣爱好、体质类型、健康状态等;每一次商谈的内容、购买的产品、规格、数量、消费记录、投诉记录等。

采用多种方式,与客户联系。有的时候,一张小小的卡片,一个祝福的电话,一个联络的邮件,赠送一个小礼物,都可以帮助你维系与客户的关系。与客户接触联系的方法主要有:登门拜访、电话沟通、信件沟通、网络沟通等。

赞美 + 激励 = 成交

在一个家装用品店里,一个顾客在一款地砖面前驻留了很久。导购走过去对顾客说:"您的眼光真好,这款地砖是我们公司的主打产品,也是上个月的销售冠军。"

顾客问道:"多少钱一块啊?"

导购说:"这款瓷砖,折后的价格是110元一块。"

顾客说:"有点贵,还能便宜吗?"

导购说:"东方绿洲应该是市里很不错的楼盘了,听说小区的绿化非常漂亮,而且室内的格局都非常不错,交通也很方便。买这么好的地方,我看就不用在乎多几个钱了吧?不过我们近期正在对东方绿洲和威尼斯城做一个促销活动,这次还真能给您一个团购价的优惠。"

顾客兴奋地说:"可是我现在还没有拿到钥匙呢。没有具体的面积怎么办呢?"

导购说:"您要是现在就提货还优惠不成呢,我们按规定要达到20户以上才能享受优惠,今天加上您这一单才16户,还差4户。不过,您可以先交定金,我给您标上团购,等您面积出来了,再告诉我具体面积和数量。"

这样,顾客提前交了定金,两周之后,这个订单就算搞定了。

首先,这位导购善于赞美:"您的眼光真好,这款砖是我们公司的主打产品,也是本月的销售冠军。"再看后面的部分:"东方绿洲应该是市里很不错的楼盘了,听说小区的绿化非常漂亮,而且室内的格局都非常不错,交通也很方便。"这位导购先赞美顾客购买的小区是非常的漂亮,再告诉客户不该省钱,让客户感觉住这么好的小区再谈价钱有点惭愧。然后再告诉客户我们正在做促销,但没有马上给顾客团购的价格,而是故意让顾客有得到这种折扣"来之不易"的感觉,只有来之不易的东西,才能够让人们珍惜,这就是一种超值的心理感受。

4.2 关键能力素质

4.2.1 沟通交流能力

沟通交流能力是指个体在事实、情感、价值取向和意见观点等方面采用有效且适当的方法与对方进行沟通和交流的本领。沟通交流能力是现代职业人职业核心能力之一。

沟通交流能力可以通过以下途径来加以培养提高:

(1) 明确自己的沟通目标、沟通对象与沟通情境,能够换位思考,提高沟通交流意识。

(2) 注重语言和非语言交流能力的训练,及时评价自己的沟通交流状况。

(3) 注重心理素质的训练,在沟通交流中保持良好的心理状态。

(4) 多与他人交流沟通,在实践中不断总结沟通的成功和不足。

沟通交流能力行为特征比较如表4-1所示,沟通交流能力分级定义如表4-2所示。

表4-1 沟通交流能力行为特征

能力素质	具备此能力素质的行为特征	不充分具备此能力素质的行为特征
沟通交流能力	1. 以合理的论据、数据和明白无误的沟通来影响他人。 2. 针对不同的听众对象,调整沟通的方式和方法。 3. 努力与他人建立融洽的关系,取得他人的支持和认同。 4. 能够站在不同的立场思考问题,运用换位思考获得双赢的结果。	1. 提出的想法或项目经常得不到支持。 2. 不重视别人可能做出的贡献。 3. 只有一种说话方式,无论针对什么样的沟通对象。 4. 沟通问题仅考虑到自己怎样获得胜利,无法采用双赢的思考问题的方式。

表4-2 沟通交流能力分级定义

能力素质	分级	行为表现
沟通交流能力	1级	1. 谈话中,不善于抓住谈话的中心议题。 2. 表达自己的思想、观点不够简洁、清晰。 3. 在沟通过程中以自我为中心,缺乏对他人应有的尊重。 4. 在沟通中,能够基本理解、使用日常专业和非专业词汇。
	2级	1. 能以开放、真诚的方式接收和传递信息。 2. 了解交流的重点,并通过书面或口头的形式,用清楚的理由和事实表达主要观点。 3. 尊重他人,能在倾听别人的意见、观点的同时适时地给予反馈。 4. 在沟通中,能够理解、使用日常专业和非专业词汇。
	3级	1. 沟通时语言清晰、简洁、客观,且切中要害。 2. 能够针对不同听众调整适当的语言和表达方式以得到一致性结论。 3. 能拓展并保持广泛的人际网络。 4. 熟练掌握专业和非专业词汇,能够阅读、理解相关外文资料。

面试实例

一

面试官：你认为怎样的沟通才是有效的沟通？

问题分析：这是考查应聘者的沟通交流能力。现在越来越多的企业都重视应聘者的沟通交流能力，尤其是服务类、管理、市场营销以及文秘等岗位对于沟通交流能力有着特殊的要求。

应聘者：我认为有效的沟通必须具备以下三点：第一，沟通要有理有据，在和别人沟通之前要收集合理的事实和数据来支持自己，并且要进行合理、准确的沟通，注意自己的态度；第二，要因人而异，要根据他们的特点采取不同的沟通方法和手段；第三，要学会换位思考。人常常会站在自己的立场去看问题，只考虑自己的利益和损失而忽视了别人的感受。我们需要学会站在别人的立场看问题，这样才能达到双赢的效果。

点评：这个面试者的思路很清晰、很有逻辑性，从沟通能力三个方面的表述中抓住了沟通的本质，全面反映了自己是一个了解沟通内涵并且会沟通的人。

二

面试官：您认为公司里的上、下级之间应该怎样交往？

问题分析：通过这个问题，面试官可以了解应聘者在企业等级结构中的沟通方式。通过回答这个问题，应聘者可以展示自己在复杂领域工作的沟通能力和技巧。

应聘者：我认为，能在企业各个层面上顺畅地进行交流，这对企业的生存和发展至关重要。我感觉自己在这个方面已经培养了比较强的能力，从上、下级关系来说，最重要的是应该意识到每个人及每种关系都是不同的，在交流过程中应当抛开个人喜好，完全从工作角度出发，而且在与上下级同事交流的过程中一定要注意对方的性格特点，尽量以对方可以接受的方式进行沟通，以达到最好的沟通效果。

点评：这样的回答表明该求职者能够理解人际关系的复杂性和多样性，能够从工作的角度出发进行交流，求职者明确地表达了沟通交流需要技巧，也需要换位思考，充分展现了自己在沟通交流方面的能力和自信。

4.2.2 客户服务能力

客户服务（Customer Service），是指一种以客户为导向的价值观，它整合及管理了预先设定的最优成本——服务组合中的客户界面的所有要素。任何能提高客户满意度的内容都属于客户服务的范围之内。客户服务能力，就是指全心全意服务于客户，为其解决问题并提供超值服务的能力。

客户服务能力行为特征比较如表 4-3 所示,客户服务能力分级定义如表 4-4 所示。

表 4-3 客户服务能力行为特征

能力素质	具备此能力素质的行为特征	不充分具备此能力素质的行为特征
客户服务能力	1. 清晰了解客户的需求,并主动为客户提供服务及其他有用信息。 2. 迅速及时地解决客户的问题,不推卸责任,不拖延,即使不是自己的过错造成的问题,也能立即采取行动解决问题,而不是先追究责任。 3. 能就如何提高客户满意度提出可行性建议,发掘超出客户期望的服务机会。	1. 漠视客户需求,或者必须客户反复要求才愿意提供帮助。 2. 拖延客户所面对的问题,或者因为并非自己的过错而推卸责任,不首先帮助客户解决问题。 3. 只求完成客户服务的基本工作,没有让自己的服务超出客户期望的意愿和建议。

表 4-4 客户服务能力分级定义

能力素质	级别	行为表现
客户服务能力	1 级	1. 耐心倾听客户的咨询、要求和抱怨,及时回应客户的要求,解决常规性的客户问题。 2. 与客户保持沟通,当客户需要帮助的时候可以随时取得联系,关注客户的满意度,提供对客户有帮助的信息。
	2 级	1. 把客户的明确需求看成是自己的工作任务,为此投入时间和精力去做工作。 2. 当常规产品和服务不能满足客户需要时,为客户提供个性化的产品和服务,尽可能快速准确地解决客户问题。 3. 关注和了解客户的潜在需求,致力于开发符合客户需求的产品和服务。
	3 级	1. 担任客户的顾问角色,针对客户的需求、问题提出自己独立的观点,并采取行动解决问题,积极参与帮助客户进行决策。 2. 为客户寻找长期利益,能够采取具体的措施为客户提供增值服务,并借此成功取信于客户。

面 试 实 例

面试官:假如你是一名客户服务人员,接到一名客户的投诉电话,他半个月前购买的产品突然出现了问题而无法使用了,要求更换,可是根据企业的规定,产品只有在购买日 10 天内提供更换,过期则不予更换,这时你会怎样处理?

问题分析:这是一道角色扮演类的题目,面试官旨在考查面试者的沟通能力及服务意识,是否能站在他人的角度考虑问题,是否能真诚地为他人着想,是否能为他人提供更好的服务。

应聘者:首先我会站在他的角度看待整件事情,对他的情况表示关心、同情和体谅,为我们以后的沟通建立一个良好、融洽的氛围。然后我会婉转地告诉他公司的有关规定,请他体谅我的难处，我个人无权因为他而破坏公司的规定。但是为了能更好地提供我们的服务，我们可以免费为他调换产品出问题的零件。最后，我会为这位客户进行服务跟踪，定期了解产品的使用情况，为他提供及时的人性化服务。

　　点评：首先该求职者并没有一开始就推卸自己的责任，而是利用换位思考，从客户的立场出发来看待问题，从而获得了一种融洽的沟通氛围，这是很可贵的，有了好的氛围才能保证有效沟通的进行。其次，员工有义务维护公司的规章制度，在维护原则的基础上适当地进行变通，既维护了公司的利益，也维护了客户的利益，从而达到了双赢。

二

　　面试官：作为门店经理，你认为什么是真正好的客服质量？

　　问题分析：通过这个问题，面试官可以了解应聘者对客户服务重要性的认识，同时，也能掌握求职者对提高客服质量的想法，求职者可以通过具体事例进行阐述，这样可以更好地达到面试官的要求。

　　应聘者：首先，我要求营业员必须向顾客清晰、准确地介绍产品，避免客户错误购买。门店、企业需要长远的发展，要有稳定的客户群体支持。而这个群体来自于完美的服务。其次，我绝对禁止营业员在顾客面前推脱责任。例如，顾客由于错购了某项产品，提出质疑，而其他营业员则由于未经手而推脱责任。这样的服务态度我坚决反对，因为顾客面对的是整个门店、整个企业，而不是一个营业员。每人都有义务去为顾客解决问题，否则有损于整个门店的形象。我想我能够站在顾客的角度，为顾客着想，及时、准确地提供服务，甚至能让顾客感到超值，这才是真正好的服务方式，也只有这样才能确保客服的质量。

　　点评：该求职者针对门店的客户服务方式给出了自己的观点，强调了客户所认识的是整个门店而不是单一的某个人，每个员工都有为客户服务以维护门店利益的义务。同时，该求职者也明确给出了维护服务质量的要点，让面试官觉得他是一个很能抓住重点、对客户服务非常重视的人。在面对顾客的质疑时，该求职者以解决顾客问题为先，而不支持先追究责任的做法，这是十分成熟的处理危机问题的方法，目的性明确。

【思考题】

1. 上、下级之间应该怎样交往？
2. 你认为如何才能留住客户？

第五讲　解决问题

丰田公司元老大野耐一说过这样的一句话:"没有问题的人,才是问题最大的。"确实,我们与问题紧密相连,我们每一个人都生活在"问题"之中,生活中从来都不缺乏问题,而是缺乏发现问题的眼睛。问题是一切发明与创新的起点。善于发现问题是科学精神的重要表现。人类科技进步的历史表明:科学发现和技术发明都是始于问题的发现,成于问题的解决。

同样,我们天天都在解决问题,但是为什么有很多问题我们天天解决,之后又天天发生,似乎我们天天在解决老问题? 为什么我们经常在问题发生后才意识到我们可以提前避免? 为什么他人经常不理解我们提出的问题非常重要? 为什么我们经常对问题的产生原因和解决方案难以达成一致意见? 为什么我们用于解决问题的方案经常难以执行? 为什么有些问题大家看到了就是没人去解决?

其实,解决问题远不只是方法,而是一种组织和企业文化、一种思维和管理体系。

5.1　问题解决能力

5.1.1　问题解决能力的概念

1. 问题

所谓问题,是指"应有状态"与"实际状态"的差异,其中"应有状态"并非理想状态,而是"应该如此",是作为某种工作的结果所能预测的状态,与此相比较的实际状态出现差异时,就认为有问题。包括:

(1) 本来应该的状态与实际的差距。
(2) 不能放任需要马上解决的事情。
(3) 给其他的人员或下一工序添加异常,留下不良影响。
(4) 必须致力解决的部分。
(5) 想使之实现,使之成功的事情。

问题的结构示意图如图5-1所示。

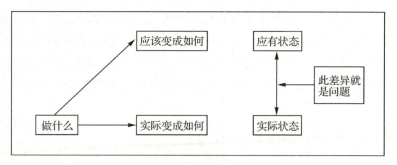

图 5-1　问题的结构示意图

2. 问题解决

问题解决(Problem Solving)是由一定的情景引起的,按照一定的目标,应用各种认知活动、技能等,经过一系列的思维操作,使问题得以解决的过程。

例如,证明几何题就是一个典型的问题解决的过程。几何题中的已知条件和求证结果构成了问题解决的情境,而要证明结果,必须应用已知的条件进行一系列的认知操作。操作成功,问题得以解决。

3. 问题解决能力

问题解决能力,简单地说就是指处理问题的能力,更完整的解释是指能够准确地把握事物发生问题的原因,利用有效资源,提出解决问题的意见或方案,并付诸实施,进行调整和改进,使问题得到解决的能力。

关上你的窗帘

美国华盛顿广场有名的杰弗逊纪念大厦,因年长日久,墙面出现了裂纹。为能保护好这幢大厦,有关专家进行了专门研讨。最初大家认为损害建筑物表面的元凶是酸雨。专家们进一步研究,却发现对墙体侵蚀最直接的原因,是每天冲洗墙壁所含的清洁剂对建筑物有酸蚀作用。而每天为什么要冲洗墙壁呢?是因为墙壁上每天都有大量的鸟粪。为什么会有那么多鸟粪呢?因为大厦周围聚集了很多燕子。为什么会有那么多燕子呢?因为墙上有很多燕子爱吃的蜘蛛。为什么会有那么多蜘蛛呢?因为大厦四周有蜘蛛喜欢吃的飞虫。为什么有这么多飞虫?因为飞虫在这里繁殖特别快。而飞虫在这里繁殖特别快的原因,是这里的尘埃最适宜飞虫繁殖。为什么这里最适宜飞虫繁殖?因为开着的窗阳光充足,大量飞虫聚集在此,超常繁殖……由此发现解决的办法很简单,只要关上整幢大厦的窗帘。此前专家们设计的一套套复杂而又详尽的维护方案也就成了一纸空文。

处理问题,若能透过重重迷雾,追本溯源,抓住事物的根源,往往能够收到四两拨千斤的功效。就如杰弗逊大厦出现的裂纹,只要关上窗帘就能免除几百万美元的维修费用,这是那些专家始料不及的。在遇到重重问题迷雾的时候,你真的能关上你的窗帘吗?

从企业角度而言,如果组织有了强大的问题解决能力,也就意味着能够更多、更快、更好地解决不断产生或已经存在的各种问题,由此让妨碍经营活动的种种障碍得以扫除,从而能够开发出更好的产品,制造出成本更低的产品,可以更快地将商品送到客户手中,从而增加销售额,让公司获利更多。

良好的解决问题的能力是当问题接踵而来而且复杂度不断升高时,能够系统地找出问题的成因,对症下药,以最有效率的方式解决问题。

解决问题能力的强弱决定了绩效的高低。问题解决能力不仅是决定着个人的业绩,而且也决定着企业的业绩。因为,工作就是解决问题。企业经营的过程就是不断地发现问题、解决问题的过程。管理过程也就是解决问题的过程。企业发展的程度取决于员工解决问题能力的高低。一个员工的智商再高,人际关系处理得再好,如果缺乏解决问题的能力,那也不会受到企业的青睐。企业不会容忍一名不具备解决问题的能力的员工。对企业而言,人才的价值主要体现于解决问题的能力上。人才的竞争力说到底也表现为卓越的解决问题的能力,好员工必须具备解决问题的能力。

员工解决问题的能力决定了其工作绩效的高低。那些有很强的解决问题能力的人往往能够创造卓越的业绩,而那些欠缺这一能力的人则刚好相反。IBM 的一位高级经理就表示,绩效的获得来自于解决问题的能力。日常工作的种类繁多,在有限的时间内完成多大的工作量完全取决于其解决问题的能力。

员工解决问题的能力,就是结合企业的愿景、战略和岗位职能,运用观念、规则、工作程序、方法等对客观问题进行分析并提出解决方案的能力。

5.1.2　问题意识

解决问题的第一步就是要有敏锐的问题意识。具备了正确的问题意识才能在工作中发现问题。并正确对待问题,错误的问题意识往往引发争端,不能对解决问题真正有所帮助。

问题意识的定义:指把现在开始可能会发生的或已经成为问题的作为问题来认识,这种对待问题的心理活动就是问题意识。

所谓正确的问题意识,就是当面对某种变化的时候,能够从确立并实现目标的角度完成正面的思考,能够从自身的利益出发给出有价值的判断,能够从搭建更具建设性的利益关系出发调整自己的语言和行动。

1. **问题意识的产生**

(1) 否定现状的精神(意识到不能维持现状)。

① 使自己陷入困境,为之烦恼的,觉得有疑问的事情。

② 有浪费、勉强和不合理现象。

③ 故障、投诉、索赔事件。

(2) 更高的追求(想做得更好)。

① 理想、展望、憧憬。

② 使命感、责任感。

③ 成就感、正义感。

2. 问题意识的培养

（1）形成正确的问题意识，首先意味着让自己摆脱对抗的状态。

（2）时刻寻找和思考更有价值的问题，是自己拥有正确的问题意识的最好证明。

（3）当我们可以从改善的角度完成思考的时候，就意味着我们具有了相对正确的问题意识。

（4）培养正确的问题意识还有一个重要方面，那就是研究关键人物的关注点。

有问题就应该解决，这似乎顺理成章，然而，很多时候问题并未得到有效解决。究其原因，一是欠缺解决问题的意识，二是缺少解决问题的方法。

5.1.3 问题的种类

一般人对眼前所发生的问题，会感觉很糟糕；但对不易觉察的问题，容易忽略。欲发掘遗漏的问题，必须将问题的种类归纳出来，判断并整理要解决的真正问题，只有这样才能重点解决问题。需要对问题进行以下判断区分：

1. 人员的问题还是工作的问题

如果是人员的意识不到位，就要进行思想意识教育；如果是技能不足，则要强化某方面的技能；如果是工作方法不合适，则需调整相应的工作方法。

2. 组织的问题还是目标的问题

如果团队战斗力不够，那么团队的重塑过程是必要的；如果因为目标不切合实际造成业绩偏离，就应该进行目标的调整。

3. 当前的问题还是将来的问题

对于眼前的问题，我们要区分重点并予以解决；至于将来可能出现的问题隐患，更不能掉以轻心，要采取必要的措施，防止问题的发生。

4. 内部问题还是外部问题

对于内部的问题，我们可以依据自身的规章守则解决；对于外部的问题，我们必须依据其后果的预期影响程度，来决定必要的对策。但是必须迅速、果断处理，防止负面影响进一步扩大。

5. 表面的问题还是本质的问题

有的问题是表面和偶然发生的，处理后不会再次发生；有的却是本质性的问题，如果不是从根本抓起，问题还会反复发生，或者产生连锁反应。所以认识问题背后的实质是非常关键的。

5.1.4 解决问题的方法与步骤

俗话说：授人以鱼，不如授人以渔。即教人解决一个问题，不如教人解决此类问题的方法。日本丰田公司著名的丰田工作法（问题解决八步工作法）就是一个很有效的问题解决方法。

1. 明确问题

思考工作的真正目的；明确工作的"理想状态"和"现状"；将"理想状态"和"现状"之间的差距可视化。

表5-1 介绍了问题发掘4M法。

表5-1 问题发掘4M法

4M	问题点
设备（Machine）	设备经常停机吗？ 对精度的控制有效吗？ 有无确实开展维修和点检？ 设备使用方便、安全吗？ 生产能力是否合适？ 设备配置和布置好不好？
人员（Man）	是否遵守作业标准？ 是否经常出现失误、差错？ 工作技能足够吗？全面吗？ 工作干劲高不高？ 作业条件、作业环境如何？
材料（Material）	材料品质状况如何？ 材料库存数量是否合适？ 物料存放、搬运方式好不好？ 材料成本如何？能否更便宜？
方法（Method）	作业标准内容是否合适？ 作业前后的准备工作是否经济、高效？ 前后工序的衔接好吗？ 作业安全性如何？

2. 分解问题

将问题分层次、具体化；选定要优先着手解决的问题；"现地现物"地观察流程，明确"问题点"。

3. 设定目标

下定自己解决问题的决心；设定定量、具体且富有挑战性的目标。

4. 把握真因

想象现场的情况，抛弃先入为主的观念，思考尽可能多的要因；"现地现物"地确认事实，反复追问"为什么"；确定真因。

5. 制订对策

思考尽可能多的对策；筛选出附加值高的对策；寻求共识；制订明确、具体的实施计划。

表5-2为无效对策与有效对策比较。

表5-2 无效对策与有效对策

序号	无效对策	有效对策
1	加强教育,提高员工责任心	新人教育时,对主要方面进行重点教育
2	加强员工品质意识	重点工程处图示实物,追加确认打点标识
3	罚款50元,通报批评	制作工装夹具,防止放反
4	螺丝松脱,上紧螺丝	使用紧固力矩调整为100牛
5	教育员工,认真码放,限制乱摆放	高度(限高1.5米)
6	告知下一工序注意保持清洁	调整作业顺序(清洁工序从3调至7)
7	拿取小心,发现异常马上报告	制订一张标准图示并悬挂,对人员重新培训拿取方法

6. 贯彻实施对策

齐心协力,迅速贯彻;通过及时地汇报、联络、商谈,共享进展信息;决不放弃,迅速实施下一步对策。

7. 评价结果和过程

对目标的达成结果及过程进行评价,并同相关人员共享信息;站在"客户·TOYOTA·自身"的立场上重新审视整个过程;学习成功和失败的经验。

8. 巩固成果

将成果制度化并巩固(标准化);推广促成成功的机制;着手下一步的改善。

日本企业"改善"的基本思想:

① 抛弃固定观念。
② 不说不行的理由,寻找可行的方法。
③ 能做的先做,不要等到万事俱备。
④ 发现错误,立即纠正。
⑤ 改善,不花钱也可以做到。
⑥ 多问几个为什么,寻找真正原因。
⑦ 发挥众人智慧,团队作战。
⑧ 实际去做,而非夸夸其谈。
⑨ 没有"想法"就是没有"能力"。
⑩ 改善永无止境。

丰田的问题解决八步工作法作为开展现场改善的基本方法,要解决的就不只是单个问题,而是找到解决成百上千问题的思路。而问题解决八步工作法在这方面有着显著的效果。一方面,问题解决八步工作法为你提供了解决问题的方法,特别是当你遇到有较大不确定因素的问题,没有太多相似案例可以借鉴时,问题解决八步工作法很容易派上用场,它告诉你的是一种有效的思维逻辑。另一方面,当你需要借助解决问题的过程,培养员工的问题意识和解决问题的能力时,问题解决八步工作法更能体现其价值。因为仅仅解决单个问题不过是就事论事,养成解决问题的习惯才是一个团队学习能力的体现。

5.2 关键能力素质

5.2.1 分析能力

分析能力是指把一件事情、一种现象、一个概念分成较简单的组成部分,找出这些部分的本质属性和彼此之间的关系单独进行剖析、分辨、观察和研究的一种能力。通俗地说,也就是收集相关信息,识别不同信息间的联系,寻根溯源解决相关问题的能力。分析能力包括将问题系统地组织起来,对事物的各个方面和不同特征进行系统地比较,认识到事物或问题在出现或发生时间上的先后次序,在面临多项选择的情况下,通过理性分析来判断每项选择的重要性和成功的可能性以决定取舍和执行的次序,以及对前因后果进行线性分析的能力等。

一般情况下,一个看似复杂的问题,经过理性思维的梳理后,会变得简单化、规律化,从而轻松、顺畅地被解答出来,这就是分析能力的魅力。

分析能力较强的人,往往容易取得成绩。他们在自己擅长的领域里,有着独到的成就和见解,并进入常人所难以达到的境界。同时,分析能力的高低还是一个人智力水平的体现。我们在工作和生活中,经常会遇到一些棘手的事情和一些很难处理的问题,这就需要我们具有较高的分析、处理问题的能力。一个分析能力强的人,往往能自如地应对一切难题。

分析能力行为特征比较如表 5-3 所示,分析能力分级定义如表 5-4 所示。

表 5-3 分析能力行为特征

能力素质	具备此能力素质的行为特征	不充分具备此能力素质的行为特征
分析能力	1. 分析问题时能够参照来自于不同渠道的数据和资源,避免片面的看法。 2. 对任何事情都懂得分析什么是表面的现象,什么是影响其本质的关键因素。 3. 在面对巨大压力的情况下(争吵、重要事务发生误差)仍然能够避免过于情绪化地解决问题,仍然能够冷静地做出决定。 4. 分析任何问题都会先寻找证据,然后在此基础上给出结论。	1. 分析问题不能找到很多的信息来源。 2. 容易受到表面现象的影响而草率地做出决定。 3. 在面对压力的时候,可能情绪化地处理问题,或任由感情妨碍自己做出合理的经营决策。 4. 可能采用非常系统化的方式解决问题,但是会迷失在大堆的数据中,无法寻找数据规律得出本质性的决定。 5. 做出一些模糊的、界定不明晰的决定。

表 5-4 分析能力分级定义

能力素质	级别	行为表现
分析能力	1级	1. 迅速意识到现状与过去形势间的相似之处,找出直接的因果关系,得出可能的解决方案。 2. 能够对相关信息做出简单的分析和判断。

续表

能力素质	级别	行为表现
	2级	1. 能透过表面现象寻找问题的根源,发现问题的发展趋势。 2. 分析问题各因素之间的联系,拟订可能的解决方案。 3. 对于由多个因素决定的问题能给出正确的答案。
	3级	1. 能对复杂的涉及多方面关系的问题进行分析,必要时收集一定时期的信息进行综合分析。 2. 将多样的信息数据综合在一起以形成解决问题的框架。

一

面试官:你认为金钱、名誉和事业哪个重要?

问题分析:这类题目考查的是应聘者的综合分析能力。对于这个问题,从表面上看好像面试官给应聘者出了一道单项选择题,但如果应聘者单选了,就是被面试官误导了。因为对一个普通的职员来说,这三者都很重要。面试官的误导是通过一个暗示的前提条件,让求职者认为这三者是相互矛盾的,只能选择其一。应聘者必须冷静分析,可以明确指出这个前提条件是不存在的,再解释三者的重要性及统一性。

应聘者:我认为这三者之间并不矛盾。作为一名受过高等教育的人,追求事业的成功当然是自己人生的主旋律。而社会对我们事业的肯定方式,有时通过金钱表现出来,有时又通过名誉表现出来,有时两者均有。因此,我认为我们应该在追求事业的过程中去获取金钱和名誉,三者对我们来说都很重要。

点评:这个面试者的回答很精彩。他没有像有些面试者那样"唱高调"般地讲一些空洞的话语,比如事业更重要,名誉更重要,等等,那样的回答其实是很空洞的,很难让面试官信服。而这个面试者是个很聪明的人,他察觉到面试官提出了一个具有误导性的问题,所以才不慌不忙按照自己的思路给出了较为全面的答案,回答得有理有据、真实可信,有很强的说服力。

二

面试官:在简历中你介绍说你曾经是一家大型饮料公司的市场策划,负责过新品上市的计划,我想了解你是如何考虑制订这项计划的?

问题分析:回答这个问题,要有较强的逻辑思维能力,可以结合自己的实际工作经历介绍该策划活动,在回答的过程中一定要交代清楚自己是怎样做的,中间遇到过什么样的问题或者困难,后来是怎样解决的,而且要阐述清楚通过这样的活动自己有什么样的收获,对以后的工作有什么样的帮助。

应聘者：当时我把新品上市推广分为销售推动和市场拉动两个部分。在销售推动上，我主要负责的是协调和配合销售部进行商场新品购入和货架陈列等工作。在市场拉动方面我把它分为线上和线下两部分的营销。线上的营销主要是通过电视、报纸、网络等媒体广告，目的是让消费者了解到有这样的一个新产品，想方设法地激发他们的好奇心，让消费者产生兴趣；线下的营销主要采用在很多大型的商场或者卖场进行宣传，让消费者直接接触到产品，帮助他们更多地了解我们产品的特点。

点评：该求职者对于他的这段工作经历描述得十分详细、具体，而且反应敏捷、思路清晰，显示出他较强的分析能力，很容易打动面试官。

5.2.2 结构化思维能力

1. 结构化思维

结构化思维（Structured Thinking），也叫"金字塔原理"，1973年由麦肯锡国际管理咨询公司的咨询顾问巴巴拉·明托（Barbara Minto）发明，旨在阐述写作过程的组织原理，提倡按照读者的阅读习惯改善写作效果。

结构化思维是指一个人在面对工作任务或者难题时能从多个侧面进行思考，深刻分析导致问题出现的原因，系统制订行动方案，并采取恰当的手段使工作得以高效率开展，取得高绩效。当你这样做事的时候，你就拥有了结构化思维，这将对你的职场晋升起到巨大的帮助作用。

结构化思维的本质就是逻辑。通俗来讲，结构化思维就是用于解决所有问题的第一把钥匙，而且是最关键的一把钥匙，它可以使你有条不紊、忙而不乱地去应付任何问题，去寻找其他钥匙，而不论对这个问题你是否有经验。

结构化思维的特点是：以事实为依据，忠于有出处的信息和数字；以假设为前提，根据问题建立假设，并搜集信息论证假设是否成立，如果假设不能成立，则推翻原假设，重新建立假设；通过严谨的逻辑推理，形成结论或解决方案。

2. 结构化思维能力

结构化思维能力，就是指在解决问题时，给予解决方案，表达对于问题的看法等，都能够运用非常结构化的、有逻辑的思维方式的能力。

结构化思维是一项重要的管理技能，掌握了这一管理技能，将使你在职场竞争和市场竞争中获得以下优势：能够快速完成方案，而且条理清晰，重点突出，获得老板的赏识和客户的青睐；能够制作出周密的商业计划，从而牢牢地控制住企业生命线；能够有条不紊地处理各种复杂问题，在纷繁的职场上，先人一步走向成功；能够有效地安排好学习与工作，快速掌握新岗位、新工作所需知识，获得更多的发展机会。

结构化思维能力行为特征比较如表5-5所示，结构化思维能力分级定义如表5-6所示。

表 5-5　结构化思维能力行为特征

能力素质	具备此能力素质的行为特征	不充分具备此能力素质的行为特征
结构化思维能力	1. 善于把握事物的全局,从一个大的方向把握问题。 2. 能够将问题进行结构化处理,分出清晰的条理,以便抓住事物的本质。 3. 能够对解决方案进行逻辑化处理,运用具有条理感、推理性的思维解决问题。	1. 关注于事物的一个狭隘的方面,没有全局的思考观念。 2. 遇到问题采用没有条理的方式,仅凭感觉进行没有章法的分析。 3. 对于问题的本质原因缺乏进行逻辑推理的能力。

表 5-6　结构化思维能力分级定义

能力素质	级别	行为表现
结构化思维能力	1级	1. 能够借助现有手段获取各种有效信息。 2. 能够按照一定的方式、方法将收集的信息进行汇总、分类。
	2级	1. 能够建立稳固的信息收集渠道,确保信息获得的持续性。 2. 能够运用各种信息分析方法,对获得的信息进行结构化处理,保证信息的有效性。 3. 根据已经掌握的信息能够按照结构化处理,给出有价值的结论。
	3级	1. 建立起能够长期运作的客户信息收集系统,并指导下属人员进行适时维护。 2. 通过分析已掌握的信息,能够对事物或事件的发展方向做出准确预测。 3. 能够通过与他人的沟通、交流,提升相关人员的结构化思维能力。

面试官:你的简历当中介绍,你曾经成功地策划了一次运动器材的售卖和促销活动,可以讲讲这次活动吗?

问题分析:这是考查求职者的结构化思维能力,看他能否做到:把握事物的全局,从一个大的方向把握问题;能够将问题进行结构化处理,分出清晰的条理,抓住事物的本质;具有逻辑思维能力,能够运用推理性的思维解决问题。

应聘者:当时我意识到提倡全民健身的情况下,很多同学都有运动健身的愿望,尤其是一些爱美的女生总想找到一些简便的运动方法来达到减肥瘦身的目的,像跳绳、踢毽子这些运动项目对场地和时间没有什么特殊的要求。虽然学校里有活动场所,但是远远不能满足大多数同学的需求。了解到这些情况后,我通过正规渠道批发了一批运动器材,有羽毛球拍、乒乓球拍、跳绳、毽子等。因为进货渠道正规,所以质量是过硬的。销售模式上,我采用了海报宣传及朋友代理销售相结合的方式。虽然最终的利润不高,但通过这次活动大大提高了自己的思维能力,培养了商业意识。

点评:该求职者能将问题进行结构化处理,首先全局考虑了校园运动器材的需求情况，又考虑了与购买行为相关的因素，面对问题时运用条理性和逻辑思维找出解决问题的关键，表现出了他对整个销售活动的全局把握。

二

面试官：某快速消费品公司最近利润下降，请你分析一下可能的原因。

问题分析：这个问题是考查面试者的结构化思维能力如何，通过面试者的回答，面试官可以判断他是否具有逻辑思维能力、解决问题的能力和沟通表达的能力。

应聘者：出现利润下降，可能的原因无非两个方面，收入即销售额减少或成本上升。如果是收入减少，那就要分析市场总量的变化。若市场总量变大或不变而收入减少，说明这家公司产品的相对竞争力下降，被其他同类产品挤掉了市场份额。若市场总量变小，则需要进一步比较该公司相对市场份额的变动，这至少说明整个这类商品的市场都不景气，可以采用一些营销手段拉动市场。而如果是成本上升的原因，就要对此进行调查，看是什么原因导致了成本的上升，上升的又是哪些支出。

点评：该求职者思路清晰，准确抓住了利润下降的本质原因，运用分析、推理能力，根据不同情况找出相应的原因，并提出一些切实可行的解决方案。这样的回答使面试官清楚地了解到该求职者的结构化思维能力和分析能力，给人留下了深刻的印象。

5.2.3 学习能力

歌德说："人不是靠他生来拥有的一切，而是靠他从学习中得到的一切来造就自己。"只有通过学习，人才具有生存的能力，学习是人类发展前进的推动力。通过学习，人类才具有知识与智慧。

大学生告别校园走上职场，进入社会这所大学，如何使自己成为适合社会发展的职业人，终身学习是唯一的答案。朱熹所讲的"无一事而不学，无一时而不学，无一处而不学"，就是古代倡导终身学习理念的明证。现代职业人这一社会角色，注定你必须是终身学习的人，而且必须要重视"在岗学习（on job learning）"。未来的社会是学习化的社会，学习是每个职业人必须终身努力付诸实施的事情。

学习能力是指"个体所具有的能够引起行为或思维方面比较持久变化的内在素质，并且，还必须通过一定的学习实践才能形成和发展"。通俗地讲，学习能力指的是学习的方法与技巧，通过这种方法与技巧不但可以让你掌握专业知识，更能让你长期持续地、积极地从自己和他人的经验与教训中学习，让你形成执行能力，并转变你的心灵。学习能力是所有能力的基础。

学习能力行为特征比较如表5-7所示，学习能力分级定义如表5-8所示。

表 5-7　学习能力行为特征

能力素质	具备此能力素质的行为特征	不充分具备此能力素质的行为特征
学习能力	1. 把过去相关经验中得来的教训应用于新的环境。 2. 从行动中提高自我的绩效。 3. 即使得到批评性的反馈,也真诚对待。 4. 坦诚接受关于发展需求方面的建议。	1. 重复自己和他人的错误。 2. 对于失败总是责怪他人或环境。 3. 总是为错误寻找借口。

表 5-8　学习能力分级定义

能力素质	分级	行为表现
学习能力	1级	1. 学习本专业领域基本知识,并将这些知识有效地应用于实践。 2. 积极主动地了解专业领域的最新发展情况,并思考如何运用到实际工作中。 3. 能运用专业知识与经验解决问题,帮助他人,有时会促进项目进展或改善当前局面。
	2级	1. 能主动在自己本专业范围之外应用自己的知识,能利用本专业范围外的知识提升业务。 2. 能利用自己的知识促进其他领域工作或项目的进展以提高其他部门的效率。 3. 寻找能利用专业知识促进别人项目发展的机会。
	3级	1. 在工作范围之外寻找学习机会,以提高自己新知识的水平。 2. 能够在专业杂志上发表文章。 3. 在组织内充当着新技术、新知识的倡导者。

一

面试官:从你的成绩单上看,你的大学成绩似乎不太稳定,你自己是怎么看的?除了成绩单以外,你还有什么可以证明自己学习能力的吗?

问题分析:从面试官提出的问题上看,他分明是在暗示该求职者的学习成绩不尽如人意,有不太看好求职者的意思,接下来求职者怎样回答就显得非常重要了。当务之急是找出强有力的证据来证明自己之所以一、二年级成绩不好的原因,以及后来是如何奋起直追赶上来的。用事实来证明自己的学习能力。

应聘者:您说的没错,我在大学一年级的时候成绩是不太好,但是到了二年级的时候我的成绩就有了明显的提高。总体来说,我的成绩的成长趋势是非常好的。我想之所以如此,完全是我个人努力的结果。

事实上,我一年级的成绩不好,是因为我个人认为我的专业发展方向与我未来的职业规划二者不相符,我对学习并没有引起足够的重视,我将自己的时间更多地放在参加学校的各类社团活动和学生组织上,以培养自己的组织能力和团体协调能力。而到了二年级，我认识到很多工作单位都比较重视奖学金和在校的成绩，因此我加强了自己在学习方面的投入时间，并且获得了奖学金。如果让我重新选择一次，我既要努力把学习搞好，又要积极地参加一些社团的活动。

点评：虽然面试者指出了该求职者在大学的成绩不够稳定，但求职者的反应能力很好。他能够从趋势上面做文章，还是很有说服力的：既说明了自己一年级成绩不好也是经过个人分析和理性选择的，而并非由于贪玩或抵制不住其他诱惑造成的，同时也说明了自己认识到了成绩的重要性，其学习成绩得到了大幅度的提高，从而为"学习能力"提供了最佳的支持。

二

面试官：请给出一个你从工作的失败中得到的教训。

问题分析：这是在测试应聘者的实际学习能力及学习能力的好坏。应聘者要结合自己的实际经历进行阐述，要交代清楚自己在工作中遇到了什么样的失败，通过这样的失败，自己学到了什么，并说明对以后的学习能力和工作能力提升有什么样的帮助。

应聘者：我所得到的一个教训就是要合理分配自己的精力，在自己不能完成时决不能勉强答应接受工作。我工作的第一年，有段时间我同时参加3个项目，在一开始我也觉得可能自己精力不够，但3个项目很重要，从中我还可以学到很多东西，也都难以拒绝，所以考虑再三还是全都接了下来。但在项目具体实施过程中，我常忙不过来，最后项目完成的质量和期限均受到不同程度的影响，完成得没有预想的好。从这件事中，我学到了在工作中对自己的时间和精力要有正确的安排，当不能兼顾的时候，要按优先级考虑。甚至在一开始，当自己觉得不能合理分配足够的时间和精力在某项工作上时，完全可以向别人说不，而不需要一口答应，以至于最后不能按时、保证质量地完成，这样做是没有意义的。

点评：该求职者的回答最佳之处在于表明了失败之后对于经验教训的总结和认识，并表明自己将在以后的工作中进行改进，避免再犯过去的错误，说明他是一个善于总结经验、善于学习的人。他对当时的情况描述详细，但没有给面试官感觉他就所应聘的职位而言有任何的技能差距，反而强调了自己学习经验的目的，淡化了失败的印象，是十分巧妙的。

【思考题】

1. 请举出一件你过去经历中能够证明你具备相当学习能力的一件事。
2. 如果公司推出一项新产品，你打算如何做好这方面的策划工作？

第六讲　市场拓展

电影《中国合伙人》中有这么一句话:"成功者总是不约而同地配合着时代的需要。"随着互联网的不断发展,每个人都可以随时在互联网上购物、售卖与创业。也就是说,原来意义上的市场正在不断地得到改变与拓展,人们与市场的关系无论是空间还是时间都在不断地改变着。每个人的工作与生活越来越多地受到了自己在市场中的成就的影响。对信息的处理能力、对市场的敏感度、客户关系处理能力、创新创造能力等,无不深刻地影响着每一个希望成功的职业人。

6.1　市场拓展认知

市场起源于古时人类对于固定时段或地点进行交易的场所的称呼。狭义上的市场是买卖双方进行商品交换的场所。广义上的市场是指为了买和卖某些商品而与其他厂商和个人相联系的一群厂商和个人。市场的规模即市场的大小,决定于购买者的人数。

根据杰罗姆·麦卡锡《基础营销学》的定义:市场是指一群具有相同需求的潜在顾客;他们愿意以某种有价值的东西来换取卖主所提供的商品或服务,这样的商品或服务是满足需求的方式。

市场拓展就是指开拓和扩展市场。如何将服务和产品的市场扩大化,是市场拓展的核心任务。

那么,如何进行市场拓展呢?

(1) 根据手上掌握的大量信息进行分析处理,根据市场需求进行产品定位和市场定位,规划出产品应如何创新才能更符合市场的需求,找出创新方向,增强企业活力和未来市场占有率,这关系到企业未来的顺利发展。

(2) 在明确了产品市场和产品销售对象后,制订详细的市场推广策划方案。

(3) 借助宣传媒体(电台电视广告、平面媒体广告、终端广告等多种方案形式组合)、展销展会、网络推广、电话营销、电子商务平台、约洽上门推广及终端销售等方式,提升产品和服务在市场的认知度和影响力,从而获得更大的市场份额,这就需要较强的创造力与市场拓展能力。

6.2 关键能力素质

6.2.1 信息处理

在今天的社会里,如果不能及时收集和甄别信息,不能快捷传达和展示信息,不能有效利用和创新信息,无异于睁眼瞎,必受困无疑,必失败无疑。处理信息的能力成为个人竞争、企业制胜、社会发展的十分重要的能力。

信息既不是物质,也不是能量,是人类在适应外部环境以及在感知外部环境时而做出协调与外部环境交换内容的总称。因此,可以认为,信息是人与外界的一种交互通信的信号量。数学家香农说过,信息就是能够用来消除不确定性的东西。信息处理就是对信息的接收、存储、转化、传送和发布等。

1. 信息意识

信息意识是人类特有的对待信息的思想、理论、观点的总和,是人反映信息的最高级形式,它产生于社会生产劳动过程中。信息意识的存在是以人能动地、自觉地对待信息的能力为前提的,这种能力使人有可能识别信息,确定自己与信息的关系,并组织有目的的信息活动。信息意识是人类在复杂环境中取得进步和发展的关键因素,它能使人从客观现实中较敏感地发现潜在的信息,并据以确定自己的行动,其特点是反应迅速、极富联想、善于梳理、重视转化。

信息意识是一种基本能力,是一种对信息社会的适应能力。它包括基本学习技能(指读、写、算)、信息素养、创新思维能力、人际交往与合作精神、实践能力。

信息意识是一种综合能力。信息素养涉及各方面的知识,是一个特殊的、涵盖面很宽的能力,它包含人文的、技术的、经济的、法律的诸多因素,和许多学科有着紧密的联系。信息技术支持信息意识,通晓信息技术强调对技术的理解、认识和使用技能。而信息意识的重点是内容、传播、分析,包括信息检索以及评价,涉及更宽的方面。它是一种了解、搜集、评估和利用信息的知识结构,既需要通过熟练的信息技术,也需要通过完善的调查方法、通过鉴别和推理来完成。信息意识是一种信息能力,信息技术是它的一种工具。

(1) 信息意识的表现形式。

① 对信息具有特殊的敏锐的感受力。对信息具有敏锐的感受力是指信息主体能够敏锐地感受信息,尤其是对各种新的或有重要价值的信息的感悟。

② 有持久的注意力。对信息具有持久的注意力是指对信息应有一种习惯性倾向。无论在什么地点、什么时间、什么环境下都对信息保持极为密切的关注。

③ 对信息价值具有判断力。对信息价值具有判断力是指对纷繁复杂的各种信息能做出批判性的处理,鉴别其真伪,把握其本质。

(2) 信息意识的构成。

信息意识主要由信息主体意识、信息传播意识、信息更新意识、信息评判意识、信息安全意识等构成。

① 信息主体意识。创新时代的主体是人,因而人是信息时代的主要因素。作为单个人在信息活动中要保持高度的自主性、独立性和规范性,对自己的信息需求应相当清楚并能在此基础上阐明自己的信息需求,能够识别潜在的信息源,懂得如何学习,知道信息是怎样组织、寻找和利用的,具有独立学习和终身学习的好习惯。

② 信息传播意识。在信息社会中,信息的交流是普遍存在的。我们要能够对信息进行正确传递、报道与沟通,以防止信息闭塞。了解信息传播的媒体有广播、电视、报刊、出版物与互联网等;了解信息的各种承载形式有印刷型、电子型(磁带、缩微制品、软件、光盘、网络等)、无载体型等。信息传播途径有多种,任何一种都无法将某些信息收集齐全,所以我们必须学会利用各类信息源,从不同角度评价信息,利用尽可能多的机会扩散信息以增大其收益面。

③ 信息更新意识。信息的快速递增使得新信息层出不穷,这样就会构成对原有信息资源的一些变化。为了保证所获信息源的真实、可靠、有效、准确,我们就必须有更新意识。一方面,我们所从事的科研活动都是在前人的基础上进行的,掌握别人在有关课题已有的研究成果,可以避免重复劳动、做无用功,而且可以节省人力、物力,提高信息的利用率。另一方面,随时了解有关课题的最新动态,我们就能使自己时刻站在科研的最前沿,并在此基础上进行创新。要知道人类所有提供的创新都是建立在已有知识的基础上由新的信息而引发的。

④ 信息评判意识。铺天盖地而来的信息,有时是混乱无序的,甚至是错误的。对任何信息,我们既不能盲目照收,又不能全盘否定,而应对其做出批判性的处理,要养成鉴别、筛选信息的习惯。信息是用来解决问题和做出决策的,任何不符合客观实际的主观信息或误传信息都将导致信息行为产生不良后果。所以我们对信息要从多方面、多角度辨别,认识信息的本质,不要被错误的信息表象所迷惑,应深入其中找出根本性的东西,采用比较、抽象、概括信息等方法释疑论证。

⑤ 信息安全意识。对于机密性信息,如个人隐私、商业秘密、国家安全等问题,我们要严守保密原则;有效地控制信息的使用方式,保证信息的完整性、系统性;严防信息被篡改或毁坏;遵守有关信息安全方面的法规与规定。例如,在国际上产生轰动效应的美国以违反经济间谍法起诉台商四维公司等事件,提示我们要时刻保持信息的安全意识,以维护自身经济安全和利益。

2. 信息的获取

信息的获取是指围绕一定目标,在一定范围内,通过一定的技术手段和方式、方法获得原始信息的活动和过程。

(1) 信息获取的步骤。

信息获取是整个信息周转过程的第一个基本环节,必须具备三个步骤才能有效地实现:

① 制订信息获取的目标要求,即要搜集什么样的信息,做什么用。

② 确定信息获取的范围方向,即从什么地方才能获得这些信息。

③ 采取一定的技术手段、方式和方法获取信息。由于需要不同,信息获取的技术手段、方式、方法也不相同,如破案工作要采取侦察、技术鉴定等方法,而科研工作必须利用情报检索工具和手段等。在信息获取过程中,上述三个环节缺一不可。

(2) 信息来源的主要途径。

① 直接获取信息。例如,实践活动,包括参加社会生产劳动实践和参与各种科学实验等;参观活动,包括观察自然界和社会的各种现象。

② 间接获取信息。例如,通过人与人之间的沟通、查阅书刊资料、广播电视、影视资料、电子读物等获取信息。

③ 根据实际情况合理地选择。

(3) 信息获取的一般过程。

① 定位信息需求。

② 选择信息来源。

③ 确定信息获取方法。

④ 评价信息。

(4) 信息获取的方法。

有观察法、问卷调查法、访谈法、检索法等。

(5) 信息获取的工具。

① 扫描仪:可以扫描图片,还可以扫描印刷体文字,并能借助文字识别软件 OCR 自动识别文字。

② 录音设备。

③ 数码相机。

④ 数码摄像机。

3. 信息的处理

获取信息并对它进行加工处理,使之成为有用信息并发布出去的过程,称为信息处理。信息处理的过程主要包括信息的获取、储存、加工、发布和表示。信息处理现已融入了我们的日常工作和生活中。

六招处理信息超载(职场妙招)

太多电子邮件?太多电话?很多人常常抱怨白天时间不够用,因为收件箱永远在你熟睡的时候被塞得满满的,睁开双眼需要接听的电话总是应接不暇。信息量超载,使开开心心过一天成了奢侈品。英国管理学会最近就针对信息超载提供了一些小策略,希望能帮助更多人管理和控制超量信息。

（1）不要惊慌。当你开始觉得负担过重时,不要一味地责骂自己,首先要做的就是调整好自己的心态。焦虑、慌张和担心并不能解决问题,反而会将问题扩大化。冷静和淡定地思考,可以让你去评估超载问题的严重性。

（2）避免拖延。信息日程太满,拖延只会增加自己的工作量。这时候,将信息分门别类,在不同的时间段处理不同类别的信息,再将有效信息归纳。

（3）认真归档。每天花20分钟的时间,将纸张和电子信息分类。或许你会觉得这样很麻烦,但是一星期或者更长的时间下来,你会发现,每天的信息都已很有条理地归纳好。

（4）懂得取舍。大量的信息是否值得你去花时间整理,这是前提条件。如果它们没有任何价值,则没有必要在此浪费时间,或者可以完全交给别人去做。

（5）有效交流。每天我们所接收的信息很多,必须确保与别人交流时信息的有效性。你的目的是提高电子邮件的质量,而不是数量。不要以为别人所知道的、想传递给你的都是你所需要的信息,其实不然。

（6）事先排列。当信息传递给你的时候,请按以下组别分类:紧急、重要、有用、很高兴知道、垃圾等。繁忙的工作也需要正确的经营方法。

信息处理能力行为特征比较如表6-1所示,信息处理能力分级定义如表6-2所示。

表6-1　信息处理能力行为特征

能力素质	具备此能力素质的行为特征	不充分具备此能力素质的行为特征
信息处理能力	1. 熟悉市场信息收集的方式、方法和技巧。 2. 能够将收集的信息按照重要程度分类,并将其中重要的信息及时向相关人员通报。 3. 能够通过对信息的分析敏锐发现其中隐含的市场机遇和风险。 4. 能够建立信息分析流程,保证信息分析的科学性与合理性。 5. 通过分析市场信息能够准确预测出未来的市场竞争形势,并提供相应的应对策略。	1. 不知道如何去收集市场信息,找不到有效的信息来源。 2. 不善于对各类信息进行分类,往往区别不出轻重缓急,不能有针对性地与相关人员通报信息。 3. 信息安全意识薄弱,不懂得防止信息丢失和外传。 4. 仅仅停留于信息的基本处理分析,无法发现隐含的市场机遇与风险。 5. 可能采用非常系统化的方式解决问题,但是会迷失在大量的信息中,无法预测出市场的未来走向,更提不出相应有效的应对策略。

表 6-2　信息处理能力分级定义

能力素质	级别	行为表现
信息处理能力	1级	1. 熟悉信息收集的一般方法，并能运用这些方法完成简单的信息收集工作。 2. 能够对信息进行简单的分类、整理、汇总，保证信息的有效性。
	2级	1. 能够建立各种信息收集渠道，保证信息收集工作的持续性。 2. 能够对获得的信息通过一定的方法、方式进行妥善处理与保全。 3. 能够及时处理信息分析过程中产生的问题。
	3级	1. 能够通过自身积累的在信息收集方面的经验为企业信息管理系统的建设提供建议。 2. 通过分析已获得的信息，能够判断问题发生的内在规律，并组织制订相应的预防措施。 3. 能够指导相关人员完成信息收集和简单的资料分析工作。

面 试 实 例

一

面试官：请您谈谈对信息处理能力的认识？

问题分析：这类题目考查的是应聘者对信息处理能力的认知，只有对信息处理能力有一个比较全面和清晰的了解，才能在工作岗位中有针对性地提升该方面的能力。

应聘者：现代社会已经进入了信息社会，在信息社会中起决定作用的已经不是资本，而是信息知识，这是信息社会的最基本特征。所谓信息处理能力，就是在科学有效地收集和整理信息的基础上，驾驭信息、分析信息并从中推导出对于正确决策有极大帮助的结论，主要包括善于从微观信息分析宏观市场态势、及时发现机会并抓住机会、能够从个别现象揭示普遍规律、把信息的一次性增值发展为多次性和连续性的增值、将创造性思维运用到信息处理中、利用咨询机构和组织进行信息处理、善于听取不同意见与信息处理等。

点评：该求职者思路清晰，对信息处理能力认知比较全面，而且在回答过程中逻辑性强，除了给出信息处理能力的概念，还对其包括的内容分别进行了介绍，说明该求职者在参加面试之前做了充分的准备。

二

面试官：您觉得如何提升信息处理能力？

问题分析：这类题目考查的是应聘者是否对信息处理能力有比较多的了解和应用，在工作中，信息处理能力的提升一定是通过解决各类问题实现的。

应聘者：这里的信息处理能力是多方面的，涉及面很广，我认为我们可以利用网络积极了解社会中的一些对自己有用的信息。例如，如果我想去一个陌生的城市，我会先利用电子地图了解一下详细的交通情况,再利用谷歌地球了解一下三维的城市面貌,此时对该城市就已经有一个初步的印象。如果想交一些与自己专业相关的朋友,我一般会通过博客查询一些人员资料,然后通过他们的日志内容、照片、自我介绍以及相关的博友判断这个人是否能成为我的朋友,是否对未来的就业有帮助。通过网络,我在就业之前就知道了自己想去的单位的领导姓名、个人爱好、相貌,同时也在这个单位找到了一个QQ好友。其实,只要你想做,这些很简单。

点评:该求职者回答得比较详细,而且是结合自己的真实经历,说服力强,让面试官能够感受到他是一个信息处理能力较强的人,而且善于将该能力应用到工作和生活中。

6.2.2 创造力

创造力是人类特有的一种综合性本领。它是由知识、智力、能力以及优良的个性品质等复杂因素综合优化构成的。创造力是指产生新思想、发现和创造新事物的能力。它是成功地完成某种创造性活动所必需的心理品质。例如,创造新概念、新理论,更新技术,发明新设备、新方法和创作新作品等,都是创造力的表现。创造力是一系列连续的复杂的高水平的心理活动。它要求人的全部体力和智力的高度紧张,以及创造性思维在最高水平上进行。

真正的创造活动总是给社会产生有价值的成果,人类的文明史实质是创造力实现的结果。对于创造力的研究日趋受到重视,由于侧重点不同,出现两种倾向:一是不把创造力看作一种能力,认为它是一种或多种心理过程,从而创造出新颖和有价值的东西;二是认为它不是一种过程,而是一种产物。一般认为它既是一种能力,又是一种复杂的心理过程和新颖的产物。

创造力较高的人通常有较高的智力,但智力高的人不一定具有卓越的创造力。根据西方学者研究表明,智商超过一定水平时,智力和创造力之间的区别并不明显。创造力高的人对客观事物中存在的失常、矛盾和不平衡现象易产生强烈兴趣,对事物的感受性强,能抓住常人所漠视的问题,推敲入微,意志坚强,比较自信,自我意识强烈,能认识和评价自己与别人的行为和特点。

创造力与一般能力的区别在于它的新颖性和独创性。它的主要成分是发散思维,即无定向、无约束地由已知探索未知的思维方式。按照美国心理学家吉尔福德的看法,发散思维当表现为外部行为时,就代表了个人的创造能力。

1. 创造力的构成

(1) 作为基础因素的知识,包括吸收知识的能力、记忆知识的能力和理解知识的能力。能吸收知识、巩固知识,掌握专业技术和实际操作技术,积累实践经验、扩大知识面,运用知识分析问题等,是创造力的基础。任何创造都离不开知识,知识丰富有利于更多、更好地提出创造性设想,对设想进行科学的分析、鉴别、简化、调整、修正;并有利于创造方案的实施与检验;而且有利于克服自卑心理,增强自信心,这是创造力的重要内容。

(2) 以创造性思维能力为核心的智能。智能是智力和多种能力的综合,既包括敏锐、独特的观察力,高度集中的注意力,高效持久的记忆力和灵活自如的操作力,也包括创造性思维能力,还包括掌握和运用创造原理、技巧和方法的能力等。这是构成创造力的重要部分。

(3) 创造个性品质,包括意志、情操等方面的内容。它是在一个人生理素质的基础上,在一定的社会历史条件下,通过社会实践活动形成和发展起来的,是创造活动中所表现出来的创造素质。优良素质对创造极为重要,是构成创造力的又一重要部分。

优良的个性品质,如永不满足的进取心、强烈的求知欲、坚忍顽强的意志、积极主动的独立思考精神等是发挥创造力的重要条件和保证。

总之,知识、智能和优良个性品质是创造力构成的基本要素,它们相互作用、相互影响,决定创造力的水平。

2. 创造力的行为表现特征

(1) 变通性。思维能随机应变,举一反三,不易受功能固着等心理定式的干扰,因此能产生超常的构想,提出新观念。

(2) 流畅性。反应既快又多,能够在较短的时间内表达出较多的观念。

(3) 独特性。对事物具有不寻常的独特见解。聚合思维在创造能力结构中同样具有重要作用。所谓聚合思维是指利用已有定论的原理、定律、方法,解决问题时有方向、有范围、有程序的思维方式。发散思维与聚合思维二者是统一的、相辅相成的。人们在进行创造性活动时,既需要发散思维,也需要聚合思维。任何成功的创造性都是这两种思维整合的结果。创造力与一般能力有一定的关系,研究表明,智力是创造能力发展的基本条件,智力水平过低者,不可能有很高的创造力。

另外,创造力与人格特征也有密切关系,综合多个研究结果,高创造力者具有如下一些人格特征:兴趣广泛,语言流畅,具有幽默感,反应敏捷,思辨严密,善于记忆,工作效率高,从众行为少,好独立行事,自信心强,喜欢研究抽象问题,生活范围较大,社交能力强,抱负水平高,态度直率、坦白,感情开放,不拘小节,给人以浪漫印象。

3. 如何培养创造力

(1) 激发求知欲和好奇心,培养敏锐的观察力和丰富的想象力,特别是创造性想象,以及培养善于进行变革和发现新问题或新关系的能力。

(2) 重视思维的流畅性、变通性和独创性。

(3) 培养求异思维和求同思维。

(4) 培养急骤性联想能力。急骤性联想是指采用集思广益方式在一定时间内采用极迅速的联想作用,引起新颖而有创造性的观点。

创造力行为特征比较如表6-3所示,创造力分级定义如表6-4所示。

表 6-3　创造力行为特征

能力素质	具备此能力素质的行为特征	不充分具备此能力素质的行为特征
创造力	1. 有理智的好奇心。 2. 对于解决一个问题常常有着很多的想法和建议。 3. 对于他人的想法抱有很大的热情。 4. 能够不断挑战自身的想法和做法。 5. 打破思维定式,为老问题寻找新的解决办法。	1. 故步自封。 2. 提出不适合经营需要的理念。 3. 过于技术化、职业化,不能创造新的理念。

表 6-4　创造力分级定义

能力素质	级别	行为表现
创造力	1 级	因循守旧,对新事物持敌视态度;对于上级布置的各项工作教条、死板地执行;遇到各种问题习惯用经验来解决,反对创新。
	2 级	1. 对新事物具有良好的接受性。 2. 解决问题时愿意尝试新的方法。 3. 对于上级布置的各项工作会从自己的角度出发,灵活变通地完成;不反对创新。
	3 级	1. 能够做公司创新精神的倡导者。 2. 创造性地落实上级布置的各项工作。 3. 鼓励下属多角度思考、提出各种解决问题的思路;做出的决策稳健而不保守,敢于创新但不冒失。

拓 展 训 练

创造力测试

1. 即使是非常熟悉的事物我也常用陌生的眼光审视它。(　　)
2. 我评价资料的标准在于它的来历而不是它的内容。(　　)
3. 对所从事的事业即使遇到困难和挫折也不会动摇我的意志。(　　)
4. 我从来不做那些自寻烦恼的事。(　　)
5. 聚精会神工作时,常常会忘记时间。(　　)
6. 我特别关心周围的人们如何评价我。(　　)
7. 我最愉快的事情是对某个问题深思熟虑,精推细敲。(　　)
8. 我不认为灵感能揭开成功的序幕。(　　)
9. 我对周围的事物有好奇心,一旦产生了兴趣很难放弃。(　　)
10. 把事情做得尽善尽美,我认为是不明智的。(　　)
11. 遇到问题,我能从多方面探索它的可能性,而不是拘泥于形式和思路。(　　)
12. 那些没报酬的事,我从来就不想干。(　　)

13. 我对于事情过于热心,当事情完成之后总有一种兴奋感。(　　)
14. 按部就班,循序渐进才是解决问题的最正确的方法。(　　)
15. 我宁愿单枪匹马,也不愿意和许多人在一起。(　　)
16. 和朋友争论时,宁可放弃我的观点,也不使朋友难堪。(　　)
17. 对我来说,提出新建议比说服别人接受这些建议更重要。(　　)
18. 我所关心的是什么,而不是可能是什么。(　　)
19. 我总觉得我还有没有用完的潜力。(　　)
20. 我不能从别人的成败中发现问题、吸收经验和教训。(　　)

上面共列出了20个测试题,每题2分,共40分。凡是在单号题中打"√"的得2分,打"×"的得0分,在双号题中打"√"的得0分,打"×"的得2分。20个题测验后算出你的总分。

A类:28~40分,创造力强。你具有许多不平常的个性心理特征,你能灵活深刻地思考问题,且能有条不紊地思考,并有将思考结果加以实现的能力。这是你最大的优势,你是个人才,如果已经有所成就要戒骄戒躁,如果暂时还没有成就也不要着急,只要努力总会在某个方面崭露头角。得36分以上者还有可能成为科学家、发明家,你要注意的是要把灵活思维变成有用的想象力。

B类:16~26分,创造力普通。你创造力属中等,对事物判断讲究现实,习惯采用现有的方法与步骤考虑问题、处理问题,虽说比较保险,但难有大的突破。思维灵活性是创造力的基础,你不妨做些自我训练,说不定在机遇顺势时也能显出你的才能。

C类:14分以下,创造力弱。你在工作上较少尝到灵活思维的快乐和喜悦,在个人生活上也往往缺乏趣味和魅力。不过你也不要灰心,那些事务性工作是你的用武之地。

面试官:从你的简历中看到,你曾经担任过校学生会文艺部部长,你担任这项职务最大的挑战是什么?能否和我分享一下你最成功的一次创新活动?

问题分析:这类题目考查的是应聘者的创造力,而且是结合学生简历当中的内容。面试者在回答时需要给出具体的案例,详细介绍整个过程,只有这样才更有说服力。应聘者需要冷静思考,采取合理的逻辑阐述过程,需要注意详略得当、重点突出。

应聘者:最大的挑战是要不断地产生新的创意,只有这样,才能吸引更多的同学来参与。每年的新年晚会形式比较单一,同学们反应不热烈,我听取同学们的意见,和老师讨论各种方案,决定以游园会的形式来庆祝新年。每个社团都能开设项目,各个学院都自己搭建舞台,活动取得了很大成功,而且这个游园会也取代了晚会演出而成为固定的新年庆祝活动形式。

点评：该求职者思路清晰，对于自己工作的难点有准确的认识和把握。当面对问题时，勇于挑战自我，打破思维定式，为老问题寻找新的解决方法。这样的回答让面试官充分认识到他是一个思维灵活、有创造力的人。在将自己的创意变成现实的过程中，该求职者充分听取别人的意见，并同老师讨论了方案的可行性，这是十分可贵的表现。真正的创造力应注重可操作性，能将想法转换成现实。

二

面试官：能否给出一个你最近运用创造性方案解决企业问题的例子？

问题分析：面试官问这个问题的目的在于寻找出面试者所具有的创造力，并了解其应用这种创造力的情况，同时通过这个问题还可以看出面试者更加看重哪些创造力。面试官更看重的是面试者的想法，包括在整个事情中解决问题的思路，而不仅仅是行动和表现。

应聘者：现代企业越来越重视员工培训，但是企业培训课程一向采用由培训师为大家上课的形式，缺乏实际操作演练和案例分析讨论，学员抱怨很多。在最近一次培训中，我先把理论资料发给学员自学，讲师只用1/4的时间来提炼理论精华，帮助学员理解，其余3/4的课堂时间用来进行实际操作演练和案例分析。这样的效果很好，学员们都表示学到了更多的有用知识。

点评：该求职者遇到的问题可能是所有培训人员都曾经遇到的问题，但是他不仅敏锐地发现了问题，更在面对这个老问题时运用创造性的思维想出了新的解决方法，而不是忽视问题，这是十分重要的能力素质。该求职者给出的案例翔实，并在最后强调了他的创新方式带来了很好的效果，这样不仅增加了可信度，更给面试官留下了深刻的印象。

延伸阅读

不创新，就灭亡

亨利·福特是世界上唯一享有"汽车大王"美誉的人，他不但给美国装上了车轮子，甚至可以说，是他将人类社会带入了汽车时代。福特是一位农场主的儿子，但他从小就对机械充满了浓厚的兴趣。年轻时他先后从事过机械修理、手表修理、船舶修理等工作。到30岁时，他的汽油机试验成功，两年多后他的第一辆车也研制、试验成功。随后，他又成功地制作出了三辆汽车。

因缺乏管理经验，福特前两次开办汽车厂都以失败告终。但磨砺之后的福特终于改写了历史。1903年6月，福特第三次与别人合作，按股份制模式成立了汽车公司，此后，他的工厂先后制造出了性能稳定的A型、N型、R型、S型等车，无一不销售极好。

生于农场主家庭的福特还深刻了解美国农村地广人稀,农民需要的是操作简单、坚固耐用、耐得住颠簸的汽车。结合这个特点,福特最终生产出了简单、耐用、低价的T型车,这使福特汽车很快占据了世界汽车市场68%的份额。

在这个过程中,老福特不断创新,当时别的汽车制造厂的工人都是每天工作10小时,每天3美金。他却推出"八小时工作制"、"每天5美元",表面上对他的原始积累很不利,但是另一方面他吸收了很多熟练工人,提高了工作效率;另外,他还发明了"生产流水线",还创造性地提出了"科学管理"的理念。

在这些创新下,福特家族一度"富可敌国"。但是,老福特的创新却逐渐走向了教条化。

20世纪20年代,美国进入了大众化富裕时代,福特却仍认为应该勤俭生活,继续拼命生产T型车,提高质量,降低成本。但当时的美国人追求的是速度、造型、环保以及个性化,需求越来越多元化。但固执的福特汽车依旧颜色单调,而且耗油量大,排气量大,完全不符合日益紧张的石油供应市场和日趋严重的环境保护状况。

小福特建议老福特推出豪华型轿车,却不为采纳,老福特甚至亲自用斧子劈毁了儿子的新车型。而通用汽车和其他几家公司则紧扣市场需求,制订正确的战略规划,生产节能低耗、小型轻便的汽车。在20世纪70年代的石油危机中,通用汽车一跃而上,而福特汽车却濒临破产。

老福特这才意识到自己的错误判断,转而根据小福特的意见推出豪华型轿车,但是先机已失。老福特感慨地总结说:"不创新,就灭亡。"

直到今天,福特汽车也没有回到它昔日龙头老大的宝座。

6.2.3 开拓能力

开拓能力,是指人们勇于接受挑战、超越自我、改进现有的工作方法的能力。

在英特尔公司的价值观中,其中的"鼓励冒险"就是另外一种开拓创新的形式。

英特尔企业文化中的"鼓励尝试冒险",并不是指匹夫之勇,盲目冒险。英特尔所推崇的是充分评估,在接受挑战之前,能够掌握各种情报,了解种种变通之道与替代方案,增加对失败的控制力。

英特尔希望自己的员工敢于冒险,敢于开拓创新,敢于尝试不熟悉的事情,而不能仅满足于重复做自己擅长、熟悉的事情,否则英特尔将损失很多其他宝贵的机会,将失去业界领跑者的地位。英特尔鼓励员工开拓创新,接受失败。

开拓能力行为特征比较如表6-5所示,开拓能力分级定义如表6-6所示。

表6-5 开拓能力行为特征

能力素质	具备此能力素质的行为特征	不充分具备此能力素质的行为特征
开拓能力	1. 乐于接受有一定难度的任务,对富有挑战性的工作感到兴奋。 2. 主动要求新的任务和工作,为自己设定具有挑战性的目标,并采取具体行动去实现该目标。 3. 对工作流程、工作方法或规章制度提出改善建议或采取行动以提高工作效率,能主动地对组织的产品与服务提出改进意见。 4. 支持他人的创新行为,积极参与营造组织内开拓创新的良好氛围。	1. 有意无意地规避有难度的工作。 2. 只求完成现有的工作和任务,对于新的任务和工作说"不"。 3. 无意于改进任何现有的工作流程和方法,并且抵触这些改进措施的推行。 4. 无意于参与或支持任何人的创新行为,认为组织没有必要倡导这种行为。

表6-6 开拓能力分级定义

能力素质	级别	行为表现
开拓能力	1级	1. 工作中树立了不松懈的工作信念。 2. 在受到挫折和批评时,能够抑制自己的消极想法和冲动。
开拓能力	2级	1. 为了达到目标,能够持续不懈地努力工作,甚至面临烦琐的、枯燥的工作任务时也能坚持。 2. 面对挫折时能够主动意识并正确对待自己的不足,从错误中吸取教训,坚持从头再来。 3. 能够承受较大的工作压力,采取积极行动去克服困难。
开拓能力	3级	1. 追求目标的过程中不断地激励自己,即使很艰难也照样不停歇。 2. 面对突发情况或强烈反对也毫不退缩和动摇,并团结和带领他人为实现目标一起奋斗。 3. 越挫越勇,在屡战屡败的情况下不放弃采取新的理念和方法去探索,以完成任务或达到目标。

面 试 实 例

一

面试官:你的简历中提及你曾经组织过一次"跨国公司在太仓发展情况分析",你在这次活动中遇到的最大的困难和挑战是什么?你是否有觉得难度太大而无法克服困难的时候?

问题分析:这类题目考查的是应聘者的开拓能力,而且是结合学生简历当中的内容,面试者在回答时需要采取合理的逻辑阐述过程,整个过程需要有清晰的脉络和思维,需要用真实的故事让面试官感受到自己的开拓能力,因此,应聘者需要冷静思考,理性组织语言。

应聘者:我所遇到的最大困难和挑战是如何以一种较职业化的形象去面对被采访

者。因为我们是大二学生,与企业接触的机会很有限,然而我们面对的却是知名跨国公司的中层经理。如何显得比较专业,如何在尽可能短的时间里了解更多的信息,对于我们而言都是比较困难的。因此我们在采访前进行充分准备,多了解对方企业的基本情况,避免在采访中出现缺乏了解基本信息的难堪,而且这样也可以和被采访者产生更多的共鸣。我是一个非常乐于接受挑战、迎难而上的人,工作难度越大我会越兴奋。这次实践活动中遇到的困难让我觉得这是一个实现自我、超越自我的机会。所以我不觉得有什么困难无法克服,我只会想更多更好的办法去解决和克服困难。当最终成功时,我觉得非常有成就感。

点评:该求职者对于这个问题回答得十分出色,他不仅给出了具体的困难和挑战以及克服的方法,还在面试官面前充分展示了自己是一个敢于接受挑战、超越自我的人,突出了他是一个有解决问题能力和意愿的人。该求职者整体思路清晰,对于这次社团活动的描述能够清晰地给出原因、过程和结果,脉络非常清楚。

二

面试官:公司要你组织300人到50公里外的新建厂区进行参观,后天一大早出发,当天要返回,而且需要保证整个参观过程的有序、流畅。你将如何完成这项任务?

问题分析:这类题目考查的是应聘者的组织能力和开拓能力,其中涉及很多细节问题,这就要求组织者非常细心,考虑问题要全面,不能有丝毫的马虎大意,否则将无法圆满完成这个任务。

应聘者:我首先根据活动内容做出具体预算,报请相关领导审批,经过领导同意后,再制订详细的参观方案。其次,要确定参观的人员、出发和返程的具体时间、集合地点。根据人数分成几个小组,分别选出一个组织能力强的人担任组长,由组长将相关信息通知到每一位员工。再次,我需要联系车辆,在联系车辆的过程中我会多找几家公司进行询价。在车上要准备好矿泉水、晕车药等必备物品,同时,还要联系好中午的就餐地点。活动结束后,会组织一次交流会,让大家谈一下本次参观的感受和收获。最后,会以书面报告的形式向领导汇报此次活动,并请他提出宝贵意见和建议。

点评:该求职者讲得很全面,也非常具体,思路比较清晰,考虑问题非常细致,确保了每一个环节都能有序进行,从中可以看出他具有较强的组织能力和开拓能力。

6.2.4 市场敏感度

市场敏感度是指预测、理解并致力于发现消费者和客户不断变化的需求,了解外部世界和其他业务组织的发展的能力,并能在市场环境发生变化时,通过运用自身掌握的知识、技能主动采取适应性措施的能力。

延伸阅读

市场敏感度不足致 TCL 彩电业务频频落后

针对 TCL 2011 年报,中金发表研报指出,TCL 的彩电业务落后的主要原因是市场敏感度不足,2012 年公司的彩电业务上大有改善空间。

研报指出,TCL 公司在彩电业务上落后于海信和创维主要是市场敏感度不足导致。最明显的例子为 TCL 认为 3D 电视的需求是被创造出来的需求,这导致公司在 3D 市场上大幅落后于海信和创维。2011 年 12 月,公司在国内市场 3D 电视销量占比 3.3%,而海信和创维已经达到 30%。对于智能电视,公司态度保守,认为智能电视标准不统一,未来的发展是个缓慢的过程,公司将更多地关注电视的基本功能和性价比。2010 年公司 LED 电视落后于海信和创维,2011 年一年的追赶基本拉近差距(2011 年 12 月 TCL 国内 LED 电视销量占比 6.2%,创维国内 LED 电视销量占比 7.1%)。

基于日本彩电企业全球战略衰退、大量市场空间空出的机遇,TCL 将在 3D 电视上奋起直追,公司计划 2012 年国内 3D 出货量可达到 40%,能基本拉近 3D 市场上差距。但中金研报中指出,如果公司 2012 年在智能电视上仍落后于海信和创维,那么 2013 年就只能在智能电视上成为追随者。

市场敏感度行为特征比较如表 6-7 所示,市场敏感度分级定义如表 6-7 所示。

表 6-7　市场敏感度行为特征

能力素质	具备此能力素质的行为特征	不充分具备此能力素质的行为特征
市场敏感度	1. 在自身所处理的事务中,能够描述出外部客户、消费者不断变化的需求。 2. 能够分析、感受、把握商业世界的变化趋势。 3. 能够站在市场的前沿、站在消费者的角度看待问题。 4. 对于自身产品、组织、个人的竞争优势有着清晰的认识,同时对竞争者的有利之处有着正确的判断。	1. 不能够了解外部客户、消费者的需要,无法使自身的服务和产品迎合客户的需要。 2. 忽视外界发展的需要。 3. 不能够认清自身所具有的优势。 4. 对竞争者没有清晰的认识。

表 6-8　市场敏感度分级定义

能力素质	级别	行为表现
市场敏感度	1 级	1. 对外部客户与消费者发生的变化有一定的洞察能力,但不能很好地描述客户及消费者的需要。 2. 能够认识到自身在应对市场变化时所采取的不恰当措施,并有加以改进的意愿。
	2 级	1. 能够认识到外界环境变化可能给企业带来的影响,并能够提供一些应对方案。 2. 对于外界的变化能够自觉采取相应的措施,并取得一定的积极效果。

续表

能力素质	级别	行为表现
	3级	1. 能够通过自身对曾经发生过的变化原因的分析总结出可能将要发生的变化,并提供应对方案。 2. 根据曾经应对变化的经验能够制订应对变化的一般程序,并与他人分享。 3. 能够站在消费者或顾客的角度看待市场的变化,并能在变化处理的过程中捕捉到新的市场机会,也能对竞争者的变化有着敏锐的反应,并及时提请企业做好相应的准备。

一

面试官:你的简历上介绍你曾经在某杂志社担任编辑,我能否了解一下你是如何策划选题的?

问题分析:这类题目考查的是应聘者的市场敏感度,求职者需要根据自己的工作经历详细阐述自己是如何策划选题的,在回答过程中需要站在客户或者读者的角度考虑问题,这样才能抓住市场。

应聘者:我认为所有的选题策划最主要是以读者想了解什么为标准,要迎合读者的口味。我过去参与编辑的杂志是一本都市时尚类杂志,针对的读者群是25岁左右的上班女性。我们通过对读者年龄层次进行分析、读者反馈、访问客户等方法了解最近读者们关心什么,有什么问题需要我们给予帮助等,再结合最新的流行资讯进行选题的策划和执行。同时我自己也会站在读者的角度审视自己的选题策划是否具有可读性和时效性。

点评:该求职者清晰地表达了自己以顾客需求为导向(即以读者想了解什么为标准)的原则,向面试官展现了自己敏锐的市场眼光和服务意识。能正确地认识自己的产品(服务)定位和目标客户群,能针对目标客户群采用问卷、访问等方法了解不断变化的需求。尤其在回答中体现了站在顾客角度考虑问题的意识,容易博得面试官的好感。

二

面试官:很多咨询顾问对于一个客户给出的问题解决方案都会很类似,请问您是如何处理这个问题的?

问题分析:面试官问这样的问题主要是考查应聘者的市场敏感度,求职者需要结合自己的工作经历进行回答,而且一定要强调和突出是站在客户的角度处理问题的,这样可以获得面试官的认同。另外,回答的内容一定要条理清晰、思路明确。

应聘者:我认为我能够尽可能地站在客户的角度,考虑客户对解决方案的吸收理解程度和这个方案的可行性。在咨询时,提供给客户的解决方案可能只是一个结果,往往客户不能理解是如何得出这样的解决方案的。需要向客户解释信息来源、评价标准以及为何执行这样的方案是能够得到最佳效果的,让客户充分了解为他提供的是最理想的解决方案。让客户的员工了解方案的产生过程,并加强培训,让客户掌握解决这类问题的技能,这样,他们在今后遇到相同的问题时可以迅速独立地解决。

点评:该求职者在回答时强调了自己为客户着想意识,并对个人、企业服务的竞争优势有着清晰的认识,这是十分可贵的。从两方面来回答面试官的追问,描述详细,最重要的是他在回答中提到对客户企业员工的疑问进行解答,对相关人员进行培训,为客户企业的长远目标服务,这是真正为客户考虑的一种重要体现。

【思考题】

1. 如要求你调查中国和澳大利亚两国热销婴儿奶粉各一个品种,你准备怎么做?你能提供哪些信息?
2. 在你所做过的事情中,最有创造性的是哪件事?

第七讲　职业态度

神奇教练米罗走了,中国足球又恢复了原状,但一句"态度决定一切",却成了国人推崇的一条做人做事的准则。

态度是一个人对待事物的一种驱动力,不同的态度将产生不同的驱动作用。工作是一种态度,不同的态度就会有不同的行为,不同的行为则会带来迥异的结果。工作态度好、努力程度高、积极开拓、敢于创新的人,则会占据职场金字塔的上部位置,自主权和自我实现的空间随之都易获得拓展,其事业发展势必会越来越好。而那些态度不好,工作不努力,积极性与主动性较差的员工则会在竞争中处于劣势,如不能主动改变自己,最终要么在低位徘徊,要么被迫离开组织或被组织所遗弃。

7.1　职业态度认知

1. 职业态度

态度是指个体对某一对象所持有的评价和行为倾向。态度的对象是多方面的,其中有客观事物、人、事件、团体、制度及代表具体事物的观念等。

职业态度是指个人职业选择的态度,包括选择方法、工作取向、独立决策能力与选择过程的观念。简而言之,职业态度就是指个人对职业选择所持的观念和态度,也就是用什么样的态度进行工作。

一个人获得成功的60%取决于其职业态度,30%决定于职业技能,而10%是靠运气。好的技能与运气固然重要,但是如果没有良好的职业态度作为支撑,成功的机会势必会很少,即使成功了也不会得到别人的认同。职业态度会影响到一个项目的成败,甚至会影响到整个公司的兴衰。

2. 职业态度的影响因素

每个人到了一定的年龄之后,都会获得一份职业,获得谋生的权利和发展空间的机会。由于景况的千差万别和个人需求与理想的各不相同,每个人的职业观和工作态度也各有差异,每个人的职业态度也会各不相同。影响职业态度的因素主要有:

(1) 自我因素。

自我因素包括个人的兴趣、能力、抱负、价值观、自我期望等。职业态度的自我因素与职业发展过程有着相当密切的关系,因为个人因素的形成多与其成长背景相关,个人价值观是在成长过程中一点一滴慢慢养成的。个人若能对自我的各项因素有深入的了解,将会意识到何种职业较适合自己,随之做出较为明确的职业选择。个人在选择职业时所表现出来的态度,也是个人兴趣、能力、抱负、价值观、自我期望的一种反应的表现。但若只是依照自我因素来选择职业,难免会产生与现实社会格格不入的感觉,因此,在选择职业时仍必须考虑其他相关因素。

(2)职业因素。

包括职业市场的需求、职业的薪水待遇、工作环境、发展机会等。就理想而言,兴趣、期望、抱负,应该是个人选择职业的主要依据,但是事实上必须同时兼顾自我能力以及外在的社会环境、职业市场动态等。对职业世界有越深的认识,就越能够掌握准确的职业讯息,也可以获得比较切合实际的职业选择。相反地,对职业认知有限的人,其至连何处有适合自己需求的工作机会都不清楚,则谈不上做出明确的职业选择。因此,个人对职业的认知会影响到个人的职业态度。

(3)家庭因素。

包括家庭的社会经济地位、父母期望、家庭背景等因素。不论父母的学历高低、社会经济地位如何,大多数的父母都希望自己的子女能拥有比自己高的学历,从事比自己有发展空间的工作。因此,在做职业选择时,家人的意见通常会影响到个人的职业态度。

(4)社会因素。

包括同事关系、社会地位、社会期望等因素。在职业发展的过程中,个人的最终目标在其从事的职业上都能有所表现,许多人都希望自己能成为社会中有身份、有地位的人。

职业态度带来的不同

三个工人在砌墙。有人过来问:"你们在干什么?"第一个人没好气地说:"没看见吗?砌墙。"第二人抬头笑了笑,说:"我们在盖一幢高楼。"第三个人边干边哼着歌曲,他的笑容很灿烂开心,说:"我们正在建设一个新城市。"10年后,时间将三个人分出了层次:第一个人在另一个工地上砌墙;第二个人坐在办公室中画图纸,他成了工程师;第三个人则成为前两个人的老板。

三个人的工作起点并无差别,都是在砌墙,但十年后,为什么差别如此之大呢?刨去其他因素,单就这故事本身而言,可以说是干活时的眼界和心态决定了他们不同的成就。而且正是因为他们的眼界不同,干活时的心态也不相同。第一个人看到的只是砌墙,所以他为成天砌墙而感到厌倦,工作疲于应付。而后两者,尤其是第三个人心中怀着远大的目标,他看到的是一个新城市,工作积极,并在工作中体会到创造的快乐,而这种积极的精神状态促使他的工作更加出色。

思想有多远,我们就能走多远。在同一条起跑线上,态度决定一切,要学会用美好的心情去感触生活。手头的小工作其实正是大事业的开始,能否意识到这一点意味着能否做成一项大事业。如果都像第一个人,愁苦地面对自己的工作,那么再好的工作也不会有什么成效;而同样平凡的工作,一样的看似简单重复,枯燥乏味,有人却能以快乐的心情面对,在平凡中感知不平凡,在简单中构筑自己的梦想,那么还会有什么样的困难不可以克服呢?

3. 职业态度的养成

个人的职业态度,影响着其职业选择的行为。观念正确、心态健全的人,对职业的选择较积极、慎重,作出正确选择的机会较大;相反地,观念不正确、心态不健全的人,对职业的选择具有推诿搪塞、轻忽草率及宿命论的倾向。因此,必须高度重视养成正确的职业态度。

(1)家庭教育。

"万般皆下品,唯有读书高"的观念,普遍深植在一般人的脑海里,大多数的家长都希望子女能获得高学历,即使是高职高专院校的学生家长,依然还有很多的家长只是关注自己的子女能否"专转本",而不去关注子女的兴趣爱好与自身能力。家长应多鼓励子女,好好了解自身的能力与兴趣,以作出对个人最有利的选择。

同时,家长也是子女学习的对象,家长的言行举止对孩子的影响相当深远,所以,为人父母者,应该以身作则,对自己的职业抱持乐观、积极、敬业的态度,让子女对其未来的职业也能充满希望,养成健全的职业态度。

(2)学校教育。

学校是学生受教育的主要场所,学生的许多行为、价值观都是在校园中养成的,学生在选择职业之前的时间大多是在学校度过的,因此,职业态度的养成也是学校教育的重点之一,职业教育尤其如此。因此学校应加强对学生进行职业生涯规划教育及专业导引教育,建设职业素养培育平台,以帮助学生养成正确的职业态度。

(3)社会教育。

终身学习是教育的主要趋势,大学生们在学成毕业之后,便进入了"社会"这个大环境中,社会教育会对其产生重要影响。目前政府在各地成立了就业辅导中心,致力于就业安全制度的建立。职业市场本身必须健全,这样让即将要进入就业市场的大学生们有健全的职业态度。当然,这些必须靠大家的努力才能得到更加完善。

4. 成功源于职业态度

人生中,不可能永远风平浪静,总是会充满大大小小的坎坷,总会有顺境和逆境穿插交织,因为事物发展的规律原本如此。顺境,也许是我们所渴望的,但逆境总会遭遇到,而且它普遍存在。困难面前,逆境之中,有人沉沦,有人振奋,彼此用截然不同的态度可走出不同的道路。相同的际遇下为什么不同的人会有不同的命运？生活是充实还是虚无，职业前途是闪耀还是暗淡，关键在于我们的态度。改变态度，将会改变你的工作；改变态度，将会改变你的一生。

（1）要有明确的工作目的。

人，生来就是为了工作，工作占据了我们生命中的大部分时间。工作是人生运转自如的转轴，影响着人的一生。但是为什么工作、为了谁而工作，是一个很值得人深思的问题。有人说是为了车子、房子、家人，有人说是为了自己有一个好的前途、为了升职加薪。这些都可以说是工作的一个目的，但绝对不是工作的唯一目的，也不是最终目的。

（2）要端正工作的态度。

"对工作负责就是对自己负责"。一个人的态度直接决定了他的行为，决定了他对待工作是尽心尽力还是敷衍了事，是安于现状还是积极进取。现实生活中，有些人有着一份令人羡慕的工作，然而他们身在福中不知福，不懂得珍惜和热爱自己的工作，安于现状，碌碌无为。有的甚至把工作当成了消遣和休闲的工具，对工作抱着一种应付的态度，"一杯清茶、一张报纸"便是一天工作的全部，"当一天和尚撞一天钟"，得过且过，不尽心尽力、尽职尽责。

我是在为谁工作？答案是唯一的，每个人都是在为自己工作，只有端正了为自己工作的工作态度，才能获得工作的回报。

（3）要更新自己的观念。

只有改变，才能适应时代的潮流，只有改变，才能更好地生存！而改变要从观念改变开始，从自身改变开始。流行于职场的这句话，"今天工作不努力，明天努力找工作"。而这样的事情，恰恰又在我们身边一天又一天地重复着，有多少人总是觉得自己大材小用，总是对自己的工作充满了抱怨，总是认为自己应该干更重要的工作，总是认为自己在这样的岗位上屈才。很多人想要创业，但创业也是需要积累的。不努力去工作，何谈积累。

（4）要学会工作的方式和方法。

工作需要无条件地执行上级领导的指示，但不是盲目地服从，要学会变通。每一个人生下来都有千里马的潜质，但是只有在成长过程中慢慢地磨炼、培养、挖掘，才会成长为一匹真正的千里马。而另一些不愿意吃苦、没有毅力、不愿超越自我的，就慢慢将自己变成了潜质了无的"驽马"。

任何人都不要抱怨自己的工作平淡无味，不要怨你的上级不赏识你，不要怨你的同事不认可你，因为你还没有足够的业绩和能力，因为你的努力还不够。那些还没有做多少工作就开始抱怨工作的人，他们的理想永远不可能实现，就因为他们还没有学会工作的方式和方法，他们的工作态度决定了自己离成功已越来越远。

（5）要有做优秀员工的志向和能力。

"不想当将军的士兵不是好士兵。"不想当优秀员工的员工当然也不是好员工了。可是怎样才能成为企业里不可或缺的人才呢？无论做什么工作，无论工作环境是松散还是严格，都应该认真地工作，把每一件简单的事做好本身就是不简单，把每一件平凡的事做好本身就是不平凡。只有在工作中努力锻炼自己的能力,使自己不断提高,加薪升职的事才能落到自己的头上。

(6)要有工作的责任心和使命感。

"珍惜岗位是一种责任、一种承诺、一种精神、一种义务。只有珍惜岗位,才能爱岗敬业,尊重自己所从事的工作,才能精通业务,不被淘汰。"对待工作,要有百分之百的责任感,企业需要的是有强烈责任感的员工。对自己工作负责的员工,才能得到别人的信赖;对企业负责的员工,才能得到领导的器重。负起自己应该承担的责任,千万别以为不做决定就不会犯错误,千万别为自己的错误找借口,千万别说自己不知道,千万别以为小错就不是错。所有一切都不是自己没做好工作的借口,不做决定本身就是个错,找理由是不敢直面错误的表现,说不知道的人不可原谅,轻易放过小错的人永远不会成功。要踏踏实实把事情做好,挑起自己的责任。唯有敢做敢当的人才值得别人信赖与尊重,才能掌控自己的命运。

5. 七种正确的职业态度

在同样的公司,做同样的工作,有些人多年以后,仍旧做同样的工作,任原来的职务,甚至被炒了鱿鱼;有些人却不断前进,在公司的地位日益上升,成为公司不可或缺的人物,其实这就是职业态度正确与否所造成的结果。所以,要成为受欢迎的现代职业人,必须要具有以下七种职业态度,也就是:敬业、勤奋、忠诚、自制、进取、协作、热情。

(1)只有敬业,才能做好一切。

所谓敬业,就是用一种严肃的态度对待自己的工作,勤勤恳恳、兢兢业业、忠于职守、尽职尽责地从事工作。敬业精神古已有之,中国古代思想家也非常提倡敬业精神,孔子称之为"执事敬","敬"即"尊敬""敬重"之意,指对待事业尊敬、敬重的态度。朱熹将"敬业"诠释为"专心致志,以事其业也"。敬业,就是要敬重自己所从事的事业,专心致力于事业,千方百计将事情做好。中华民族素有"敬业乐群""忠于职守"的好传统。而社会主义核心价值观中的"爱岗敬业",更是每一个公民必须履行的基本义务。

责任是敬业的首要条件。责任,就是一个人不得不做的事或一个人必须承担的事情。它表现为:当你没有完成自己的工作和约定时,你会心焦,你会不安,你会有不顾一切要去完成的心理。一个没有责任心的人,做事情虎头蛇尾,不了了之,思前不想后,其结果不仅毁了自己的信誉和前程,还会给周围的人和事情带来影响和损失。没有责任心的人,连就业都不能保证,与敬业更是天各一方。

敬业的要求:干一行要爱一行、精一行,要一心一意,不能三心二意,要做就做到最好。

(2)勤奋比才能更重要。

勤奋就是认认真真,努力干好每一件事情,不怕吃苦,踏实工作。文学家说勤奋是打开文学殿堂之门的一把钥匙;科学家说勤奋能使人聪明;而政治家说勤奋是实现理想的基石。世界上最宝贵的除了良好的心理素质外,就是勤奋。最宝贵的勤奋,不光是身体上的勤奋,还有精神上的勤奋,勤奋靠的是毅力,是恒心。

企业需要的最理想的员工,不是最聪明、最能干的员工,而是最勤奋的员工。每天虽然只多走了一步路,但会发现周围的人已经悄然落在自己的身后处。

(3) 忠诚最无价。

所谓忠诚,意为尽心竭力,赤诚无私。企业员工的忠诚度是指员工对于企业所表现出来的行为指向和心理归属,即员工对所服务的企业尽心竭力的奉献程度。

员工的忠诚包括了三层含义,即对企业这个组织忠诚;对所从事职业的信念或信仰的忠诚;对老板的忠诚。忠诚代表着诚信、守信和服从。

企业最需要的理想人才是既有能力又忠诚的人,在很多的时候人们宁愿信任一个虽然能力差一些却足够忠诚敬业的人,而不愿用一个表里不一、言而无信之人。因为这样会使整个企业陷入钩心斗角、尔虞我诈的复杂人际关系中,最终企业也会垮掉。

忠诚不是没有辨别力的绝对服从,忠诚也不是"愚忠"。对一家企业的忠诚,不仅仅是对老板的忠诚,更重要的是对自己、对这家公司的选择的忠诚,是对自己事业的忠诚,是对自己前途和追求的忠诚。因此,不要认为忠诚只是对老板和公司的好,这是一种误解与不幸。一个人要想在事业上有所作为、有所进步和成就,忠诚是不可或缺的元素。忠诚是在清楚自己的责任时表现的一种信念的支持,是对别人为自己付出的真诚回报。

(4) 自制,让你成为思想的主人。

当面对诱惑及与生俱来的惰性时,来自你内心坚定意识的自控能力,就可以抵御诱惑和惰性,主宰自我,帮助你成为自己思想的主人。

自制就是自我控制。要成就自己,必须严格要求自己,自己首先做到,再要求别人去做。自制是一种最艰难的美德,有自制力才能抓住成功的机会。

成功的最大敌人是自己,缺乏对自己情绪的控制,会把许多稍纵即逝的机会白白浪费掉。例如,愤怒时不能遏制怒火,会使周围的合作者(包括同事、客户、供应商、同行等)望而却步;而消沉时放纵自己的萎靡,会令自己一蹶不振。

(5) 唯有进取,才能超越自我。

"进"是一种前进的动力,人们只有不断地进步,不断地学习,才能不断地提升自己的能力,让自己在工作中无往不利;"取"是指获取,只是在获取之前,需要你先有所付出,天下没有免费的午餐,有付出才会有收获。拿破仑·希尔如是说,"世界会证明你的付出没有白费,在未来的某一天,它会全部回报给你!"

21世纪是变革的世纪。唯有变革,改变以往的思维模式和管理模式,才有可能让企业更好地生存。在当前,大鱼吃小鱼更多地成为快鱼吃慢鱼。

要么进取,要么出局,对于一家企业如此,对于一个人更是如此。

在发展过程中,不断地向自己的极限挑战,把1%的希望变成100%的现实,成功才会光顾你的人生。

爱迪生为了寻找适合的材料做电灯泡,进行了1000多次实验,当有人嘲笑他失败时,他却自豪地说;"我已经发现有1000多种材料不适合做电灯泡!"这样的胸襟,这样的气度,这样的智慧,真让人拍案叫绝。而这一切,不正是源于爱迪生与众不同的思考角度吗?

超越1秒钟前的自己,将会使你的人生走向圆满与成功。

（6）协作才能共赢。

说到协作，自然就要提到团队"TEAM"，团队要求发挥每个人的才能，并注重交流后完成1+1＞2的效果。

团队必须合作才能共赢。合作就会有力量，合作企业才会繁荣。领导才能的体现之一就是促进所带领团队的精诚合作。

单打独斗、个人英雄主义已经很难在新时代的环境中取得成功。成功的获得，仅靠自己的力量是不行的，任何人必须依靠他人才能获得更大的成功。

在企业发展过程中，老板与员工、员工与员工的这种共赢关系，是一种良好的互动纽带，带动了整个社会的进步，促进了民族的振兴。

彼此协作是生存的根本。无论对于个人还是企业，忽视了协作的价值，缺乏协作的精神，这无异于自己断了生存的根本。一个有协作精神的员工，才能真正承担起自己的工作责任，也才能真正做好工作。只有善于协作的人，才会获得真正的成功；只有懂得团结协作的人，才会成为真正的赢家。

（7）带着激情去工作。

激情，是一种强烈的情感表现形式，是一种洋溢的情绪，是一种积极向上的态度，是一种高尚的珍贵的精神，是对工作的热衷、执着和喜爱的体现，工作热情应该是工作能力的前提和基础。人在激情的支配下，常能调动身心的巨大潜力。

"带着激情去工作"，是对工作应有的责任。"带着激情去工作"，承载的是一种责任。责任就是动力，责任就是最好的鞭策。有了这份责任，就会清楚自己要干什么，怎么去干。有了这份责任，就会积极主动地去开展工作，创造性地完成工作。

"带着激情去工作"，是工作时应有的状态。"带着激情去工作"，体现的是一种"状态"，是蓬勃向上的朝气、攻坚克难的勇气、昂扬奋进的锐气。这"朝气""勇气""锐气"就是激情。在工作中是否倾注了激情、倾注了多少激情，就会有不同的工作状态。激情是一种可贵的状态，"带着激情去工作"，是职业人工作中应有的状态。

"带着激情去工作"，是谋大事、干成事的"催化剂"。"带着激情去工作"，折射的是一种思想境界。工作从来就不是冷冰冰的。只有融入情感的力量、保持激情的状态，才能体会到工作辛苦中蕴含的温度与厚重，才能激荡起让人夜不能寐的梦想与抱负。"带着激情去工作"，就会把个人名利看得很淡，把团队的利益看得高于一切，就会时刻想着企业，就会想方设法为团队做贡献。

"带着激情去工作"，就能有效防止精神懈怠的危险。这不仅是对每一位职业人的要求，也是职业人发现人生意义、实现人生价值的内在需求。激情工作，工作也必将回报以更为快乐、更为充实、更有意义的人生。

在职业人生里，充满了荆棘与坎坷，这七种态度也会有更具体、更细节、更细小的体现。面对各种工作压力，只要端正了工作态度，你会发现其实工作也是充满乐趣的。也许就在明天，睁开你的双眼，你正确的工作态度会让你新的一天的工作充满阳光！

7.2 关键能力素质

7.2.1 职业化行为

职业化行为是指个人在经过系统的职业化训练后,在组织或团队工作中,所表现出来的具备相当职业素养的组织行为,也可以理解为指能够为客户提供最为专业化的服务,并确保任务能够按照所承诺的完成的行为。

职业化行为的行为标准包括:优秀的自我管理和情绪调节能力、卓越的时间管理能力、计划管理能力、自我工作能力提升、学习能力、团队行为能力、资源整合与利用能力、学习能力、执行力与领导力等。

职业化行为的行为特征比较如表 7-1 所示,职业化行为的行为分级定义如表 7-2 所示。

表 7-1 职业化行为的行为特征

能力素质	具备此能力素质的行为特征	不充分具备此能力素质的行为特征
职业化行为	1. 任何时候都保持一个职业化的形象,了解自身的形象代表公司的形象。 2. 只从事符合法律和职业道德的业务实践,不以任何原因牺牲以上标准。 3. 对于客户、同事均给予尊重,愿意了解他们的想法。 4. 保持独立的思考,不为获得客户好感而放弃个人观点。	1. 遇到困难或压力时忘记自身应该保持的职业化形象,情绪化地解决问题。 2. 受某些利益的驱使,放弃应该遵守的法规和职业道德。 3. 不愿意了解他人的想法,武断地做出不客观的判断。 4. 无法维持独立思考,个人观点非常容易受他人影响而改变。

表 7-2 职业化行为的行为分级定义

能力素质	级别	行为表现
职业化行为	1级	1. 能够按照公司的要求,遵守员工手册,认同企业文化,保持应有的职业形象。 2. 能够遵纪守法,尊重同事,不生事端。
	2级	1. 能够模范遵守员工手册,服从公司利益,保持良好的职业形象。 2. 在同事中能起带头作用,客户口碑较好,愿意倾听别人的意见和建议。
	3级	1. 能够严格遵守公司的各项规定,是同事心目中的楷模。 2. 能够倾听别人的意见和建议,富有同情心,大局观强,把团队和公司的利益放在首位。 3. 能够把工作当成自己的事业来做,独立思考,富有原则性,善于帮助别人成长。

职业化的七大行为

一、对待工作的八项规范(最高标准:勤奋)

1. 树立正确的工作观。
2. 要把工作当成事业去完成。
3. 个人目标与企业发展目标相结合。
4. 积极让产品和服务更贴近客户。
5. 做得比上级期望的结果还要好。
6. 创造性地工作,懂得提升工作效率。
7. 在期限内完成工作任务。
8. 工作时间全身心投入。

二、对待公司的八项规范(最高标准:敬业)

1. 牢记公司的利益高于一切。
2. 不要忘记整顿办公室环境。
3. 随时随地要有节约意识。
4. 要做足一百分,尽量完成。
5. 要严格遵守公司制度。
6. 你可能不赞成,但必须去执行。
7. 不要泄露公司的机密。
8. 要学会与公司共命运。

三、对待老板(泛指上级)的五项规范(最高标准:忠诚)

1. 意识到老板和员工并非对立。
2. 不要认为老板容易。
3. 积极想办法为老板分担。
4. 和老板风雨同舟。
5. 欣赏与赞美自己的老板。

四、对待下属的六项规范(最高标准:尽心)

1. 有好品质。
2. 以身作则。
3. 不耻下问。
4. 激励下属,赞美下属。
5. 忘记手中的权力。
6. 帮助下属成长。

五、对待自己的六项规范（最高标准：自信）

1. 牢记你就是自己最大的敌人。
2. 有想要成功的意识。
3. 养成好习惯。
4. 学会调节压力。
5. 树立一个奋斗目标。
6. 加强自我管理，学会自我激励。

六、对待同事的五项规范（最高标准：热情）

1. 学会尊重别人。
2. 学会欣赏他人。
3. 不要自视甚高。
4. 牢记团队利益高于一切。
5. 不要嫉贤妒能。

七、对待客户的五项规范（最高标准：诚信）

1. 具备客户意识，重视客户。
2. 对客户诚信至上。
3. 为客户解决难题，帮助客户成功。
4. 尽力为客户提供更对的服务。
5. 成为客户值得信赖的朋友。

面 试 实 例

一

面试官：你认为一个成熟的、职业化的工作人士应该具备哪些条件呢？

问题分析：这类题目考查的是应聘者的职业化行为，应聘者需要冷静思考，在阐述过程中清晰表达自己对职业化行为的认识，需要重点强调职业道德和企业利益。

应聘者：我认为他首先是一个十分注重职业道德和操守的人。因为我认为职业道德和操守对于一个企业员工来说是基础，是其所有工作能力和经验为企业所用的前提。他应该只在符合法律和职业道德的范围内从事工作，不会因为任何原因和诱惑而放弃一名员工起码的诚信和职业道德。其次他应该是一个尊重他人而不专断的人。无论是对于客户还是同事他均能给予尊重，在工作上愿意了解他们的想法，及时与他们沟通。因为成熟的、职业化的行为是建立在互相尊重、有效沟通的基础上的。最后我认为一个成熟的、职业化的人还必须是拥有个人原则和观点的人。人云亦云是一种不成熟的表现，职业化的工作人士应该保持独立的思考，不会为获得客户好感而放弃个人的观点和原则。

点评：该求职者的回答脉络清晰，明确阐述了自己的观点，让面试官觉得他是一个对职业化概念非常清晰，同时也是非常成熟的职业人士。

二

面试官：你认为职业与工作之间有何区别？

问题分析：这类题目考查的是应聘者的职业化行为，想测试应聘者的职业态度如何。不论你在什么企业、岗位工作，面试官都希望你把所应聘的工作看作是在专业发展中的一个平台，而不仅仅是一份工作。

应聘者：对我来说，有了职业便意味着有了进取的机会和发展的平台，但这并不是说就有了固定的、可以预知结果的道路。工作过程中我更愿意承担更多的责任，充分发挥自己的工作积极性和主动性，这是自我发展的一个平台，只有平台稳固了，自己才能有更大的发展空间。对我而言，工作不仅是一种简单的谋生手段，更是一件能让自己找到个人价值、充分发挥个人潜能、给生活带来实际意义的事情。

点评：应聘者的回答表明他很好地理解了面试官的意图，把回答的重点集中在"职业意味着什么"这个重要的问题上了，明确阐明了自己的工作态度，反映出他是一个工作态度积极、敬业且具有职业化行为的员工，很容易给面试官留下良好的印象。

7.2.2　充满激情工作

充满激情工作，就是指积极、执着地为改善企业营运成效而努力，采取主动，即使需要承担适度的风险。

"美国文明之父"爱默生说过这样的一句话："你缺乏的不是工作能力，而是激情！不倾注激情，休想成就丰功伟绩。"确实如此，由激情产生的力量是强大的，有激情伴随的人生是丰富的。每个人都应在工作中注入巨大的激情，因为只有这样才能在工作过程中体现最大价值，在生命中获得最大成功。

一个成功的职场人，一定是在工作中始终保持激情的人，无论从事什么样的工作，做了多久，他们都不会厌倦，所以他们更容易进步。在他们身上，始终焕发出勃勃的生机，感染着身边的每个人，也因此给自己带来了快乐和高效率的工作成果。

比尔·盖茨在被问及他心目中的最佳员工是什么样的时，他强调了这样一条：一个优秀的员工应该对自己的工作满怀激情，当他对客户介绍本公司的产品时，应该有一种传教士传道般的狂热。一句话，就是工作要热情主动。工作中的热情主动，指的是随时准备把握机会，展现超乎他人要求的个人工作表现，并拥有"为了完成任务，必要时打破成规"的智慧和判断力。

500强企业十分注重对员工工作激情的考查，他们认为，一个热爱自己的工作，拥有快乐、乐观、积极向上的员工才是一个合格的员工，这样的员工也正是他们所需要的。

充满激情工作行为特征比较如表7-3所示，充满激情工作行为分级定义如表7-4

所示。

表 7-3 充满激情工作行为特征

能力素质	具备此能力素质的行为特征	不充分具备此能力素质的行为特征
充满激情工作	1. 高度积极地对待工作成果,对于任何决定都能马上落实到行动上。 2. 积极主动地把握机遇,不让任何一次机会从手中溜走。 3. 愿意寻找更好的工作方式,自问"为什么不这样做",永远不认为已经找到了最好的工作方式。 4. 不管遇到怎样的困难和压力,都会坚持到底,达成目标。	1. 对于工作的结果采取得过且过的态度,或是做出决定之后只是停留在口头上,没有落实到行动当中。 2. 满足现有的状态,不愿意问自己"我还可以做到什么"。 3. 看到问题或机会,却迟迟不采取行动。 4. 工作时因遇到阻碍而放弃,不能够坚持自己的目标。 5. 自满,容忍浪费,低效率。

表 7-4 充满激情工作行为分级定义

能力素质	级别	行为表现
充满激情工作	1 级	1. 能够认真对待工作的结果,接受任务后,能够循规蹈矩地完成任务。 2. 能够发现问题,会求助于别人,对当前的状态较为满意。
	2 级	1. 能够积极主动地承担任务,并且能很快行动,完成任务。 2. 善于思考,不满足于现状,常常会问自己"我还能做些什么"。
	3 级	1. 能够抓住各种机会,并善于在做好手头的工作中创造机会。 2. 能够反思自己,常常追问"为什么不这样做",永远追求更好。 3. 即使知道会有风险,仍能够坚持到底,直至成功。

十二种促进员工情感投入的有效方法

1. 明确定义每位员工达成成果的方法,而不是界定每一步该怎么做。

2. 提供员工所需的信息和工具,并协助其取得所需的技能与知识。

3. 知道每个职务需要具备哪些天赋才能胜任,挑选人才的主要依据不是经验或智力,而是能适合此职务的天赋。

4. 及时赞扬员工的优点,清楚了解其值得赞美的成果或表现。

5. 真心关切员工的成长与成功,不惧怕他们超越自己。当发现有人不适合留在公司时,也出于为其长期发展着想,要有勇气规劝他们另谋他职。

6. 帮助每位员工区分"与生俱来的天赋"和"学习到的技能与知识"。帮助他们增长在所属领域的长处,提供其担任新职务的机会。

7. 倾听员工的心声和意见。

8. 厘清企业的使命、愿景或核心价值。帮助员工找出他们的价值观与公司价值观之间的联系。有些员工热衷竞争,有些员工认同服务的重要性,有些员工则重视技能……管理者的责任是:了解每位员工的价值观,使员工扮演的角色和公司的目的相关联。

9. 厘清"品质"的定义。确保所有员工以追求顾客满意的品质为追求,每个人都致力于达到品质要求。

10. 当员工相互合作、共同努力、无后顾之忧时,也最容易出成绩。因此,管理者应设法营造有助于增进员工友谊的工作环境。

11. 定期与员工进行成果或事业发展测评。要求员工记录自己的各方面进展与成就。

12. 应该了解不同员工对于学习的不同看法,如有人希望通过培训课程学习知识,有人认为升迁和增加责任是学习机会等。

一

面试官:通常怎样的工作情形会让你产生沮丧的情绪?

问题分析:面试官有意了解该求职者的工作热情,采用从反面询问的方式,如果求职者也大肆描述自己的沮丧,则很容易被面试官认为是缺乏工作动力和激情的人。

应聘者:如果由于自己一时的疏忽而让机会从手中溜走,我会感到十分沮丧。因为我是一个对工作很有激情的人,一般情况下,一旦决定了工作目标,我就会想要马上把它落实到行动上。也可以说,我是一个具有行动力的人。我总希望自己在工作中做得更好,力求用最好的方法解决工作中的问题。无论遇到怎样的困难,我都喜欢接受挑战,渴望在克服困难的过程中超越自我。如果有业务机会在自己面前,我绝对不允许机会溜走,如果因为我自己的原因而没有把握机会,我会感到很沮丧。

点评:该求职者巧妙地避开了陷阱,恰到好处地体现了自己是一个充满工作激情的人,是十分高明的回答。

二

面试官:你对加班怎么看?

问题分析:这是针对"工作热情"而问的。通过这个问题,可以了解应聘者对自己的工作是否负责。当然无理的加班不一定就是好的。

应聘者:我并不反对加班,我认为只要是在自己的责任范围内,就不能算是加班。

点评:这样的回答比较有利。因为面试官问到这个问题时,他本身也会遇到同样的问题,并且其公司也会有加班情况,为此,就必须要求应聘者对于必要的加班不会提出异议。这一方面是工作自身的要求,另一方面是应聘者对工作的态度问题,故应聘者必须辩证地回答这个问题。

7.2.3 诚信、正直

诚信、正直，就是指以企业的道德规范正直处世，遵守各种规章制度，并抵制不道德的行为。

诚信、正直是一个人安身立命的准则，是衡量是非对错的标准，是人生规划中的哲学基础。一个人想要在社会上立足，干出一番事业，就必须坚守诚信、正直的原则。一个弄虚作假、欺上瞒下、骗取荣誉和报酬的人，是不可能取得成功的。一个人可能有许多美德：勇敢、智慧、服务、创造力、领导力、乐观、坚强、宽容等，但诚信、正直是这一切美德和能力的基础，如果一个人不诚信、不正直，这一切所谓的美德都将不复存在，因为基础没了。

维克多·雨果在《悲惨世界》里说："如果一个人要成为圣人，他首先得成为一个正直的人。"这种正直不光是自己在人生道路上一帆风顺的时候才拥有。人生多坎坷，人生多崎岖，顺境时为人需要正直，而逆境时、失足甚至犯错误时，一样要求人们成为诚信、正直的人。一个人的人品如何，直接决定了这个人的价值。企业需要诚信、正直，个人需要诚信、正直。诚信、正直是构建和谐社会的一种道德体现，不仅是企业的价值观和个人的价值观，也是社会主义核心价值观之一。

诚信、正直行为特征比较如表 7-5 所示，诚信、正直行为分级定义如表 7-6 所示。

表 7-5　诚信、正直行为特征

能力素质	具备此能力素质的行为特征	不充分具备此能力素质的行为特征
诚信、正直	1. 遵守职业规范，明确自己的职业行为标准与处事原则。制止不道德的商业行为。 2. 在需要时，客观提供基于事件本质的正确信息，不夸大或缩小事实，不散布未经正式渠道证实的信息。 3. 在职业交流中，以诚实的态度对待人，尽可能客观、全面地让对方充分了解全部信息。 4. 即使在面临风险或压力的情况下，仍然坚持以企业的利益为先。	1. 漠视甚至参与身边不符合职业道德的行为，违反职业规范。 2. 迫于压力，按他人意愿改变自己的个人观点，不客观地提供事件的本质信息。 3. 从个人利益出发，夸大或缩小事实，散布未经正式渠道证实的信息。 4. 在工作事务上，出发点并非企业利益，而是个人利益。

表 7-6　诚信、正直行为分级定义

能力素质	级别	行为表现
诚信、正直	1级	1. 遵纪守法，遵守社会公德，遵守公司的政策原则和规章制度，不超越制度规定权限。 2. 不轻易承诺，但对承诺过的事情会想办法实现。
	2级	1. 不说假话，真实反映客观情况，不为个人利益隐瞒事实或欺骗他人。 2. 对事情进行公平公正的评价和处理，不受个人利益影响，遇到利益诱惑时能够顶住压力，坚持原则，正直廉洁，不凭借权力谋取个人私利。
	3级	1. 从自我做起，自觉维护企业在市场中树立的诚信形象，为他人充当起道德行为的楷模。 2. 对于他人违法经营、损害企业诚信形象的行为能够勇敢说服和劝导，做到自我监督和与他人的相互监督。

坚守诚信、正直的原则
李开复

我在苹果公司工作时，曾有一位刚被我提拔的经理，由于受到下属的批评，非常沮丧地要我再找一个人来接替他。我问他："你认为你的长处是什么？"他说，"我自信自己是一个非常正直的人。"我告诉他："当初我提拔你做经理，就是因为你是一个公正无私的人。管理经验和沟通能力是可以在日后工作中学习的，但一颗正直的心是无价的。"我支持他继续干下去，并在管理和沟通技巧方面给予他很多指点和帮助。最终，他不负众望，成为一个出色的管理人才。现在，他已经是一个颇为成功的公司的首席技术官。

与之相反，我曾面试过一位求职者。他在技术、管理方面都相当出色。但是，在谈论之余，他表示，如果我录取他，他甚至可以把在原来公司工作时的一项发明带过来。随后他似乎觉察到这样说有些不妥，特别声明：那些工作是他在下班之后做的，他的老板并不知道。这一番谈话之后，对于我而言，不论他的能力和工作水平怎样，我都肯定不会录用他。原因是他缺乏最基本的处世准则和最起码的职业道德——"诚实"和"讲信用"。如果雇用这样的人，谁能保证他不会在这里工作一段时间后，把在这里的成果也当作所谓"业余之作"而变成向其他公司讨好的"贡品"呢？这说明：一个人品不完善的人是不可能成为一个真正有所作为的人的。

我在微软研究院也曾碰到过类似的问题。一位来这里实习的学生，有一次出乎意料地报告了一个非常好的研究结果。但是，他做的研究结果别人却无法重复。后来，他的老板发现，这个学生对实验数据进行了挑选，只留下了那些合乎最佳结果的数据，而舍弃了那些"不太好"的数据。我认为，这个学生永远不可能实现真正意义的学术突破，也不可能成为一名真正合格的研究人员。

最后想提的是一些喜欢贪小便宜的人。他们用学校或公司的电话打私人长途、多报销出租车票。也许有人认为，学生以成绩、事业为重，其他细节只是一些小事，随心所欲地做了，也没什么大不了的。然而，就是那些身边的所谓"小事"，往往成为一个人塑造人格和积累诚信的关键。一些贪小便宜、耍小聪明的行为只会把自己定性为一个贪图小利、没有出息的人的形象，最终因小失大。对于这些行为，一言以蔽之，就是"勿以恶小而为之"。

一

面试官：假设你发现，你的上司的一个工作举措是有违公司规章制度的，你会怎么处理?

问题分析:面试官有意了解该求职者是不是一个讲究诚信的人,求职者需要提前准备好一些真实的案例,在回答时一定要注意将企业利益放在首位,而且对于解决问题的过程要交代清楚,力求合情合理。

应聘者:首先我会与这位上司进行简单的直接沟通,比较委婉地提出我对他这项举措的困惑,向他确认是不是由于我自己认识上或经验上的不足,而导致我对这项举措有认识偏差。一旦确定这不是误会,也不是我认识上的偏差时,我会明确指出他的做法与公司的规章制度有冲突,并提出自己的建议。如果上司坚持违背企业原则,违反企业的规章制度,我会进一步与更高层的领导沟通。

点评:该求职者面对这样的情况时,表现出了良好的诚信品质,时刻把企业利益放在首位,尽职尽责。在面对权威时,坚持正确的事而非不正确的人,这一点很重要。该求职者的回答使面试官感到他是一个坚持职业道德、能真正维护企业利益的人,而这类人往往是最受企业青睐的。

二

面试官:如果你现在是一名经理,发现你的一名下属的行为违反了公司的行为准则,并且涉及一些财务问题。但他工作表现十分优秀,又是你非常信任的员工,与你的个人关系也很好,你会怎么处理?

问题分析:面试官有意了解该求职者是不是一个讲究诚信的人,同时,也考查求职者如何正确处理工作关系和私人关系,这样的问题在工作过程中可能会遇到,如果处理不好,会影响企业利益,求职者在回答这样的问题时,要做到客观、公正、正直。

应聘者:首先我会搜集一些材料,对情况进行核实,以免发生不必要的误会。等事情确实以后,我会根据事情的严重性做出判断。如果他触犯的是公司原则性的问题,那我会根据公司的规定进行处理,很可能就是开除他。如果事情相对不那么严重或者在过程中有十分特殊的原因,我会与我的上司进行讨论,然后再进行处理。但无论怎样,原则上的衡量标准是公司的规定。

点评:该求职者能够做到首先客观地收集信息,确认事实,说明他处理问题很成熟。他能够根据事情的严重程度分别处理,且自始至终都尽可能地保持客观的态度,根据公司的准则处理问题。同时他处理问题又保持了一定的灵活性,这样的回答可以使面试官认为他是一个处理问题非常冷静成熟、把公司利益放在首位、会按公司准则办事的人。

【思考题】

1. 一般情况下,怎样的工作情形会让你产生沮丧的情绪?
2. 你如何看待诚信、正直这个问题?请举例说明。

第八讲　行政部岗位能力素质模型

为能高效地完成行政部各项工作,各岗位任职人员一般需具备以下三个层面的素质:职业素养、知识、技能/能力,具体内容如图 8-1 所示。这三个层面的能力素质能帮助任职人员在各自完成任务的同时,不会对其他员工及组织目标造成负面的影响。

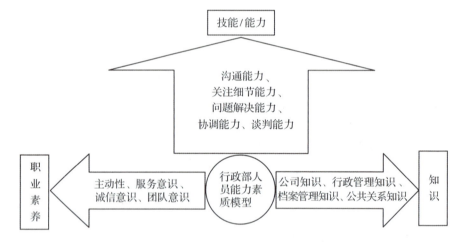

图 8-1　行政部人员能力素质模型

8.1　行政部人员应具备的职业素养

职业素养是指职业内在的规范和要求,是员工在任职过程中所表现出来的综合品质。其定义如表 8-1 所示。

表 8-1　行政部人员职业素养定义

素质名称	定　义
服务意识	在工作中善于站在对方立场上思考问题,有满足对方需求的意识。
主动性	在日常工作中不需他人指派,主动承担相应的工作。
进取心	一个人希望更好地完成工作或达到某一绩效标准的持续性愿望。
诚信意识	以诚实、善良的心态行使权利、履行义务。

续表

素质名称	定　义
成本意识	注重投入产出，节约公司资源的意识。
廉洁自律性	不利用职务便利为自己或他人直接或间接牟取私利的态度。
团队意识	个人自觉地融入团队，与同事合作共同完成工作任务的意识。

8.2　行政部人员所需具备的知识

知识是指人们在工作实践中所获得的认识和经验的总和。它是人才充分发挥作用的基础性要求，没有良好的知识根基，专业化的程度便会大大降低。各类知识的定义及分级行为表现如表 8-2 所示。

表 8-2　行政部人员知识构成及其范围一览表

素质名称	定　义	级别	行为表现
公司知识	包括行业知识、公司文化（发展历史、价值观等）、组织结构、基本规章制度和业务流程等	1级	了解员工手册与职位相关内容，了解公司发展历史，熟悉与本岗位有关的管理制度、流程。
		2级	了解行业状况，熟悉公司的历史、现状、未来发展方向以及相关管理制度、整体运作流程，了解公司整体战略规划以及战略步骤。
		3级	洞悉行业状况重大变化与趋势，能基于公司整体战略规划以及战略步骤对公司运作流程与制度提出系统、科学的建设方案，以支持、保证战略目标的实现。
管理知识	包括管理学、经济学、人力资源管理、战略管理等	1级	初步了解管理学原理及企业经营管理知识，工作中能够理解企业的一些人事政策、管理措施。
		2级	掌握管理学、人力资源管理、组织行为等相关管理知识，能够进行下属员工工作分配、落实工作计划、对工作结果进行考核评价等管理工作。
		3级	在生产经营管理、战略管理、管理心理学等方面具备一定修养，精通管理学、企业管理等相关学科知识，并能够运用于实践，为企业的财务管理、经营管理服务。

续表

素质名称	定 义	级别	行为表现
行政管理知识	主要包括日常行政事务处理、公文处理、档案管理、后勤服务管理等方面知识	1级	熟悉基本的行政学原理以及相关法律法规的规定,了解简单的日常行政事务处理原则和公文处理技巧。
		2级	1. 精通日常行政事务处理、公文处理、档案管理、后勤服务管理等相关专业知识。 2. 能够运用自身掌握的行政管理知识妥善处理日常行政管理事务。
		3级	1. 具备战略规划知识,能够从企业全局角度规划行政管理工作。 2. 能够妥善协调企业内部各部门之间的关系、企业与政府部门之间的关系、企业与合作方之间的关系等,同时做好企业公关与形象宣传工作。
人力资源知识	主要包括三大类知识,具体见表8-3	1级	了解A、B、C类知识的一般概念及内容框架、一般原理和方法,有一定的人力资源管理意识,并能够独立处理人力资源工作。
		2级	1. 掌握A、B、C中任意一、两类知识的操作运用原理,对人力资源工作有所了解,并有一定的工作经验。 2. 可综合利用各种人力资源知识处理员工之间的纠纷与抱怨等问题。
		3级	熟练掌握三类人力资源知识,能够为企业人力资源建设与规划服务,并能够起到为人力资源增值的作用。
办公自动化知识	包括操作系统、Office办公软件的使用、网络知识以及计算机安全管理等知识	1级	1. 具备一定的计算机操作常识和网络知识。 2. 能够熟练应用Office办公软件完成一般性工作任务。
		2级	1. 熟悉计算机操作系统、网络安全知识,防止电脑被病毒侵袭。 2. 能够运用Office办公软件完成工作任务。
		3级	1. 精通计算机及网络知识。 2. 能够构建内部办公局域网络,完成杀毒软件更新等工作。 3. 能够指导他人应用Office办公软件,并将操作过程中经常出现的问题进行归类,集中进行分析和讲解。

人力资源知识分类如表8-3所示。

表8-3 人力资源知识分类

类别	具体内容
A类	组织行为学、社会学、人力资源管理概论、劳动法、劳动合同法等。
B类	人员招聘与配置、员工培训管理、绩效管理、薪酬管理、员工关系管理等。
C类	人力资源战略、人力资源规划、人力资源投资分析等。

8.3 行政部人员所需的技能/能力

能力是人们在工作过程中所表现出来的解决问题可能性的个性心理特征,是完成任务、达到目标的必备条件;而技能则是指人们运用相关知识及各种资源解决问题、完成工作的某一方面的能力。这些技能/能力的定义及分级行为表现如表8-4所示。

表8-4 行政部人员技能/能力分级定义表

素质名称	定义	级别	行为表现
文案写作能力	根据自身掌握的写作技能,保质、保量地完成相关文案的书写工作	1级	1. 熟悉各类文书、合同写作的格式和基本用语。 2. 能够将领导的意图转化为相关文字,并且得到领导的认可。 3. 能够遵守相关文案写作要求,行文比较流畅。
		2级	1. 精通各类商务文书、信函、合同的写作。 2. 能够深刻领会领导的意图,写作的文案经常得到领导的赞赏。 3. 具备一定的写作功底,措辞优美而得当。
		3级	1. 掌握丰富的商务文书专业词汇,并能够恰当地应用于文案写作当中。 2. 能够将自己的写作经验与他人共享,促进写作能力的共同提升。
行政事务处理能力	通过适当的协调与沟通,妥善处理各项日常行政事务的能力	1级	1. 能够将日常行政事务按照轻重缓急进行分类。 2. 能够处理相关部门一般性的行政服务需求。 3. 能在主管领导的指导下,策划、组织整个公司的中小型集体活动。
		2级	1. 根据行政事务的轻重缓急能够独立自主地处理行政事务,并指导下属行政事务工作的开展。 2. 能够对相关部门提出的比较复杂的、棘手的行政服务需求给予适当的满足。 3. 根据直接领导的决策,策划、组织整个公司的大型集体活动。
		3级	1. 能够从全局出发对整个企业的行政事务进行统一规划、设计,保证各项服务工作的顺利开展。 2. 能够综合运用各类行政资源,保证各部门的行政服务需求。 3. 通过不断完善行政管理制度和行政工作流程,提高行政事务处理的效率。

续表

素质名称	定　义	级别	行为表现
细节关注能力	通过对行政工作各个环节中细节的掌控,最大限度地减少误差和可能出现的失误的能力	1级	1. 能够做到细致地审查行政文书、文件,以减少不必要的失误。 2. 通过对行政工作细节的关注,了解企业运营中可能存在的问题。 3. 对如何改进工作细节有一定的认识和了解。
		2级	1. 对他人提供的行政文书、文件等存在的细节问题有一定的认知能力。 2. 能够指导他人更好、更细致地完成行政服务工作。 3. 能够分析行政工作中经常发生的细节问题,确定企业运营过程中存在的问题,并提出改进意见。
		3级	1. 能够通过制定制度、改进审批流程等方式,最大限度地降低细节错误问题发生的概率。 2. 能够比较全面地掌握改进工作细节的方法,并及时给他人以指导。 3. 能够通过对行政工作中发生的细节问题进行分析,准确预测企业可能面临的风险,并提出相应的应对策略。
固定资产管理能力	通过对固定资产申购、使用、保管以及报废等环节的控制,最大限度地发挥固定资产使用价值的能力	1级	1. 熟悉固定资产管理的申购、使用、保管以及报废等方面的基本常识。 2. 能够在固定资产使用的过程中做好固定资产的保管工作,降低固定资产的损耗。 3. 能够对固定资产改造提供参考性意见。
		2级	1. 掌握固定资产实物与账务处理方法,能够有效提升固定资产的使用价值。 2. 熟悉固定资产的属性与操作要领,能够指导相关人员正确地使用固定资产。 3. 根据固定资产的使用与运行记录,对于固定资产发生的问题能够提出妥善的解决方案。
		3级	1. 通过建立固定资产管理制度、管理规范,约束固定资产管理行为,防止固定资产流失。 2. 通过自身对于固定资产的了解,提出固定资产保值、增值方案。 3. 根据固定资产的历史使用记录,能够准确判断出固定资产可能发生的问题及应对方案。

续表

素质名称	定义	级别	行为表现
安全管理能力	运用已经掌握的安全与消防管理常识或相关经验,做好安全事故预防与现场处理的能力	1级	1. 了解生产安全与消防管理知识,熟悉生产过程中一般性安全事件的处理程序。 2. 对企业内需要重点防范的安全隐患有清晰的认识,并重点观察。 3. 对于突发性安全事件能够做到及时报请相关领导处理。
		2级	1. 熟悉生产安全与消防管理知识,并能够引导他人学习、掌握安全管理知识。 2. 能够对可能引起安全隐患的部位或生产过程及时进行处理,尽量将隐患消灭在萌芽状态。 3. 对于突发性安全事件能够做好及时处理,并能够配合国家有关部门做好重大事故的调查取证工作。
		3级	1. 能够指导他人做好安全与消防知识的普及与宣传工作,强化企业内部员工的安全意识。 2. 对于企业内部可能造成安全隐患的部位及时组织排查,防患于未然。 3. 能够组织制订应急性安全事故处理预案,确保发生的安全事件能够及时、有效地得到处理。
文档管理能力	通过对文档管理的规划与设计,最大限度地满足相关部门对文档的需求的能力	1级	1. 熟悉文档分类、保管等基本常识和相关制度、规定。 2. 能够独立完成文档的日常分类、保管等工作。
		2级	1. 精通文档管理的相关制度条款,并能够用于指导实际工作。 2. 能够在权限范围内独立完成相关的文档管理工作。 3. 能够针对文档管理过程中出现的问题提出适当的解决方案。
		3级	1. 根据自身文档管理的经验,结合他人的反馈,能够组织设计文档管理系统。 2. 能够指导他人完成文档管理工作,并将自己的管理经验与他人分享。 3. 能够经常性地学习先进的文档管理经验或技术,并将其转化为具体可执行的方案,应用于文档管理的实际工作当中。

第八讲 行政部岗位能力素质模型

续表

素质名称	定义	级别	行为表现
沟通能力	正确倾听他人意见,理解其感受、需要和观点,并做出适当反应的能力	1级	1. 谈话中,不善于抓住谈话的中心议题。 2. 表达自己的思想、观点不够简洁、清晰。 3. 在沟通过程中以自我为中心,缺乏对他人应有的尊重。 4. 在沟通中,能够基本理解、使用日常专业和非专业词汇。
		2级	1. 能以开放、真诚的方式接收和传递信息。 2. 了解交流的重点,并通过书面或口头的形式用清楚的理由、事实表达主要观点。 3. 尊重他人,能在倾听别人的意见、观点的同时适时地给予反馈。 4. 在沟通中,能够理解、使用日常专业和非专业词汇。
		3级	1. 沟通时语言清晰、简洁、客观,且切中要害。 2. 能够针对不同听众调整适当的语言和表达方式以取得一致性结论。 3. 能拓展并保持广泛的人际网络。 4. 熟练掌握专业和非专业词汇,能够阅读、理解相关外文资讯。
协调能力	通过沟通与组织内、外部人员达成某种共识的能力	1级	1. 对于组织内、外部人员在行动和思想上的不一致有清醒的认识。 2. 对于组织内、外部人员可能产生的不和谐因素有一定的了解。
		2级	1. 对于组织内、外部产生的不和谐行为有一定的调节能力,尽量将矛盾消灭在萌芽状态。 2. 在处理组织内、外部矛盾过程中能够获得大多数人的拥护与支持。
		3级	1. 能够平衡组织内、外部的各种关系,确保组织既定目标的达成。 2. 能够将自己在协调内部关系过程中的技巧、经验与他人共享。 3. 能够通过协调组织内、外部关系发现组织内隐藏的问题或矛盾,并提出相应的解决方法或应对策略。
谈判能力	在谈判中有效达成共识并最大限度地争取和维护公司利益的能力	1级	能在谈判中表达主要目的,无漏项,把握谈判的原则并维护公司的利益。
		2级	能在谈判中快速识别对方的谈判风格,准确把握对方的观点,洞察其所关注的利益,适时调整策略并消除对方疑虑。
		3级	1. 对谈判中可能遇到的问题有一定的预见性。 2. 善于表达,坚持自己的观点和利益,并具有一定的灵活性(善于运用各种谈判技巧)。 3. 在谈判中能够争取主动,替本企业争取最大化利益,善于挖掘双赢的解决方案,促成合作。

续表

素质名称	定义	级别	行为表现
应变能力	当外界环境发生变化时,通过运用自身掌握的知识、技能主动采取适应性措施的能力	1级	1. 对外界发生的变化有一定的察觉能力。 2. 能够认识到自身在应对外界变化时所采取的恰当措施,并有加以改进的意愿。
		2级	1. 能够认识到外界环境变化可能给企业带来的影响,并能够提供一些应对方案。 2. 对于外界的变化能够自觉采取相应的应对措施,并取得一定的积极效果。
		3级	1. 能够通过对变化原因的分析总结出可能将要发生的变化,并提供应对方案。 2. 根据经验能够制订应对变化的一般程序,并与他人分享。 3. 能够在变化处理的过程中发现可能为企业带来的市场机会,并及时提请企业做好相应的准备。
问题解决能力	为了达成最终的结果,能够从不同角度分析问题、寻求答案的能力	1级	1. 能够对问题的产生做出一般性的分析和判断。 2. 对于一般性问题能够找到有效的解决途径。 3. 对于突发性问题有时会感到无所适从。
		2级	1. 对于问题发生的原因有比较清晰的认识。 2. 对于经常性问题能够很快想出解决方案。 3. 对于突发性问题,根据自己的经验或知识能够在第一时间做出判断。
		3级	1. 能够帮助他人对问题产生的原因进行分析,并指导其形成解决问题的方案。 2. 根据自身在解决问题方面的经验能够制订出问题的解决流程。 3. 根据问题产生因素之间的内在联系能够制订出预防问题的策略与方法。
团队领导能力	有效地带领其团队按照既定目标前进的能力	1级	1. 了解一定的任务分配知识,并能在任务执行过程中进行适当的跟踪。 2. 能够对团队成员反映的意见进行及时处理,为团队成员提供及时、有效的指导与帮助。
		2级	1. 根据团队成员的特点能够有针对性地分配任务,并全力保证组织目标的达成。 2. 能够采取一定的激励手段,保证团队成员的工作积极性。 3. 在关注团队工作成果的同时,最大限度地凝聚团队的力量。
		3级	1. 对团队成员的绩效有充分的认识,并给予适当的反馈。 2. 能够通过对团队成员工作的观察与分析,查找出团队合作的不足,并采取相应的改进措施。 3. 根据团队成员的特点能够制定相应的激励机制,保障团队绩效的持续达成。

续表

素质名称	定 义	级别	行为表现
他人培养能力	提供恰当的需求分析、辅导及相关支持，帮助他人学习与进步的能力	1级	1. 能够向下属及时反馈工作完成情况。 2. 对员工给予具体的指导、建议以及工作示范，为下属提供更具体的指导和帮助。
		2级	1. 了解下属的优、劣势，为他们提供能够发展某项能力的学习机会，安排有针对性的工作任务。 2. 引导下属独立解决某个问题，使其对任务的结果承担责任。
		3级	1. 根据组织的战略需求能够明晰组织的竞争力，把握员工个人职业期望和企业业务发展间的平衡。 2. 在团队中或部门内部创造学习环境，提供各种有挑战性的学习机会。
下属激励能力	通过给予下属正向激励，使其得到发展和提高的能力	1级	1. 与下属沟通不足，对下属的指导、建议较少。 2. 对下属的需求了解不够，很少为下属提供发展指导。
		2级	1. 能与下属就其工作表现进行及时的沟通与反馈，并给予适当引导。 2. 当下属遇到问题时能提供帮助，与其共同解决难题。
		3级	1. 对下属的工作及时地提供正确的反馈与指导。 2. 对下属的能力与技能水平有准确的判断，能根据下属的不同特点为其制订职业生涯发展规划，并为下属提供自我学习的机会、工具、辅导以及各种资源。
建立信任的能力	坚持原则且促进信任与尊重的能力	1级	根据公司的标准、政策以及与自己工作相关的目标，只在能够实现的情况下才做出允诺。
		2级	1. 少说多做，行为、信仰保持一致；对别人尊重、公平、守信用。 2. 处事客观，无公报私仇现象。 3. 正确对待他人对自己的批评。
		3级	1. 在多元环境中展示品德修养，为他人充当道德行为的楷模。 2. 将员工的福利和组织的成功放在个人利益之上。 3. 找寻解决问题的体制方案，而不是指责个人。
决策能力	根据对形势的分析，做出恰当、合理、及时和实际的判断，并采取相应行动的能力	1级	1. 能利用较充足的信息做出常规的决策。 2. 做决策时表现出很大的随意性。
		2级	1. 面对有竞争性的方案时，能够及时地做出决定。 2. 在本职工作领域内能够客观分析形势，并做出初步判断。 3. 能根据相关程序和上级及相关资源的要求，对日常性、一般性的问题做出决定，并采取行动。
		3级	1. 能分析较广泛领域内的复杂情况，对自己所做决策可能产生的影响有清醒的认识。 2. 能依据已有数据、知识和经验，做出对公司有一定程度影响的决策，并付诸实施。 3. 在复杂、模糊、风险很高的形势下，在对多个领域内的各种信息进行深度分析的基础上，做出有长期影响的战略性决等，承担预计到的风险和一切后果责任。

116

8.4 行政部人员能力素质模型

1. 行政主管能力素质模型

行政主管能力素质模型如图8-2所示。

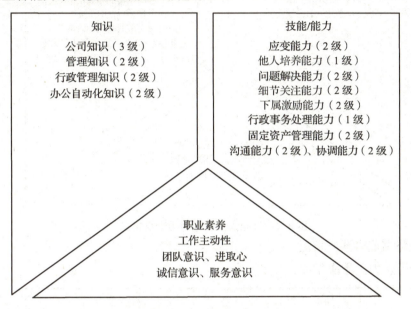

图8-2 行政主管能力素质模型

2. 前台接待主管能力素质模型

前台接待主管能力素质模型如图8-3所示。

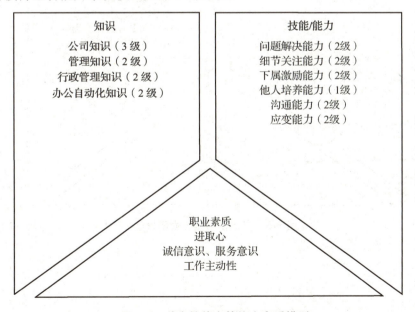

图8-3 前台接待主管能力素质模型

3. 行政人事经理能力素质模型

行政人事经理能力素质模型如图 8-4 所示。

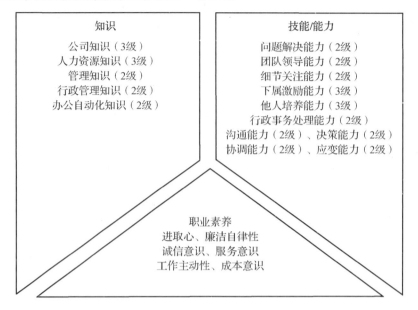

图 8-4　行政人事经理能力素质模型

4. 行政秘书能力素质模型

行政秘书能力素质模型如图 8-5 所示。

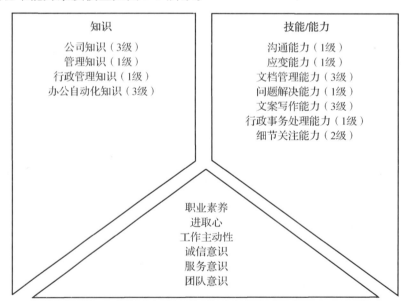

图 8-5　行政秘书能力素质模型

5. 行政人事专员能力素质模型

行政人事专员能力素质模型如图 8-6 所示。

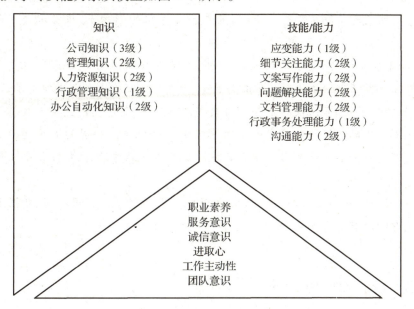

图 8-6　行政人事专员能力素质模型

苏格拉底和柏拉图

古希腊的大哲学家苏格拉底，在开学的第一天对他的学生们说："今天咱们只学一件最简单也是最容易做的事，每人把胳膊尽量往前甩，然后再尽量往后甩。"苏格拉底说完后自己先示范了一遍，要求大家从今天开始，每天做 300 下。然后他问学生们："大家能做到吗？"学生们都笑了，大家心想，这么简单的事情谁做不到？过了一个月，苏格拉底再问学生："每天甩手 300 下，这么简单容易的事，哪些同学坚持了？"这时每一个同学都自豪地举起了手。又过了一个月，苏格拉底又问有哪些同学坚持了，而这一次坚持下来的学生只剩下了八成。一年之后，苏格拉底再一次问大家："请同学们告诉我，最简单的甩手运动，还有哪几位同学在坚持？"这时整个教室里，只有一个人举起了手。这个学生就是后来古希腊的另一位大哲学家柏拉图。

给你一张足够大的纸，你所要做的是重复这样的动作：对折，不停地对折。我的问题就是，当你把这张纸对折了 51 次的时候，所达到的厚度有多厚？通过计算机模拟，这个厚度接近于从地球到太阳的距离。你一定感到很惊讶吧。

有时候，很多貌似"突然"的成功，它的秘诀就是坚持、坚持、再坚持。

小王大学毕业后初来一个城市打工，热爱文字的他非常希望能够找到和自己兴趣相关的工作。求职三个星期后，他在一家文化公司找到了一份校对员的工作。

小王本来认为跟文字打交道是件开心的事,但是每天十多个小时做下来,这份校对员的工作让他疲惫不堪。于是他决定干脆辞掉这份工作,再做其他的打算。当他把这个决定告诉朋友时,朋友却劝他再坚持一下,因为在金融危机的影响下,找份工作不是一件太容易的事。

小王听取了朋友的劝告,继续做他的校对员,与以往不同的是小王非但没有消极怠工,而且比以往更多了一份责任感。他把每份资料的校对次数从两次增加到了三次,并且在时间允许的情况下,他不仅校对是否有错别字,还会研究整句整段是否出现错误。他的努力并没有白费,公司出版的书籍出错率比先前大大降低了。公司的老总还专门找他谈了话,当公司老总得知小王是个文学爱好者并发表了不少的作品时,就安排小王做了文字编辑。

而文字编辑一直是小王所向往的职业,想到自己当初差点就离开公司,小王的心里感慨不已:如果当初没有坚持下来,今天也不会实现自己的理想了!

面 试 实 例

一

面试官:就你的理解,行政工作应包括哪些内容?如何才能做好这项工作?

问题分析:这类题目考查的是应聘者对岗位的熟悉情况,在面试前,应聘者需要做充分准备,特别是岗位的工作内容,只有这样才能有的放矢,向面试官表明自己对该岗位的心仪程度。

应聘者:

1. 日常事务工作(文字录入、复印、打印、整理会议纪要、人员接待、电话接待、采购、发放办公用品);档案、合同工作。

2. 拟订相关公文;协助直属领导策划员工活动及组织会议、活动。

3. 协助直属领导开展企业文化建设,草拟、修改相关制度。

4. 公司办公场地绿化;办公场地清洁、环境维护。

5. 劳动纪律监督、行政费用统计及核算。

6. 后勤支持性服务(办公设备维修维护、名片印制、订餐等)。

7. 有关政府政策及信息、行业信息的收集。

点评:该回答非常全面和具体,说明应聘者之前做了充分的了解和准备,给面试官留下了非常好的印象,如果对面试的岗位不熟悉,回答的内容肯定不能打动面试官。

二

面试官:从行政人事方面控制公司日常的成本,你觉得应从哪几个方面入手?

问题分析：这个问题主要是考察应聘者对行政事务的熟悉程度，以及控制成本意识的强弱，同时也考察应聘者的主人翁意识和全局观。

应聘者：控制公司日常成本，应从以下几方面入手：

1. 复印、打印控制。
2. 办公用品购买成本控制。
3. 办公用品领用控制。
4. 办公用品使用情况控制。
5. 水电费用控制。
6. 办公电话费用控制。
7. 会议和活动组织成本控制。
8. 定期向公司全体成员宣传节约意识。

点评：这是一个非常具体的问题，也是该岗位急需解决的困难，应聘者能够从几个方面分别进行阐述，说明之前做了充分的准备和认真的思考。

【思考题】

1. 参考本章知识，试着绘出行政专员的能力素质模型。
2. 参考本章知识，分析自身的能力素质现状，写出提升自己能力素质的计划书。

附录　各部门及相关岗位能力素质

1. 人力资源部

表 F1-1　人力资源部人员职业素养定义表

职业素养		
	原则性	以相关的规章制度、法律条文作为自己做事、做人的准则。
	自信心	一种对自己的观念、决定、完成任务的能力、有效解决问题的能力的自我信仰
	诚信意识	以诚实和善良的心态行使工作权利、履行义务
	服务意识	在工作中善于站在对方立场思考问题,满足对方需求的意识
	主动性	在日常工作中不需他人指派,主动承担相应工作
	亲和力	个人形体上所具备的能让周围的人感觉其和蔼可亲,不受到职位、权威的约束所流露出的一种情感力量

表 F1-2　人力资源部人员知识分级定义表

素质名称	定　义	级别	行为表现
公司知识	包括行业知识、公司文化(发展历史、价值观等)、组织结构、基本规章制度和业务流程等	1级	了解员工手册与职位相关内容,了解公司发展历史,熟悉与本岗位有关的管理制度、流程。
		2级	了解行业状况,熟悉公司的历史、现状、未来发展方向以及相关管理制度、整体运作流程,了解公司整体战略规划以及战略步骤。
		3级	洞悉行业状况重大变化与趋势,能基于公司整体战略规划以及战略步骤对公司运作流程与制度提出系统、科学的建设方案,以支持、保证战略目标的实现。
管理知识	包括管理学、经济学、人力资源管理、战略管理等	1级	初步了解管理学原理及企业经营管理知识,工作中能够理解企业的一些人事政策、管理措施。
		2级	掌握管理学、人力资源管理、组织行为等相关管理知识,能够进行下属员工工作分配、工作计划落实、对工作结果进行考核评价等管理工作。
		3级	在生产经营管理、战略管理、管理心理学等方面具备一定修养,精通管理学、企业管理等相关学科知识,并能够运用于实践,为企业的财务管理、经营管理服务。

续表

素质名称	定义	级别	行为表现
法律知识	包括公司法、税法、经济法、证券法及国家颁布的有关财务会计的规定,如会计准则、企业财务通则等	1级	了解与工作相关的各项法律、法规,使自己的工作合法、合规,避免出现原则性错误。
		2级	掌握相关法律知识,了解其他法律知识,并能够运用于工作之中,确保企业的经营在合法的条件下运行。
		3级	精通与公司运营、财务工作相关的全部法律知识,并能够灵活运用,在不违反法律、法规的情况下进行税务筹划、投融资等,控制经营成本,提高资金运营效率,保证企业经营战略的实现。
人力资源知识	主要包括三大类知识,具体内容请参考表F2-3	1级	了解A、B、C类知识的一般概念和内容框架以及一般原理和方法,有一定的人力资源管理意识,并能够独立处理人力资源工作。
		2级	1. 掌握A、B、C中任意一两类知识的操作运用原理,对人力资源工作有所了解,并具有一定的工作经验。 2. 可综合利用各种人力资源知识,处理员工之间的纠纷与抱怨等问题。
		3级	熟练掌握三类人力资源知识,能够为企业人力资源建设与规划服务,并能够起到为人力资源增值的作用。

表F1-3 人力资源知识分类详表

类别	具体内容
A类	组织行为学、社会学、人力资源管理概论、劳动法、劳动合同法等。
B类	人员招聘与配置、员工培训管理、绩效管理、薪酬管理、员工关系管理等。
C类	人力资源战略、人力资源规划、人力资源投资分析等。

表F1-4 人力资源部人员所需的技能/能力分级定义表

素质名称	定义	级别	行为表现
企业文化建设能力	规划、组织、督促、指导及协调全公司企业文化和精神文明工作,努力形成企业员工积极进取的价值观	1级	1. 了解企业历史与企业文化,并能够理解企业文化形成的原因。 2. 在指导下能够完成企业文化建设的一般性工作。
		2级	能够认同企业文化,参与企业文化建设,并能提出企业文化建设的思路与办法。
		3级	根据公司战略及年度经营管理重点,能够组织制订公司年度企业文化建设计划,通过开展主题活动,营造良好的企业文化氛围和公司核心理念,并有力支持年度经营重点工作的完成。

续表

素质名称	定 义	级别	行为表现
战略管理能力	基于对外部环境、内部资源的分析,对公司或业务未来发展进行筹划,明确战略定位和目标,并根据战略目标设计发展中的组织架构以及相关的策略	1级	1. 目光短视,只图眼前利益。工作中得过且过,不关注员工的发展。 2. 随遇而安,没有能力或不愿意对公司所处的环境及自身拥有的资源进行分析和判断。 3. 从不考虑发展问题,很少关注员工的发展和客户感受。
		2级	1. 能对未来几年的发展做出准确的判断,并制订详细的发展战略。 2. 能够正确地分析和判断公司所处的环境和自身拥有的资源,并做出选择。 3. 能够明确公司发展的方向,确定详细的发展计划,但发展方向及选择是否正确需要实践的检验。
		3级	1. 能正确分析和判断公司所处的环境和自身拥有的资源,并做出选择。 2. 明确公司发展方向,确定详细的发展计划,并根据环境和资源的变化适时调整战略,使整个发展战略始终保持正确的方向。
识人用人能力	识别和发掘下属的优势与潜能,用人之长,使其最大限度地发挥作用,实现团队与成员共同成长	1级	对于下属了解知之甚少,很少激励下属并给予他们成长的空间。
		2级	1. 比较了解下属的特点,对下属的长处与不足也有所了解,能够用其所长。 2. 给下属发挥潜力的空间,并经常性地给予支持和鼓励。
		3级	1. 对下属的工作及能力状况有充分了解,能够做到人尽其用,充分发挥员工的优势。 2. 能够提供给下属一个不断成长的空间,激励他们向更高的职业目标前进。
他人培养能力	通过恰当的需求分析,能将知识、经验、工作方法和技巧有效地传授给他人,以帮助其完成工作任务并促进其发展的能力	1级	对员工给予具体的指导、建议以及工作示范,为其提供必要的工具、信息等支持,帮助员工提高工作技能、促进个人职业发展。
		2级	1. 能识别员工的优劣势与发展需要,提供及时的反馈与强化。 2. 在员工遇到挫折之后给其鼓励,帮助员工重新树立自信心。
		3级	1. 根据组织发展需要,安排并开发恰当的正规培训,促进员工个人学习与发展。 2. 在工作中有意识地帮助他人,为他人创造学习机会,并随时对他人进行鼓励,激励其保持良好的学习愿望。

续表

素质名称	定 义	级别	行为表现
激励能力	激发、引导和维持他人的工作热情,保证预定目标实现的能力	1级	1. 按部就班地对待员工工作,员工缺乏积极性。工作中只关心本职工作,忽视员工的发展。 2. 对员工所做的工作缺乏肯定,对下属的参与很少给予鼓励。
		2级	1. 了解下属需求,善于引导员工,能时常从员工的角度出发,基于员工的特长和兴趣爱好安排员工的工作;适度考虑员工的个人发展。 2. 为员工工作创造和谐的环境,员工工作心情舒畅;能清晰地解释工作的关联性及其意义。 3. 结合员工的工作成绩用奖励、表彰等多种方式提高员工工作的积极性。 4. 鼓励员工为公司发展献计献策,并以制度等形式推动员工参与企业运作的积极性。
		3级	1. 能有效调动员工主动性,员工工作充满激情。 2. 在职责范围内公开可利用的资源,以供员工享用。 3. 为员工创造合适的发展空间,能针对不同员工进行多种类别的激励,以达到员工效用最大化。
绩效导向能力	以结果作为衡量工作成效的主要依据,重点关注绩效目标和产出结果	1级	1. 设定清晰的短期工作目标。 2. 密切关注目标的实现状况,掌握工作进展情况。 3. 针对团队中绩效表现较差的人员设计有针对性的改进方案。
		2级	1. 设定清晰的中期工作目标。 2. 主动寻找影响绩效的问题和机会,寻求改进绩效的方法,对公司现状进行适时调整以提高绩效。 3. 完成所有工作任务,达成预期目标。
		3级	1. 为自己、下属和公司及各业务部门设定清晰、明确的绩效目标,实施有效的绩效管理体系。 2. 运用创新的管理机制来达成挑战性的工作目标。 3. 有效整合全公司的整体资源来提升绩效。
目标管理能力	通过自身的努力或借助外界力量,达成预先设定标准或程度的能力	1级	基本理解公司经营目标中本部门的主要工作及任务,但工作无明确的计划。
		2级	能够较好地理解公司经营目标中本部门的主要工作及任务,目标分解基本合理,制订的工作计划相对简单。
		3级	能充分理解公司经营目标中本部门的主要工作及任务,对目标能进行有效的分解并制订出详细的工作计划,能够有效跟踪工作的进展情况,善于采取补救措施。

素质名称	定 义	级别	行为表现
督导能力	为了组织及客户的最佳利益,对员工工作进行指导,促使其提升技能与工作绩效的能力	1级	1. 能对员工工作给予较具体的指导。 2. 提出要求和目标时,也能够提供明确、具体的参数和标准。 3. 适时地检查员工是否明确工作的方向。
		2级	1. 能够系统地、明确地分配日常工作和任务。 2. 在分配工作和从别人那里接受工作时要坚定而自信,对于不合理的要求要勇于说"不"。 3. 在分配完工作后,要给予员工完成常规任务的自由,不乱加干涉。
		3级	1. 建立明确的、可测量的绩效标准。 2. 依据上述标准监督和检查员工的工作进度、绩效,并将绩效成果和存在的问题及时反馈给员工。 3. 纠正员工绩效问题时,采取明确的行动或坚定的立场,保证绩效提升计划的可行性。
员工关系管理能力	能够按照相关法律、法规的规定和企业内部的相关规定,建立和谐的劳资关系	1级	1. 熟悉国家相关法律、法规及企业各项人力资源规章制度,并能够受理员工关于人力资源制度的咨询。 2. 能够对员工之间发生的争议、纠纷进行简单处理,防止事态扩大。
		2级	1. 能够运用相关法律条款,解决员工之间的纠纷。 2. 能够通过组织相关的集体活动,培育良好的员工关系。
		3级	1. 根据员工关系的现状,能够准确判断其中存在的问题,并提出合理的解决方案。 2. 根据员工或相关人员的反映,能够制定出相关政策,保证员工沟通渠道的畅通。
专业学习能力	发展自己的专业或职业知识,与他人分享专业经验的能力与动机	1级	1. 学习本专业领域基本知识,并将这些知识有效地应用于实践。 2. 能主动地了解专业领域的最新发展情况,并思考如何将其运用到实际工作中。 3. 能运用专业知识与经验解决问题,帮助他人,有时会促进项目进展或改善当前局面。
		2级	1. 能主动在自己本专业范围之外应用自己的知识,能利用本专业范围外的知识提升业务。 2. 能利用自己的知识促进其他领域工作或项目的进展,以提高其他部门的效率。 3. 寻找能利用专业知识促进别人项目发展的机会。
		3级	1. 在工作范围之外寻找学习机会,以提高自己的知识水平。 2. 能够在专业杂志上发表文章。 3. 在组织内充当着新技术、新知识的倡导者。

续表

素质名称	定 义	级别	行为表现
分析能力	收集相关信息,识别不同信息间的联系,寻根溯源,解决相关问题的能力	1级	1. 迅速意识到现状与过去形势间的相似之处,找出直接的因果关系,得出可能的解决方案。 2. 能够对相关信息做出简单的分析和判断。
		2级	1. 能透过表面现象寻找问题的根源,发现问题的发展趋势。 2. 分析问题各因素之间的联系,拟订可能的解决方案。 3. 对于由多个因素决定的问题,能给出正确的答案。
		3级	1. 能对复杂的涉及多方面关系的问题进行分析,必要时收集一定时期的信息进行综合分析。 2. 将多样的信息数据综合在一起,以形成解决问题的框架。
思维能力	能够通过对外界事物、事件等的感知,运用分析、推理得出某种认知的能力	1级	1. 对外界发生的事件做出某种反应往往需要很长一段时间。 2. 凭借自身现有的知识与经验,不能对某些事件做出合理、全面的分析。
		2级	1. 掌握了一定的分析问题和解决问题的方法,并能将其应用到工作中去。 2. 根据已经掌握的信息,能够准确分析出潜在问题,并能够想出应对办法。
		3级	1. 能够通过一定的方法或手段,将复杂的问题分解成简单的部分,然后再分阶段、分步骤地处理。 2. 根据已经掌握的信息,能够准确判断出事物、事件发展的轨迹与路径,并及早提出一些应对策略。 3. 能够将零散的信息,通过自己的系统分析、处理、加工成有价值的信息。
表达能力	通过口头或书面方式,能够清晰、准确地表达自己的能力	1级	表达基本清楚。交流过程中思路模糊,容易让人误解其意,但能知悉其所表达的大概意思;能进行一般性的工作联系。
		2级	表达条理清晰,意思明了。交流过程中思路清晰,他人能明确地知悉其所要表达内容的重要层次,在不同的场合保持适当的语速,但表达不够简明。
		3级	1. 准确地以口头、书面等方式进行工作部署或有效沟通,能快速把握工作要领。 2. 在交流过程中思路清晰,表达简洁明了;语言丰富多彩,在必要的时候能够配以手势或面部表情等来增强表达的效果;表达方式和语言具有亲和力。

续表

素质名称	定 义	级别	行为表现
沟通能力	正确倾听他人意见，理解其感受、需要和观点，并做出适当反应的能力	1级	1. 谈话中不善于抓住谈话的中心议题。 2. 表达自己的思想和观点不够简洁、清晰。 3. 在沟通过程中以自我为中心，缺乏对他人应有的尊重。 4. 在沟通过程中能够基本理解、使用日常专业和非专业词汇。
		2级	1. 能以开放、真诚的方式接收和传递信息。 2. 了解交流的重点，并通过书面或口头的形式，用清楚的理由、事实表达主要观点。 3. 尊重他人，能在倾听别人的意见、观点的同时适时地给予反馈。 4. 在沟通过程中能够理解、使用日常专业和非专业词汇。
		3级	1. 沟通时语言清晰、简洁、客观，且切中要害。 2. 能够针对不同听众调整适当的语言和表达方式，以取得一致性结论。 3. 能拓展并保持广泛的人际网络。 4. 熟练掌握专业和非专业词汇，能够阅读、理解相关外文资讯。
协调能力	通过沟通与组织内外部人员达成某种共识的能力	1级	1. 对于组织内外部人员在行动和思想上的不一致有清醒的认识。 2. 对于组织内外部人员可能产生的不和谐因素有一定的了解。
		2级	1. 对于组织内外部产生的不和谐行为有一定的调节能力，尽量将矛盾消灭在萌芽状态。 2. 在处理组织内外部矛盾过程中能够获得大多数人的拥护与支持。
		3级	1. 能够平衡组织内外部的各种关系，确保组织既定目标的达成。 2. 能够将自己在协调内部关系过程中的技巧、经验与他人共享。 3. 能够通过协调组织内外部关系，发现组织内隐藏的问题或矛盾，并提出相应的解决方法或应对策略。

续表

素质名称	定 义	级别	行为表现
计划执行能力	工作中能够迅速理解上级意图,形成目标并制定出具体可行的行动方案,通过有效组织各类资源和对任务优先顺序的安排保证计划的高效、顺利实施,并努力完成工作目标的能力	1级	1. 根据公司领导的明确要求,结合本部门的职责定位,能够确定部门工作的短期目标。 2. 根据部门具体目标,将整体工作分解为若干个关键可操作性步骤,设立优先次序,形成任务进度时间表。
		2级	1. 能够准确评估实现工作目标所需的人、财、物等资源,并提出资源配置的可行性方案。 2. 执行具体的工作计划,并建立监控和反馈机制,能够从整体上把握计划实施的进程。
		3级	1. 根据部门工作目标,将整体工作分解为若干个关键可操作性步骤,设立优先次序,形成任务进度时间表。 2. 在工作计划中预留弹性或额外工作时间,以应对意外事件。 3. 主动评估工作中可能存在的风险,随时准备应对各种障碍和问题,并提前制订应变方案,以确保工作任务按时保质完成。
影响力	说服或影响他人接受某一观点,推动某一议程或领导某一具体行为的能力	1级	能清晰地陈述相关事实,呈现经过充分准备的合理案例,并运用直接证据(如关于实质特征的数据、意见一致的范围与利益等)以支持个人观点,说服对方做出承诺或保证。
		2级	1. 通过指出他人的忧虑、强调共同利益来说服他人。 2. 预期他人的反应,并根据需要采取适当的风格和语言应对。 3. 用案例或论据创造出一个"双赢"的解决方案以实现双方的目标。
		3级	1. 通过第三者或专家来施加影响,结成联盟,建立幕后支持,构成影响别人行为的有利形势。 2. 精心策划事件以间接影响他人(如安排计划和时间、策划关键事件、预测有关关键联盟的提议、影响证言等)。
人际交往能力	对人际交往保持高度的兴趣,能够通过主动、热情的态度以及诚恳、正直的品质赢得他人的尊重和信赖,从而营造良好的人际交往氛围	1级	待人不够真诚,无法获得大部分人的信赖,为人处世不懂得变通,适应能力较差。
		2级	1. 能给人一种真诚的印象,能获得周围人的支持与信赖,在工作中能考虑他人的感受。 2. 具备良好的沟通交流能力,能够恰当地表达和倾听,对不同情境和不同交往对象能够灵活使用多种人际交往技巧和方式,采取不同的应对策略。
		3级	待人友好、真诚,能获得周围人的信赖,在工作中人们都愿意与其交往并保持良好的关系。

续表

素质名称	定义	级别	行为表现
时间管理能力	及时有序地完成工作任务的能力	1级	很少或不花时间系统地安排工作任务,倾向于处理临近的但是缺乏规划和远见的任务,不善于安排其他人去完成相关的工作。
		2级	1. 详细周到地考虑工作计划,制订工作目标的进程及步骤并为计划预留时间,掌握一定的应付干扰或其他事件影响的技巧。 2. 制订合理的工作计划,将事务整理归类,并根据事情的轻重缓急进行安排和处理。 3. 善于将部分工作分派给他人来完成,提高工作效率。
		3级	1. 将个人时间主要集中在对关键性战略问题的解决上,工作有方向感,不会在具体的工作细节上耗费大量的精力,工作效果较好。 2. 能够安排自己和其他人迅速适应工作上的重大变革,并重新确定工作的优先次序。
决策能力	根据对形势的分析,做出恰当、合理、及时和实际的判断,并采取相应行动的能力	1级	1. 能够通过收集信息,把握要解决问题的性质和决策目标。 2. 能够借助较充足的信息,支持对常规问题做出决策。 3. 在分析备选方案时能够听取不同意见,了解各个方案的优劣势。 4. 对非常规问题的决策,需要借助上级的指导才能做出。
		2级	1. 根据工作经验,能够对要解决问题的性质和决策目标进行准确定位。 2. 对于常规问题的决策,能够及时地给出可行的决策方案。 3. 掌握决策备选方案分析技巧,能够对各种备选方案的优势和不足进行迅速、准确的判断。 4. 对于非常规问题,能够借助信息和分析工具给出可行、有效的解决方案。
		3级	1. 能够透过纷繁复杂的表面现象,对存在问题的性质进行合理判断,在此基础上迅速确定决策目标。 2. 对于常规性决策,根据工作经验和工作技巧,能够果断、及时地做出合理有效的决策。 3. 在做出非常规决策时,对自己所做决策可能产生的影响有清醒的认识,并能借助信息和分析工具在各类备选方案中选择最有效的方案。 4. 在复杂、模糊、风险很高的形势下,在对多个领域内的各种信息进行深度分析的基础上做出有长期影响的战略性决策,承担预计到的风险和一切后果责任。

续表

素质名称	定义	级别	行为表现
创新能力	不受成规和以往经验的束缚,不断改进工作和学习方法,以适应新观念、新形势发展的要求的能力	1级	因循守旧,对新事物持敌视态度;对于上级布置的各项工作教条、死板地执行;遇到各种问题习惯用经验来解决,反对创新。
		2级	1. 对新事物具有良好的接受性。 2. 解决问题时愿意尝试新的方法。 3. 对于上级布置的各项工作,会从自己的角度出发,灵活变通地完成;不反对创新。
		3级	1. 能够作为公司创新精神的倡导者。 2. 创造性地落实上级布置的各项工作。 3. 鼓励下属多角度思考,提出各种解决问题的思路;做出的决策稳健而不保守,敢于创新但不冒失。
团队合作能力	能够与团队成员密切配合,共同完成工作任务的能力	1级	1. 有一定的团队合作意愿,但在具体的团队合作中稍显欠缺。 2. 对于职责范围内的工作能够主动承担。
		2级	1. 能够做到以团队利益为重,从大局出发思考、解决问题。 2. 对于团队成员的工作成绩及时给予肯定,并能做到与团队成员共享知识和经验。
		3级	1. 能够凭借自身的影响力将整个团队的力量凝聚起来。 2. 能够及时发现团队合作过程中出现的障碍,并采取有效措施将其化解。 3. 能够建立团队资源共享平台,确保团队任务的达成。

2. 生产部

表 F2-1　生产部人员职业素养定义表

素质名称	定义
成就导向	又称为进取心,指个人希望更好地完成工作或达到某一绩效标准,强烈追求成功的持续性愿望。
敬业精神	个人调整自己的行为,使其符合组织要求和组织利益的愿望和能力。
责任心	人们在日常工作、生活中通过承担对他人、对企业、对社会、对自己的责任所形成的责任意识。
纪律性	个人自觉遵守公司各项管理制度,保证个人行为及工作行为不与公司的管理制度和工作原则相抵触的意愿。
成本意识	在保证正常工作状态和产品质量的前提下,通过控制成本、增加产出、优化流程等手段节约公司资源,使利润最大化的意识。
诚信正直	个人能依据事物的本质处理组织中的事务,不受个人利益、好恶的影响,信守承诺,正确对待自己所犯错误的素质。
创新意识	个人在工作中不断提出新观念、创造新方法的意识。
团队意识	个人自觉地融入团队,与同事团结合作,共同完成工作任务的意识。
全局观念	在开展工作或进行决策时能够从组织的整体或长远利益出发,顾全大局,为了整体利益能够牺牲局部利益或个人利益。

表 F2-2　生产部人员知识分级定义表

素质名称	定　义	级别	行为表现
公司知识	包括行业知识、公司文化(发展历史、价值观等)、组织结构、基本规章制度和业务流程等	1级	了解员工手册与职位相关内容,了解公司发展历史,熟悉与本岗位有关的管理制度、流程。
		2级	了解行业状况,熟悉公司的历史、现状、未来发展方向以及相关管理制度、整体运作流程,了解公司整体战略规划及战略步骤。
		3级	洞悉行业状况重大变化与趋势,能基于公司整体战略规划以及战略步骤对公司运作流程与制度提出系统、科学的建设方案,以支持、保证战略目标的实现。
专业技术知识	通过教育及在工作过程中所获得的顺利完成某一特定工作所需的特殊知识	1级	1. 熟悉与本岗位相关的基础理论知识和专业技术知识、技术标准、规范和规程。 2. 了解本行业的技术状况和发展趋势以及其他相关岗位的专业技术知识。
		2级	1. 掌握与本岗位相关的基础理论知识和专业技术知识、技术标准、规范和规程及相关岗位专业技术知识。 2. 熟悉本行业的技术状况和发展趋势,能对一般技术问题进行总结和分析。
		3级	1. 精通与本领域工作相关的基础理论知识和专业技术知识、技术标准、规范和规程。 2. 熟悉本行业的技术状况和发展趋势,能对重大技术问题进行总结和分析,并予以解决。
生产管理知识	包括生产战略管理、生产流程管理、生产计划与调度、生产定额与工艺流程管理、生产现场管理、生产成本控制、工艺设备管理、生产安全管理、采购与供应管理、生产领域先进管理理念与方法 10 类相关知识	1级	1. 根据职位需要,了解 10 类知识中第 3~5 类知识所涉及的概念、内容与方法。 2. 根据职位需要,掌握 10 类知识中第 3 类知识所涉及的概念、内容与方法。
		2级	1. 根据职位需要,掌握 10 类知识中第 4~7 类知识所涉及的概念、内容与方法。 2. 根据职位需要,了解全部 10 类知识涉及的概念、内容与方法。
		3级	根据职位需要,掌握 10 类知识所涉及的概念、内容与方法,并能将相关知识熟练运用于生产管理工作中。

续表

素质名称	定 义	级别	行为表现
产品质量知识	包括公司产品的名称、性能与质量要求以及概率论与数理统计、质量管理学、质量检验、质量控制、全面质量管理、质量管理体系等相关知识	1级	1. 了解公司产品名称、性能与质量要求以及主要目标客户。 2. 了解质量管理基础知识及质量检验、计量管理等专业知识,掌握本公司质量标准与检验规范。 3. 具备产品质检工作所需的技能。 4. 熟悉产品对原辅料、外协件、备品配件的质量要求及生产设备的技术要求。
		2级	1. 全面掌握公司所有产品的详细资料和质量管理所需的各种知识,熟悉国际质量管理体系的相关知识。 2. 能通过对检验数据的统计分析,为产品的设计质量及生产质量提供建设性意见。 3. 掌握产品对原辅料、外协件、备品配件的质量要求及生产设备的技术要求。 4. 能做好公司质量体系内审及供应商评审等工作。
		3级	1. 精通公司所有产品的详细资料和质量管理各方面知识,并能将自己的心得、体会应用于质量管理的实践当中。 2. 能通过对检验数据的统计分析,对未来产品的规划与设计提出合理化建议。 3. 熟悉国内外最新质量管理理论,并能够领导团队成员做好质量体系审核及质量检验工作。

表 F2-3　生产部人员技能/能力分级定义表

素质名称	定 义	级别	行为表现
生产战略管理能力	基于对外部环境、内部资源的分析,对企业生产系统进行筹划,明确生产战略目标,并根据战略目标设计组织结构及相关策略的能力	1级	对企业的发展充满信心,能正确地执行企业的生产战略
		2级	1. 能对企业未来几年的发展做出准确的判断,并做出正确的生产战略选择。 2. 正确地分析和判断公司所处的环境和自身拥有的资源,并确定明确的生产战略目标和生产计划。 3. 能发现企业目前生产组织存在的问题。
		3级	1. 能正确地分析和判断公司所处的环境和自身拥有的资源,并选择有利于公司发展的生产战略。 2. 掌握公司的发展方向,能确定详细的生产发展计划,并根据环境和资源的变化适时调整生产战略。 3. 善于发现企业目前生产组织的问题,并能提出解决方案。

续表

素质名称	定 义	级别	行为表现
产品设计能力	根据对流行趋势的判断及自身掌握的知识、技能,能够设计出符合市场需求的产品的能力	1级	1. 能够通过市场调研、客户反馈等渠道获取产品设计相关信息,并形成相关分析报告。 2. 熟悉产品设计的相关标准、流程。 3. 根据领导或客户的要求,能够独立完成简单的产品设计工作。
产品设计能力	根据对流行趋势的判断及自身掌握的知识、技能,能够设计出符合市场需求的产品的能力	2级	1. 能够敏锐观察到市场的变化,掌握产品设计的潮流。 2. 根据具体的设计要求,能够独立完成比较复杂产品的设计工作。 3. 能够对产品设计流程中存在的问题及时进行总结和回顾,并提出相应的解决方案。
产品设计能力	根据对流行趋势的判断及自身掌握的知识、技能,能够设计出符合市场需求的产品的能力	3级	1. 根据相关人员的反馈,能够制订或修改产品设计流程,确保流程的可执行性。 2. 能够准确把握国际市场流行的产品设计思路,并能够应用于现实的产品设计过程。 3. 能够指导他人完成产品设计工作,并就出现问题较多的环节进行总结,以供相关人员借鉴。
技术需求转化能力	准确理解企业或客户的技术需求,在技术开发方案中体现其实际需求尤其是潜在需求,最终达到客户满意的能力	1级	1. 能够准确理解企业或客户的技术需求,并对需求进行分析和归纳,从中找出技术开发的依据。 2. 根据企业或客户的需求利用自己掌握的技术完成设计工作。
技术需求转化能力	准确理解企业或客户的技术需求,在技术开发方案中体现其实际需求尤其是潜在需求,最终达到客户满意的能力	2级	1. 能通过客户、同类产品搜集技术需求,对需求进行筛选,滤除不合理或无法实现的需求,从而提炼、引申出基本的技术需求。 2. 能自主选择合适的技术开发方法和工具,设计出满足实际需求并且实用的技术开发方案。 3. 通过总结,将多方面的技术需求融入产品技术的开发或改进工作中,提高产品的适用范围。
技术需求转化能力	准确理解企业或客户的技术需求,在技术开发方案中体现其实际需求尤其是潜在需求,最终达到客户满意的能力	3级	1. 全方位了解客户的技术需求和本行业的技术发展方向,通过对各种表面、直观的需求进行定性及定量分析,对各种需求按实现优先级进行分类,最终形成技术开发需求说明书和设计依据。 2. 在满足技术要求的情况下,通过对技术需求及其可实现程度、实现成本等因素的分析,准确地把技术需求转化为合适的技术参数和令人满意的技术实现方案。 3. 通过客户需求和技术实现方案的设计,从中发现内在规律和潜在需求,并指导将其转化为完善的、有竞争力的技术解决方案。

续表

素质名称	定 义	级别	行为表现
技术创新能力	对企业现有的技术标准、技术规范进行改良、完善，或打破原有规则进行创新，最终实现技术进步或技术突破的能力	1级	1. 在客户要求和公司研发任务的压力下学习新技术、新方法。 2. 在深入理解公司现有技术标准、技术规范的基础上对产品的技术性能进行改良。 3. 能通过工艺检查发现工艺执行中存在的问题,研究问题产生的原因,并提供解决方案的初步建议。
		2级	1. 喜欢学习新技术,在全面了解新技术和原有技术的基础上能够提出更好的技术实现方案。 2. 能根据所收集的技术情报及信息进行技术专题研究及项目可行性研究,并草拟出技术创新项目的可行性分析报告。 3. 在技术创新及应用推广工作中担任重要角色,确保技术创新成果的质量,能就技术创新及应用过程中的难题提供解决方案。
		3级	1. 能根据公司总体战略目标制订技术创新工作的中长期规划,并能根据公司战略目标的调整及时调整技术创新工作规划。 2. 能指导撰写技术创新项目的可行性分析报告,据此编制严谨、逻辑性强的技术创新方案,并能将技术创新任务分割细化。 3. 善于总结和提炼技术创新工作的规律和经验教训,能对创新过程中遇到的关键技术问题进行攻关或提出切实可行的解决方案。
生产组织协调能力	根据工作目标的需要,与不同部门或单位的相关人员进行沟通,协调各方关系,调动各方积极性,从而推动各项生产工作顺利进行的能力	1级	1. 组织各项生产工作时考虑周全,能够根据生产任务的重要紧急程度提前分配或调动各种资源。 2. 与人沟通时能以开放、真诚的方式接收和传递信息。 3. 能协调部门内部各成员在生产工作方面的分歧及行动上的不协调,能采取有效措施和调解技巧解决团队内部发生的冲突。
		2级	1. 善于根据任务的重要紧急程度提前分配或调动各种资源,协调相关部门的关系,保证生产工作的推进。 2. 与人沟通时能够了解沟通重点,并通过书面或口头的形式,用清楚的理由和事实表达主要观点,在倾听别人的意见、观点时能够适时地给予反馈。 3. 组织各项工作时能够通过一定的方法和技巧调动参与者的积极性,善于根据工作需要策划出大家乐于参与又有利于实现组织目标的活动。
		3级	1. 能够协调企业内外部人员的关系,利用各种资源解决关系协调中遇到的障碍,保证生产工作的推进。 2. 有良好的沟通能力,社会交往面较广,善于与外界建立合作关系,并利用方方面面的资源为工作服务。 3. 能制订有效的策略性方案,预防协调过程中产生不和谐因素。

续表

素质名称	定 义	级别	行为表现
计划调度能力	通过合理安排具体的作业活动,确保计划目标顺利达成的能力	1级	1. 对达成计划所需的各种具体条件或资源有一定的认识和了解。 2. 熟悉计划的内容,并知晓计划达成的路径。 3. 能够辅助他人完成各种资源的调配,保证计划的实现。
		2级	1. 根据以前计划的完成情况及未来行业的发展前景,能够完成计划的编制工作。 2. 根据已经编制的计划,能够合理调配各项资源,保证作业顺利进行。 3. 对计划执行过程中遇到的问题有充分的认识,并能够采取有效的措施加以解决。
		3级	1. 能够组织相关人员编制主计划的辅助子计划,使其构成完整的计划体系。 2. 能够在计划执行之前对可能发生的问题有清醒的认识,并事先做好相应的应对方案。 3. 能够通过资源的合理配置最大限度地提升计划执行效率。
计划执行能力	工作中能够迅速领会上级意图,形成目标并制订出具体可行的方案,通过各类资源的合理利用和对任务优先顺序的安排,保证计划高效、顺利实施,并努力达成工作目标的能力	1级	1. 根据企业或上级的明确要求,结合本岗位的职责,能够确定自己的短期工作目标。 2. 根据具体的工作目标,可以将工作分解为若干个关键的可操作性步骤,并设立优先次序,形成任务进度时间表。
		2级	1. 能根据企业或上级要求制订本岗位的工作目标,并将其分解为可执行的操作步骤,设计优先次序后形成任务进度时间表。 2. 能够准确评估实现工作目标所需的人、财、物等资源,并做出资源配置的可行性方案。
		3级	1. 在制订工作计划时能够预先考虑到预留弹性或额外工作时间以应对意外事件。 2. 主动评估工作中可能存在的风险,随时准备应对各种障碍和问题,并提前制订应变方案,以确保工作任务总是按时、保质地完成。 3. 建立监控和反馈机制,能够整体把握计划的执行进程。
询价能力	从组织以外采购生产所需的物资、设备时,对三家以上供应商提供的报价进行比较,以确保价格具有竞争性的能力	1级	在执行采购活动时有询价和议价意识,但仅局限于目前已有的供应商,没有采取主动寻找供应商的行动,没有更多的议价空间,取得的价格竞争力一般。
		2级	在执行采购活动时不局限于目前已有的供应商,能够主动寻找供应商,获得多方的价格信息,进行对比议价后取得的价格具有较大竞争力。
		3级	1. 在执行采购活动时不局限于目前已有的供应商,能够主动寻找供应商,获得多方的价格信息,进行对比议价。 2. 必要时,能采取积极的方法影响供应商的报价,取得的报价具有很强的竞争力。

续表

素质名称	定 义	级别	行为表现
采购谈判能力	在双方或多方谈判过程中具有的说服对方、解决争端、讨价还价的能力	1级	1. 对竞争对手仅限于一般性了解。 2. 谈判前进行了一定的准备工作，但不充分。 3. 知悉谈判的重点和对手要害，但在谈判过程中无法把握，经常让对手抢占先机。 4. 能进行一般性谈判，无法胜任重大谈判。
		2级	1. 谈判前确定明确的谈判目标，对谈判过程进行充分的准备，谈判的结果基本令人满意。 2. 谈判过程中始终占有先机，经常处于主动地位。 3. 在谈判过程中表现得沉着冷静。
		3级	1. 谈判前确定明确的谈判目标，对谈判过程进行充分准备，掌握并分析所有谈判对手的各种信息，知己知彼、探查虚实、不轻信谣言。 2. 在谈判过程中密切关注对手的变化，知悉对手的心理，巧妙地运用对手的心理变化取得谈判的成功。 3. 运用谈判时的气氛和环境来影响谈判的结果，并能利用各种可以利用的资源来取得谈判的成功。
质量控制能力	通过质量意识教育、关键环节监控、技术手段调试等方法保证产品各项质量指标达到要求的能力	1级	1. 遵守质量体系和作业指导书的要求开展工作，始终关注质量指标的达成。 2. 能够就发现的质量问题及时汇报，并提出整改意见。
		2级	1. 严格遵守质量体系文件的要求，准确把握质量关键点，绝不放过任何不合格产品。 2. 用积极的态度对待质量分析大会中所发现的质量问题，协助找出解决问题的办法，保证产品质量达到要求。 3. 避免为了节省时间、成本而走捷径，强调高产出。
		3级	1. 全面领会公司的质量方针和质量目标，按照质量体系要求建立质量管理和控制规则及流程，利用完善的程序和稳定的受控状态来保证既定或更高水平的质量目标。 2. 在设定任务进度目标的同时设定质量指标，努力推进更高标准的质量并且持之以恒。 3. 能及时发现产品的质量问题，并针对具体问题找出改进产品质量的方法，进而形成文件或规程。

续表

素质名称	定 义	级别	行为表现
问题发现与解决能力	运用生产及质量管理等专业知识，及时发现原材料、在制品、产成品、生产工艺、产品设计等各方面的问题，并予以解决的能力	1级	1. 能看到产品设计或生产过程中已经产生的问题，不能发现隐藏的问题。 2. 对内外部提出的关于产品设计、生产现场管理、生产工艺、产品质量等各方面的问题能进行初步的判断和简单的处理。
		2级	1. 熟悉产品设计或生产过程中易产生问题的环节，并掌握发现问题的技巧。 2. 能通过自身对产品设计或生产管理各项知识的理解和掌握，发现表面现象中隐藏的问题。 3. 具有一定的分析问题的能力，能根据现象去探求解决问题的途径，直至找到答案。
		3级	1. 能够正确地判断各种外界的改变对产品设计、产品生产、生产工艺、生产质量所带来的影响，并能及时发现产品设计与生产过程中存在的问题。 2. 能准确预测到产品设计与生产过程中各种问题的发生，并将其消除在萌芽状态。 3. 能总结各类问题发生的规律，并具备指导他人发现问题的能力。
信息收集与处理能力	能够在完成信息收集的基础上采取分析、整理、汇总等方法对信息进行处理的能力	1级	1. 熟悉信息收集的一般方法，并能运用这些方法完成简单的信息收集工作。 2. 能够对信息进行简单的分类、整理、汇总，保证信息的有效性。
		2级	1. 能够建立各种信息收集渠道，保证信息收集工作的持续性。 2. 能够通过一定的方法、方式对获得的信息进行妥善处理。 3. 能够及时处理信息分析过程中产生的问题。
		3级	1. 能够通过自身积累的在信息收集方面的经验为企业信息管理系统的建设提供建议。 2. 通过分析已获得的信息，能够判断问题发生的内在规律并组织制订相应的预防措施。 3. 能够指导相关人员完成信息收集和简单的资料分析工作。

续表

素质名称	定 义	级别	行为表现
安全管理能力	运用已经掌握的安全与消防管理常识或相关经验做好安全事故预防与现场处理的能力	1级	1. 了解生产安全与消防管理知识,熟悉生产过程中一般性安全事件的处理程序。 2. 对企业内需要重点防范的安全隐患有清晰的认识,并重点观察。 3. 对于突发性安全事件能够及时报请相关领导处理。
		2级	1. 熟悉生产安全与消防管理知识,并能够引导他人学习、掌握安全管理知识。 2. 能够对可能引发安全隐患的部位或生产过程及时进行处理,尽量将隐患消除在萌芽状态。 3. 对于突发性安全事件能够做好及时处理,并能够配合国家有关部门做好重大事故的调查取证工作。
		3级	1. 能够指导他人做好安全与消防知识的普及与宣传工作,强化企业内部员工的安全意识。 2. 对于企业内部可能造成安全隐患的部位及时组织排查,防患于未然。 3. 能够组织制订应急性安全事故处理预案,确保发生的安全事件能够及时、有效地得到处理。
安全操作能力	能够时刻牢记生产安全操作的要领,并严格按照相关操作要求完成生产作业,避免安全事故的发生	1级	1. 对本行业、本企业的安全生产知识有一定的了解。 2. 在生产过程中,能够按照安全生产的要求,操控所负责的环节。
		2级	1. 熟悉本行业、本企业的安全生产知识。 2. 在生产过程中不仅能够严格执行安全生产的各项要求,还能对他人的不合理行为进行纠正。
		3级	1. 精通本行业、本企业的安全生产知识,并能够将自己的知识与他人共享。 2. 在生产过程中严格要求自己及他人按照安全操作标准执行,及时发现安全隐患并采取相应措施。 3. 能够对他人进行安全操作项目的培训,传授消除安全隐患的措施和技巧。

续表

素质名称	定 义	级别	行为表现
仓储管理能力	有效开展对原辅料、备品备件、产成品的管理，确保仓库的安全、整洁及物资的有效利用，以支持仓库高效管理工作的能力	1级	1. 具备仓储管理的基本知识，了解各种原辅料和备品备件的质量、特性、构成和使用价值。 2. 按照5S的要求每天对所负责的区域开展整理、清洁、安全、节约等管理工作，保证仓储工作，以配合其他部门的相关工作有序进行。
		2级	1. 熟悉仓储管理的基本知识，熟悉各种原辅料和备品备件的质量、特性、构成和使用价值。 2. 能指导有关人员对仓库内的物资进行正确分类和安全有序管理。 3. 习惯性地按照7S要求对仓库进行管理，对原材料和成品的出入库记录进行分析，能发现潜在的问题，大致判断造成问题的责任方，并能协调处理。 4. 能对仓库管理方案的合理性提出意见，并根据方案判断原辅料领用的合理性，以达到节约资源、控制生产成本的目的。
		3级	1. 掌握仓储管理的基本知识，掌握各种原辅料和备品备件的质量、特性、构成和使用价值。 2. 能指导有关人员对仓库内的物资按5S要求进行正确分类和安全有序管理。 3. 熟练运用5S对仓库进行管理，对于发现的潜在问题准确判断责任方，并能迅速处理。 4. 制订仓库管理的合理性方案，判断原辅料领用的合理性，以达到节约资源、控制生产成本的目的。
设备管理能力	进行有效的设备管理、能源耗用管理和计量管理，延长设备寿命，降低能源消耗及保证计量器具的准确性，为高效生产活动提供支持的能力	1级	1. 了解各种设备、能源及计量器具的属性、特征和使用价值。 2. 能够通过对现场设备的检查及对计量器具的检定发现设备及计量器具存在的故障问题。 3. 在进行设备购置、改造、处理或能源分析时，能收集相关信息作为判断的依据。
		2级	1. 熟悉各种设备、能源及计量器具的属性、特征和使用价值，能指导设备操作人员正确使用机器设备。 2. 对设备的运行记录进行分析，发现潜在的故障隐患，大致判断造成故障的责任方，并能协调处理设备维修工作。 3. 对维修方案的合理性提出意见，并根据检修方案判断备件领用的合理性，控制设备维修发生的备件成本。 4. 在进行设备购置、改造、处理或能源分析时能获得全面的数据和信息，并能进行简单的分析或提出简单的计划方案。
		3级	1. 从企业资源整体出发，提出设备的使用、配备及能源平衡使用的可行性建议。 2. 根据设备运行记录判断造成故障的责任方，并能协调设备使用方与设备维修方的关系。 3. 通过对设备故障或隐患的回顾与分析，找出问题产生的本质原因，并提出设备改造建议或改造方案。 4. 在设备购置、改造、处理或能源分析前，能够对所收集的信息进行汇总，并从经济、技术方面开展可行性分析研究。

续表

素质名称	定 义	级别	行为表现
专业学习能力	发展自己的专业或职业知识,与他人分享专业经验的能力与动机	1级	1. 学习本专业领域基本知识,并将这些知识有效地应用于实践。 2. 能主动地了解专业领域的最新发展情况,并思考如何运用到实际工作中。 3. 能运用专业知识与经验解决问题,帮助他人,有时会促进项目进展或改善当前局面。
		2级	1. 能主动在自己本专业范围之外应用自己的知识,能利用本专业范围外的知识提升业务。 2. 能利用自己的知识促进其他领域工作或项目的进展,以提高其他部门的效率。 3. 寻找能利用专业知识促进别人项目发展的机会。
		3级	1. 在工作范围之外寻找学习机会,以提高自己新知识的水平。 2. 能够在专业杂志上发表文章。 3. 在组织内充当着新技术、新知识的倡导者。
应变能力	当外界环境发生变化时,通过运用自身掌握的知识、技能主动采取适应性措施的能力	1级	1. 对外界发生的变化有一定的洞察能力。 2. 能够认识到自身在应对外界环境变化时所采取的不恰当措施,并有加以改进的意愿。
		2级	1. 能够认识到外界环境变化可能给企业带来的影响,并能够提供一些应对方案。 2. 对于外界的变化,能够自觉采取相应的措施,并取得一定的积极效果。
		3级	1. 能够通过对变化原因的分析,总结出可能将要发生的变化,并提供应对方案。 2. 根据经验,能够制订应对变化的一般程序,并与他人分享。 3. 能够在变化处理的过程中发现可能的市场机会,并及时提请企业做好相应的准备。
归纳思维能力	由部分结合形成整体来认识事物,以及在面对复杂的问题或现象时,发现和掌握问题关键所在或创造性地分析问题的能力	1级	1. 能够运用浅显的规律(经验法则)和普通常识确定问题所在。 2. 当所面临的情况与以前经历过的情况相同时,能够识别出共同之处,并应用以前的经验加以解决。
		2级	1. 能够利用学习到的理论知识及在处理其他问题时获得的经验对现有问题进行整体分析和处理。 2. 在面对不完全相同的现象和问题时,能认识到不同事物之间的相似之处。
		3级	1. 面对复杂的情况时,能将各种观点、问题和搜集到的数据归纳提炼出核心的观点或简洁的结论。 2. 在处理问题时,能用自己创造的概念来反映各个事物间的内在联系,并指导下属人员解决相关问题。 3. 在处理问题中能够发现别人没有发现的关键点,透过表面深入问题的本质,总结出规律。

续表

素质名称	定 义	级别	行为表现
细节关注能力	通过对生产工作各个环节中细节的掌控,最大限度地减少误差和可能出现的失误	1级	1. 能够做到细致地审查产品报表、单据,以减少不必要的失误。 2. 通过对产品工作细节的关注,对企业运营过程中可能存在的问题有一定的认识。 3. 对于如何改进工作中的细节有一定的认识和了解。
		2级	1. 能够对他人提供的生产报表、单据等存在的细节问题有一定的认知能力。 2. 能够指导他人更好地、更细致地完成生产报表的填制工作。 3. 能够通过分析生产工作中经常发生的细节问题,确定企业运营过程中存在的问题,并提出改进意见。
		3级	1. 能够通过制定制度、改进审批流程等方式,最大限度地降低细节问题发生的概率。 2. 能够比较全面地掌握改进工作细节的方法,并及时给他人以指导。 3. 能够通过对生产工作中发生的细节问题进行分析,准确预测企业可能面临的风险,并提出相应的应对策略。
决策能力	根据对形势的分析,做出恰当、合理、及时和实际的判断,并采取相应行动的能力	1级	1. 能利用较充足的信息做出常规的决策。 2. 做决策时表现出很大的随意性。
		2级	1. 面对有竞争性的方案时,能够及时地做出决定。 2. 在本职工作领域内能够客观分析形势并做出初步判断。 3. 能根据相关程序在上级及相关资源的指导下,对日常性、一般性的问题做出决定,并采取行动。
		3级	1. 能够分析较广泛领域内的复杂情况,对自己所做决策可能产生的影响有清醒的认识。 2. 能够依据已有数据、知识和经验,做出对公司有着一定程度影响的决策,并付诸实施。 3. 在复杂、模糊、风险很高的形势下,在对多个领域内的各种信息进行深度分析的基础上,做出有长期影响的战略性决策,承担预计到的风险和一切后果责任。

续表

素质名称	定义	级别	行为表现
团队领导能力	有效地带领其团队按照既定目标前进的能力	1级	1. 了解一定的任务分配知识,并能在任务执行过程中进行适当的跟踪。 2. 能够对团队成员反映的意见及时进行处理,为团队成员提供及时、有效的指导与帮助。
		2级	1. 根据团队成员的特点,能够有针对性地分配任务,并全力保证组织目标的达成。 2. 能够采取一定的激励手段,保证团队成员的工作积极性。 3. 在关注团队工作成果的同时,能够最大限度地凝聚团队的力量。
		3级	1. 对团队成员的绩效有充分的认识,并给予适当的反馈。 2. 能够通过对团队成员工作的观察与分析,查找出团队合作的不足,并采取相应的改进措施。 3. 根据团队成员的特点,能够制定相应的激励机制,保障团队绩效的持续达成。
教练能力	把知识、经验、工作方法和工作技巧有效地传授给下属,以帮助其完成工作任务并促进其业务和技能发展甚至个人职业发展的能力	1级	1. 对下属目前的优势以及成熟度有比较深入的了解,对其潜能和未来前途有客观的预测和评价。 2. 指导下属时能给予详细的指示或示范,告诉下属完成某项任务的具体步骤,并提出明确的建议。 3. 通常情况下能够针对下属的不同特点,采用不同的指导方式,使其掌握完成任务的具体方法。
		2级	1. 对下属的工作有计划地进行安排、指导、检查、反馈、调整,并提供具体的支持和帮助。 2. 在做指示或示范时愿意与下属分享成败的经验,解释采用某种做法的道理,帮助他人理解以强化培训效果。 3. 在做指示或示范时能利用提问题、测验或其他方法来判断下属是否理解,以协助其顺利完成任务。
		3级	1. 在工作中关注下属的职业兴趣,对其职业发展提出建议。 2. 对下属的工作表现及时给予客观的、有针对性的反馈意见,并帮助其认识到需要改进的地方。 3. 在下属遇到挫折时给予支持和鼓励,针对行为而非个人给予反馈,并对其未来的表现表达出正面期待或给予个别化的改进建议。 4. 鼓励下属承担有挑战性的任务,在控制风险的前提下充分授权,让其按照自己的方式完成工作。

3. 市场部

表 F3-1　市场部人员职业素养定义表

素质名称	定　义
成就导向	又称为成就欲、进取心,指个人希望更好地完成工作或达到某一绩效标准,强烈追求成就的持续性愿望。
客户导向	个人关注内外部客户不断变化的需求,竭尽全力帮助和服务客户,为客户创造价值的意愿和态度。
团队意识	个人自觉地融入团队,与同事团结合作,共同完成工作任务的意识。
工作主动性	在日常工作中不需他人指派,主动承担相应的工作。

表 F3-2　市场部人员知识素质定义表

素质名称	定　义	级别	行为表现
公司知识	包括行业知识、公司文化(发展历史、价值观等)、组织结构、基本规章制度和业务流程等	1级	了解员工手册与职位相关内容,了解公司发展历史,熟悉与本岗位有关的管理制度、流程。
		2级	了解行业状况,熟悉公司的历史、现状、未来发展方向以及相关管理制度、整体运作流程,了解公司整体战略规划以及战略步骤。
		3级	洞悉行业状况重大变化与趋势,能基于公司整体战略规划以及战略步骤对公司运作流程与制度提出系统、科学的建设方案,以支持、保证战略目标的实现
产品知识	包括产品的名称、性能与特点、主要优点、销售状况、与其他公司产品相比的优劣势、价格特点等	1级	了解公司产品的名称、主要特点,能向客户介绍与自己工作相关的几个产品的详细资料,并能回答客户对该类产品的询问。
		2级	全面掌握公司所有产品的详细资料(名称、性能与特点、主要优点、销售状况、与其他公司产品相比的优劣势、价格特点),并能解答客户对有关产品的询问。
		3级	精通公司所有产品的详细资料,并能对未来产品的规划与设计提出合理化建议。
营销知识	主要包括三大类知识,具体内容参考表F4-3	1级	了解A、B、C类知识的一般概念和内容框架以及一般原理和方法,对市场敏感性强,有营销意识,能运用营销的理念进行初级的市场开发工作或客户管理工作。
		2级	1. 掌握A、B、C中任意一两类知识的操作运用原理,对销售工作了解,并有一定的工作经验。 2. 可综合利用各种营销策划知识,进行部分项目的市场调研、客户调查与分析以及指导销售工作,编制简单的营销策划方案。
		3级	熟练掌握A、B、C三类知识的操作运用原理,精通营销策划知识,编写的营销策划方案可行且有创新,能够在实践中创造品牌效应,提升品牌价值。

续表

素质名称	定 义	级别	行为表现
公共关系知识	包括公共关系对象、公共关系行为主体、公共关系过程管理等方面	1级	1. 熟悉公共关系管理的基本原理、功能、范畴等。 2. 能够利用已经掌握的公共关系知识做好公关调研、公关宣传等工作。
		2级	1. 精通公共关系理论,并能够将其用于指导实践。 2. 能够根据领导的要求做好公关策划以及策划的执行工作。
		3级	1. 能够将公共关系理论与企业实际情况相结合,并对他人的公共关系理论进行指导。 2. 能够对突如其来的公关危机进行处理,并就其中反映出来的问题做好应急处理方案。

表 F3-3 营销知识分类详表

类别	具体内容
A 类	营销心理学、公共关系学、客户关系管理、营销渠道管理、价格管理、终端管理等。
B 类	预测与调研、营销信息管理、市场策划、品牌管理、广告学等。
C 类	推销与销售技巧、客户服务技巧等。

表 F3-4 市场部人员技能/能力分级定义表

素质名称	定 义	级别	行为表现
信息收集与处理能力	能够在完成信息收集的基础上采取分析、整理、汇总等方法对信息进行处理	1级	1. 熟悉信息收集的一般方法,并能运用这些方法完成简单的信息收集工作。 2. 能够对信息进行简单的分类、整理、汇总,保证信息的有效性。
		2级	1. 能够建立各种信息收集渠道,保证信息收集工作的持续性。 2. 能够通过一定的方法、方式对获得的信息进行妥善处理。 3. 能够及时处理信息分析过程中产生的问题。
		3级	1. 能够通过自身积累的在信息收集方面的经验为企业信息管理系统的建设提供建议。 2. 通过分析已获得的信息,能够判断问题发生的内在规律并组织制订相应的预防措施。 3. 能够指导相关人员完成信息收集和简单的资料分析工作。

续表

素质名称	定 义	级别	行为表现
市场导向能力	以市场的发展变化作为工作的行动、指南	1级	1. 市场意识淡薄,很少关注市场情况。 2. 市场洞察力差,对市场各影响要素理解不深刻。 3. 进行各项工作决策时较少考虑到市场因素。
		2级	1. 有一定的市场意识,能够经常性地关注市场动向。 2. 具备一定的市场洞察力,对影响市场的各潜在要素有一定的了解与把握。 3. 进行各项工作决策时会考虑到市场因素。
		3级	1. 有明确的市场意识,能够密切关注市场变化,持续思考应对策略。 2. 以客户需求、技术发展等市场因素作为自己工作的方向标;具备高度的市场洞察力,对影响市场的各潜在因素有深刻的了解与把握。 3. 深入了解地区经济环境、文化、价值观、客户习惯等市场条件,并据此推出新产品、服务和竞争策略,引导市场潮流,发掘更大的市场空间。
市场信息分析能力	从市场信息收集、整理到分析运用的全程处理能力	1级	1. 对市场信息的收集方式、方法有一定的了解。 2. 根据主管人员的要求,能够收集到产品销售的相关信息、数据等。 3. 能够对收集到的市场信息进行初步筛选与整合。
		2级	1. 熟悉市场信息收集的方式、方法和技巧。 2. 能够将收集到的市场信息按重要程度分类,并将其中的重要信息及时向相关领导报告。 3. 通过对市场信息的分析,能够敏锐地发现其中隐含的市场机遇和风险。
		3级	1. 能够将自己在市场信息收集方面的技巧、方法主动与他人分享。 2. 能够组织建立市场信息分析流程,保证市场信息分析的科学性与有效性。 3. 通过分析市场信息,能够准确预测出未来的市场竞争形势,并提供相应的应对策略。
市场策划实施能力	进行市场分析,制订市场策划方案,并指导方案实施的能力	1级	熟悉区域市场相关产品的客户、竞争、市场资源等状况,能进行市场初步分析,并结合区域与产品特点提出一些营销建议。
		2级	1. 熟悉区域市场所有产品的客户、竞争、市场资源、营销费用预算与使用等状况,能写出相应市场分析报告与营销策划案,包括营销目的、期望达成目标、营销手段或营销组合、费用预算、实施计划等。 2. 能基于公司战略完成市场深度分析报告,提出系统、有效的营销策划案,并指导实施。
		3级	熟悉公司所有产品的客户、竞争、市场营销资源、营销费用预算与使用等状况,能对公司的市场营销活动作战略性筹划,提出有前瞻性的市场开发方案与销售管理系统改进方案。

续表

素质名称	定 义	级别	行为表现
关系网建立能力	创立一个信息收集、分享和(或)完成工作目标有用或可能有用的关系网络的能力	1级	1. 有效参与同事间的非正式交谈,与同事建立非正式的相互往来。 2. 建立、改善与团队中其他人的关系。 3. 与他人维持积极有效的关系。
		2级	1. 建立直接联系之外的正式、非正式关系。 2. 促进本团体之外的正式或非正式的接触与联系。 3. 建立并维持联系资料库并与其中的联系人保持联系。
		3级	1. 利用关系网络将自己的工作与公司内其他部门正在进行的工作整合。 2. 与其他组织内有影响力的个人创建有效联系,建立广泛的组织内外联系网络。 3. 与其他组织成员共享经验与专业技术。
公关能力	有目的、有计划地为改善或维持某种公共关系状态而进行实践活动的能力	1级	1. 与外部人员保持工作上的友好接触,建立比较融洽的工作关系。 2. 了解工作中经常接触的客户、供应商或其他相关部门人员的基本信息。
		2级	1. 与外部人员进行工作交往之外的接触,建立朋友关系。 2. 了解工作中经常接触的客户、供应商或其他相关部门等人员的详细信息,建立并随时更新联系资料库。
		3级	1. 能够建立比较广泛的社会关系网络,并利用它促进工作的进一步开展。 2. 了解外部人员的性格、个人喜好,与之建立并维系长期融洽的合作关系。 3. 建立并维系广泛的社会关系网络,能够使工作开展得异常顺利。
商务谈判能力	谈判中有效达成共识并最大限度地争取和维护公司利益的能力	1级	能在谈判中表达主要目的,无漏项,把握谈判的原则并维护公司的利益。
		2级	能在谈判中快速识别对方的谈判风格,准确把握对方的观点,洞察其所关注的利益,适时调整策略并消除对方的疑虑。
		3级	1. 对谈判中可能遇到的问题有一定的预见性。 2. 善于表达,坚持自己的观点和利益,并具有一定的灵活性(善于运用各种谈判技巧)。 3. 在谈判中能够争取主动,替公司争取最大利益,善于挖掘双赢的解决方案、促成合作。

续表

素质名称	定义	级别	行为表现
计划能力	通过合理配置各种资源,使自己或他人按时完成任务的能力	1级	1. 根据上级的指导或要求,能够简单制订个人的工作计划。 2. 按照计划的安排,能够有条不紊地完成工作任务。
		2级	1. 能将复杂的任务分解成多个不同的步骤,制订切实可行的实施方案。 2. 在编制大型或复杂的计划时,能够事先考虑到可能出现的问题。 3. 能够指导他人编制分项工作计划,并将分项计划整合为整体方案。
		3级	1. 能够为较为复杂的工作团队编制有效的、合理的整体工作计划。 2. 具备一定的前瞻性及预见性,能够提前对重大潜在风险做出预测并提供应对方案。
归纳思维能力	由部分结合形成整体来认识事物,在面对复杂的问题或现象时,能够发现和掌握问题的关键所在或创造性地分析问题的能力	1级	1. 能够运用浅显的规律(经验法则)和普通常识确定工作问题所在。 2. 当所面临的情况与以前经历过的情况相同时,能够识别出共同之处并运用以前的经验加以解决。
		2级	1. 利用学习到的理论知识以及在处理其他问题时取得的经验,对现有信息和资料进行分析和整合,找到市场策划活动的思路。 2. 当面对不完全相同的现象和问题时,可以认识到不同情况之间的相似之处。
		3级	1. 在工作推广中能够用自己创造的概念或理论来进行现状描述和方案策划。 2. 在推广策划工作中能够发现别人没有发现的关键点,透过表面现象深入问题的本质,总结出规律。 3. 面对复杂的情况时,能将获得的各种观点、疑问和收集到的数据进行归纳,提炼出一些有意义的核心观点或简要结论。

续表

素质名称	定义	级别	行为表现
沟通能力	正确倾听他人意见，理解其感受、需要和观点，并做出适当反应的能力	1级	1. 谈话中不善于抓住谈话的中心议题。 2. 表达自己的思想和观点不够简洁、清晰。 3. 在沟通过程中以自我为中心，缺乏对他人应有的尊重。 4. 在沟通过程中能够基本理解、使用日常专业和非专业词汇。
		2级	1. 能以开放、真诚的方式接收和传递信息。 2. 了解交流的重点，并通过书面或口头的形式，用清楚的理由、事实表达主要观点。 3. 尊重他人，能在倾听别人的意见、观点的同时适时地给予反馈。 4. 在沟通过程中能够理解、使用日常专业和非专业词汇。
		3级	1. 沟通时语言清晰、简洁、客观，且切中要害。 2. 能够针对不同听众调整适当的语言和表达方式，以取得一致性结论。 3. 能拓展并保持广泛的人际网络。 4. 能够熟练掌握专业和非专业词汇，阅读、理解相关外文资讯。
协调能力	通过沟通与组织内外部人员达成某种共识的能力	1级	1. 对于组织内外部人员在行动和思想上的不一致有清醒的认识。 2. 对于组织内外部人员可能产生的不和谐因素有一定的了解。
		2级	1. 对于组织内外部产生的不和谐行为有一定的调节能力，尽量将矛盾消灭在萌芽状态。 2. 在处理组织内外部矛盾过程中能够获得大多数人的拥护与支持。
		3级	1. 能够平衡组织内外部的各种关系，确保组织既定目标的达成。 2. 能够将自己在协调内部关系过程中的技巧、经验与他人共享。 3. 能够通过协调组织内外部关系，发现组织内隐藏的问题或矛盾，并提出相应的解决方法或应对策略。

续表

素质名称	定义	级别	行为表现
应变能力	当外界环境发生变化时,通过运用自身掌握的知识、技能主动采取适应性措施的能力	1级	1. 对外界发生的变化有一定的洞察能力。 2. 能够认识到自身在应对外界变化时所采取的不恰当措施,并有加以改进的意愿。
		2级	1. 能够认识到外界环境变化可能给企业带来的影响,并能够提供一些应对方案。 2. 对于外界的变化,能够自觉地采取相应的措施,并取得一定的积极效果。
		3级	1. 能够通过对变化原因的分析,总结出可能将要发生的变化,并提供应对方案。 2. 根据经验,能够制订应对变化的一般程序,并与他人分享。 3. 能够在变化处理的过程中发现可能的市场机会,并及时提请企业做好相应的准备。
创新能力	不受成规和以往经验的束缚,不断改进工作和学习方法,以适应新观念、新形势发展的要求的能力	1级	因循守旧,对新事物持敌视态度;对于上级布置的各项工作教条、死板地执行;遇到各种问题习惯用经验来解决,反对创新。
		2级	1. 对新事物具有良好的接受性。 2. 解决问题时愿意尝试新的方法。 3. 对于上级布置的各项工作,会从自己的角度出发,灵活变通地完成;不反对创新。
		3级	1. 能够作为公司创新精神的倡导者。 2. 创造性地落实上级布置的各项工作。 3. 鼓励下属多角度思考,提出各种解决问题的思路;做出的决策稳健而不保守,敢于创新但不冒失。
市场判断能力	理性、客观、无偏见地采取行动或决策的能力	1级	1. 考虑到必要的事实、信息以决定公司的政策和纲领。 2. 进行理性的直接判断,估计客观形势。 3. 在具体行动前系统地比较多种信息资源,从正反两个方面考虑风险及影响因素。
		2级	1. 考虑多种不同的备选方案,避免任何个人偏见,认真评估风险。 2. 考虑不同的意见,不带偏见。 3. 在多方利益发生冲突时,仍保持客观、冷静的态度。
		3级	1. 客观地判断那些对组织有长期影响的因素,并考虑到所有信息、估价风险和所有未来的有关事宜。 2. 选择最优长期方案时会参考大量的数据和影响因素。 3. 对于战略性问题,能从尽可能多的角度去思考。

续表

素质名称	定 义	级别	行为表现
决策能力	根据对形势的分析，做出恰当、合理、及时和实际的判断，并采取相应行动的能力	1级	1. 能够通过收集信息，把握要解决问题的性质和决策目标。 2. 能够借助较充足的信息支持，对常规问题做出决策。 3. 在分析备选方案时能够听取不同意见，了解各个方案的优劣。 4. 对非常规问题的决策，需要借助上级的指导才能做出。
决策能力	根据对形势的分析，做出恰当、合理、及时和实际的判断，并采取相应行动的能力	2级	1. 根据工作经验，能够对要解决问题的性质和决策目标进行准确定位。 2. 对于常规问题的决策，能够及时、不拖延地给出可行的决策方案。 3. 掌握决策备选方案分析技巧，能够对各种备选方案的优势和不足进行迅速、准确的判断。 4. 对于非常规问题，能够借助信息和分析工具给出可行、有效的解决方案。
决策能力	根据对形势的分析，做出恰当、合理、及时和实际的判断，并采取相应行动的能力	3级	1. 能够透过纷繁复杂的表面现象，对存在问题的性质进行合理判断，在此基础上迅速确定决策目标。 2. 对于常规性决策，根据工作经验和工作技巧，能够果断、及时地做出合理有效的决策。 3. 在做出非常规决策时，对自己所做决策可能产生的影响有清醒的认识，并能借助信息和分析工具在各类备选方案中选择最有效的方案。 4. 在复杂、模糊、风险很高的形势下，在对多个领域内的各信息进行深度分析的基础上做出有长期影响的战略性决策，承担预计到的风险和一切后果。
团队领导能力	有效地带领其团队按照既定目标前进的能力	1级	1. 了解一定的任务分配知识，并能在任务执行过程中进行适当的跟踪。 2. 能够对团队成员反映的意见及时进行处理，为团队成员提供及时、有效的指导与帮助。
团队领导能力	有效地带领其团队按照既定目标前进的能力	2级	1. 根据团队成员的特点能够有针对性地分配任务，并全力保证组织目标的达成。 2. 能够采取一定的激励手段，保证团队成员的工作积极性。 3. 在关注团队工作成果的同时，能够最大限度地凝聚团队的力量。
团队领导能力	有效地带领其团队按照既定目标前进的能力	3级	1. 对团队成员的绩效有充分的认识，并给予适当的反馈。 2. 能够通过对团队成员工作的观察与分析，查找出团队合作的不足，并采取相应的改进措施。 3. 根据团队成员的特点，能够制定相应的激励机制，保障团队绩效的持续达成。

续表

素质名称	定义	级别	行为表现
他人培养能力	通过恰当的需求分析,能将知识、经验、工作方法和技巧有效地传授给他人,以帮助其完成工作任务并促进其发展的能力	1级	对员工给予具体的指导、建议以及工作示范,为其提供必要的工具、信息等支持,帮助员工提高工作技能、促进个人职业发展。
		2级	1. 能识别员工的优劣势与发展需要,提供及时的反馈与强化。 2. 在员工遇到挫折之后给予其鼓励,帮助员工重新树立自信心。
		3级	1. 根据组织发展需要,安排并开发恰当的正规培训,促进员工个人学习与发展。 2. 在工作中有意识地帮助他人,为他人创造学习机会,并随时对他人进行鼓励,激励其保持良好的学习愿望。

4. 质检部

表 F4-1　质检部人员职业素养定义表

素质名称	定义
成就欲	又称为进取心,指个人希望更好地完成工作或达到某一绩效标准,强烈追求成功的持续性愿望。
坚忍性	也可称为耐受力、承压能力、自我控制能力和意志力等,指人们在巨大的压力环境下克服外部和自身的困难,坚持完成指定任务的倾向。
自信心	一种对自己的观点、决定、完成任务的能力、有效解决问题的能力的自我信仰
诚信意识	以诚实和善良的心态行使权利、履行义务。
忠诚度	对工作、团队、组织的信任及在关键事件上以公司利益为重的意识。
成本意识	注重投入产出,节约公司资源的意识。
廉洁自律性	不利用职务便利为自己或他人直接或间接牟取私利的态度。
创新意识	个人在工作中不断提出新观念、创造新方法的意识。
团队意识	个人自觉地融入团队,与同事团结合作,共同完成工作任务的意识。

表 F4-2　质检部人员知识分级定义表

素质名称	定义	级别	行为表现
公司知识	包括行业知识、公司文化(发展历史、价值观等)、组织结构、基本规章制度和业务流程等	1级	了解员工手册与职位相关内容,了解公司发展历史,熟悉与本岗位有关的管理制度、流程。
		2级	了解行业状况,熟悉公司的历史、现状、未来发展方向以及相关管理制度、整体运作流程,了解公司整体战略规划以及战略步骤。
		3级	洞悉行业状况重大变化与趋势,能基于公司整体战略规划以及战略步骤对公司运作流程与制度提出系统、科学的建设方案,以支持、保证战略目标的实现。

续表

素质名称	定 义	级别	行为表现
产品知识	包括产品的名称、性能与特点、目标客户、物理特性等	1级	了解公司产品的名称、主要特点、物理特性及主要目标客户。
		2级	全面掌握公司所有产品的详细资料(名称、性能与特点、主要优点、物理特性、目标客户),并能够通过对检验数据的分析,为产品设计部门或产品生产部门提供建设性意见。
		3级	精通公司所有产品的详细资料,并能对未来产品的规划与设计提出合理化建议。
质量知识	包括质量管理基础、供应商与客户关系管理、概率论与数理统计、质量体系管理、质量检验、计量管理、质量信息管理等	1级	1. 了解质量管理基础知识及质量检验、计量管理等专业知识,掌握本公司质量标准与检验规范。 2. 具备日常检验工作所需的技能或技巧。
		2级	1. 全面掌握质量管理所需的各种知识,熟悉国际质量管理体系相关知识。 2. 具备做好公司质量体系内审及供应商评审等方面工作的能力。
		3级	1. 精通质量管理各方面知识,并能够将自己的心得、体会应用于质量管理的实践。 2. 熟悉国内外最新质量管理理论,并能够领导团队成员做好质量体系审核及质量检验工作。
客户知识	包括目标客户群体的基本情况、性格偏好、质量偏好等	1级	了解目标客户群体的基本情况。
		2级	1. 熟悉目标客户群体的基本情况及性格偏好、质量偏好等。 2. 通过对客户知识的了解,能够主动对质量检验工作做出合理的改变。
		3级	1. 对目标客户群体的基本情况及性格偏好、质量偏好等有比较深入的研究,并能够用于日常指导他人的工作。 2. 通过对客户知识的了解,为未来产品质量标准或质量检验规范的制定提供参考性意见。

表 F4-3　质检部人员技能/能力分级定义表

素质名称	定　义	级别	行为表现
产品质量管理能力	能够通过自身掌握的质量管理知识对产品生产全过程实施有效的质量监控,确保产品品质	1级	1. 对本企业应当遵守的质量标准以及 ISO 质量体系有比较清楚的认识,能够在工作中得以贯彻。 2. 能够按照质量标准的要求填制和签发各种质量报表、文件等。 3. 对企业面临的质量问题有一些模糊的认识。
		2级	1. 能够指导他人按照质量标准的要求开展工作。 2. 能够对质量检验、质量控制等活动进行方向上的指导,以确保产品的质量。 3. 能够对一般性的质量记录、质量报表进行分析,并得出有价值的结论。 4. 对企业面临的质量问题有清晰的认识,并能够提出一些有针对性的解决方案。
		3级	1. 不仅精通现行的质量标准,而且对未来质量标准有可能发生的变化有清晰的认识。 2. 能够指导相关人员对质量信息与相关记录进行分析,并根据分析结论提出独立的见解。 3. 能够通过对已经发生的质量问题的分析,准确判断出问题产生的根源,并提出一些预防性措施。
质量问题处理能力	能够运用自身掌握的质量管理知识解决从原材料到产成品全过程出现的各类质量异常问题的能力	1级	1. 熟悉本行业或本企业的质量标准体系,并能够用于指导质量检验工作。 2. 熟悉各类质量检验工具、器皿的使用和操作规程。 3. 对于内外部提出的质量问题或质量纠纷能够进行初步判断和处理。 4. 能看懂各类质量报表,并能对报表中数据的含义有所了解。
		2级	1. 精通本行业或本企业遵守的质量管理体系,并且对完成质量体系审核所需的各类报表有一定的了解。 2. 能够独立处理质量检验过程中发现的各类问题。 3. 能够通过质量报表,了解企业目前质量管理水平的现状。
		3级	1. 能够指导他人完成质量管理体系审核所需的各类文件、资料。 2. 通过分析质量检验过程中发现的问题,能够找出企业在质量管理过程中存在的漏洞,并提出相应的解决方案。 3. 能够通过相关人员提供的质量报表,分析出企业在质量控制方面将来可能遇到的问题,并提请相关人员做好预防准备。

续表

素质名称	定义	级别	行为表现
服务质量管理能力	通过自身的管理活动或服务行为达到规定的要求或客户需求的能力和程度	1级	1. 了解本行业的相关服务标准及服务质量认证体系。 2. 通过采用有效的观察和询问等方式获得真实、有效的服务质量信息。 3. 对于服务过程中出现的质量问题进行纠正。
		2级	1. 熟悉本行业的相关服务标准及服务质量认证体系。 2. 熟练掌握服务技巧及服务要求,能够对隐藏和初露端倪的不规范服务行为进行指导和纠正。 3. 根据服务质量体系运行报告,能够总结出产生质量体系执行偏差的根本原因,从管理的角度提出对公司质量管理的改进建议。
		3级	1. 精通本行业相关服务标准及ISO系列质量认证体系,能指导他人进行服务质量体系审核。 2. 通过制定合理的服务质量管理制度以达到规范服务行为、预防服务质量事故的目的。 3. 通过对服务质量问题和质量纠纷的回顾与分析,制订和更新预防措施。
问题发现能力	通过自身掌握的质量管理知识判断生产(服务)过程或检验过程中存在的质量问题,并提出解决方案的能力	1级	1. 只能看到已经产生的问题,不能发现隐藏的问题。 2. 不具备分析问题的能力和解决问题的能力。
		2级	1. 了解质量问题易产生的环节,并掌握一定的质量问题发现技巧。 2. 能够通过自身对质量管理知识的理解和掌握,发现隐藏在表面现象当中的问题。 3. 具有一定的质量问题分析能力,能根据现象去探求解决问题的途径,直到找到答案。
		3级	1. 能够自如地应对生产或服务的变化所引起的质量问题的变化,并及时发现质量问题。 2. 能够准确预测到质量问题的发生,并将其消灭在萌芽状态。 3. 能够总结质量问题发生的规律,并具备指导他人发现质量问题的能力。
信息收集与处理能力	能够在完成信息收集的基础上采取分析、整理、汇总等方法对信息进行处理	1级	1. 熟悉信息收集的一般方法,并能运用这些方法完成简单的信息收集工作。 2. 能够对信息进行简单的分类、整理、汇总,保证信息的有效性。
		2级	1. 能够建立各种信息收集渠道,保证信息收集工作的持续性。 2. 能够通过一定的方法、方式对获得的信息进行妥善处理。 3. 能够及时处理信息分析过程中产生的问题。
		3级	1. 能够通过自身积累的在信息收集方面的经验为企业信息管理系统的建设提供建议。 2. 通过分析已获得的信息,能够判断问题发生的内在规律并组织制订相应的预防措施。 3. 能够指导相关人员完成信息收集和简单的资料分析工作。

续表

素质名称	定 义	级别	行为表现
计划调度能力	合理安排检验计划并通过对检验设备、人员、仪器的有效调配,及时、准确地完成质量检验任务的能力	1级	1. 了解本公司质量检验人员、设备的基本状况。 2. 了解质量检验各个环节的活动,为质量检验计划的制订提供支持。 3. 根据检验工作的开展情况,能够对检验设备、人员等资源的调整提供建议。
		2级	1. 熟悉本公司质量检验人员、设备的基本状况,并能够对人员调配情况提出建议。 2. 根据质量检验活动所提供的各个环节的质量信息,能够制订质量检验计划。 3. 能够对质量检验活动的开展情况进行监控,掌握质量检验数据,能够对完成检验计划过程中遇到的问题、困难进行内外协调与沟通。
		3级	1. 掌握本公司质量检验人员、设备的基本状况,并根据实际情况调配人员、检测设备和仪器等资源。 2. 根据质量检验的进展情况,能够及时调整各种检验资源。 3. 能协调资源的总体配置,有效促进质量检验系统的运作效率和与外部的有效互动,推动质量检验计划顺利完成。
创新能力	不受成规和以往经验的束缚,不断改进工作和学习方法,以适应新观念、新形势的要求的能力	1级	因循守旧,对新事物持敌视态度;对于上级布置的各项工作教条、死板地执行;遇到各种问题习惯用经验来解决,反对创新。
		2级	1. 对新事物具有良好的接受性。 2. 解决问题时愿意尝试新的方法。 3. 对于上级布置的各项工作,会从自己的角度出发,灵活变通地完成;不反对创新。
		3级	1. 能够作为公司创新精神的倡导者。 2. 能够创造性地落实上级布置的各项工作。 3. 鼓励下属多角度思考,提出各种解决问题的思路;做出的决策稳健而不保守,敢于创新但不冒失。
项目质量管理能力	根据掌握的项目质量管理知识,做好项目质量策划及质量监控工作,保证项目质量的能力	1级	1. 了解项目质量管理相关知识。 2. 不能很好地协调项目团队成员之间的关系。
		2级	1. 熟悉项目质量管理相关知识,能够合理有效地运用项目质量管理工具、技巧。 2. 根据项目质量管理的现状,能够提出可供参考的项目质量策划。 3. 能够领导项目质量管理团队做好质量监控工作,并较好地协调处理好内部成员之间的关系。
		3级	1. 精通项目质量管理相关知识,并能够指导他人做好项目质量管理工作。 2. 根据对项目质量管理现状的分析,能够做好项目质量的策划工作。 3. 能够组建项目质量管理团队,并对项目质量管理过程中遇到的问题进行及时解决。

续表

素质名称	定 义	级别	行为表现
应变能力	当外界环境发生变化时,通过运用自身掌握的知识、技能主动采取适应性措施的能力	1级	1. 对外界发生的变化有一定的洞察能力。 2. 能够认识到自身在应对外界变化时所采取的不恰当措施,并有加以改进的意愿。
		2级	1. 能够认识到外界环境变化可能给企业带来的影响,并能够提供一些应对方案。 2. 对于外界的变化,能够自觉地采取相应的措施,并取得一定的积极效果。
		3级	1. 能够通过变化原因的分析,总结出可能将要发生的变化,并提供应对方案。 2. 根据经验,能够制订应对变化的一般程序,并与他人分享。 3. 能够在变化处理的过程中发现可能的市场机会,并及时提请企业做好相应的准备。
专业学习能力	发展自己的专业或职业知识,与他人分享专业经验的能力与动机	1级	1. 学习本专业领域基本知识,并将这些知识有效地应用于实践。 2. 积极主动地了解专业领域的最新发展情况,并思考如何运用到实际工作中。 3. 能运用专业知识与经验解决问题,帮助他人,有时会促进项目进展或改善当前局面。
		2级	1. 能主动在自己本专业范围之外应用自己的知识,能利用本专业范围外的知识提升业务。 2. 能利用自己的知识促进其他领域工作或项目的进展,以提高其他部门的效率。 3. 寻找能利用专业知识促进别人项目发展的机会。
		3级	1. 在工作范围之外寻找学习机会,以提高自己新知识的水平。 2. 能够在专业杂志上发表文章。 3. 在组织内充当着新技术、新知识的倡导者。
逻辑分析能力	根据已经掌握的各种信息,运用归纳、演绎等推理方法得出一定结论的能力	1级	1. 能够借助现有手段,获取各种有效信息。 2. 能够按照一定的方式、方法,将收集的信息进行汇总、分类。
		2级	1. 能够建立稳固的信息收集渠道,确保信息获得的持续性。 2. 能够运用各种信息分析方法,对获得的信息进行处理,保证信息的有效性。 3. 根据已经掌握的信息,能够得出有价值的结论。
		3级	1. 建立起能够长期运作的客户信息收集系统,并指导下属人员进行适时维护。 2. 通过分析已掌握的信息,能够对事物或事件的发展方向做出准确预测。 3. 能够通过与他人的沟通、交流,提升相关人员的归纳、演绎等推理能力。

续表

素质名称	定 义	级别	行为表现
细节关注能力	关注质量和细节,深入了解公司产品技术方面的关键细节,确保产品高质量的能力	1级	1. 一般情况下对细节质量关注较少。 2. 对于质量检测过程中反映出来的问题很少关注。
		2级	1. 工作作风务实,关注质量检测中的每一个细节。 2. 对于质量检测过程中反映出来的问题关注较多,并及时采取有效措施避免问题再次出现。
		3级	1. 能带动下属学习和掌握各种可以提升和改进细节的方法,并在工作中实施,力求尽善尽美。 2. 通过对质量检测过程中反映出来的问题进行分析,能够提出相应的应对策略。
他人培养能力	通过恰当的需求分析,能将知识、经验、工作方法和技巧有效地传授给他人,以帮助其完成工作任务并促进其发展的能力	1级	对员工给予具体的指导、建议以及工作示范,为其提供必要的工具、信息等支持,帮助员工提高工作技能、促进个人职业发展。
		2级	1. 能识别员工的优劣势与发展需要,提供及时的反馈与强化。 2. 在员工遇到挫折之后给予其鼓励,帮助员工重新树立自信心。
		3级	1. 根据组织发展需要,安排并开发恰当的正规培训,促进员工个人学习与发展。 2. 在工作中有意识地帮助他人,为他人制造学习机会,并随时对他人进行鼓励,激励其保持良好的学习愿望。
团队领导能力	有效地带领其团队按照既定目标前进的能力	1级	1. 了解一定的任务分配知识,并能在任务执行过程中进行适当的跟踪。 2. 能够对团队成员反映的意见及时进行处理,为团队成员提供及时、有效的指导与帮助。
		2级	1. 根据团队成员的特点,能够有针对性地分配任务,并全力保证组织目标的达成。 2. 能够采取一定的激励手段,保证团队成员的工作积极性。 3. 在关注团队工作成果的同时,能够最大限度地凝聚团队的力量。
		3级	1. 对团队成员的绩效有充分的认识,并给予适当的反馈。 2. 能够通过对团队成员工作的观察与分析,查找出团队合作的不足,并采取相应的改进措施。 3. 根据团队成员的特点,能够制定相应的激励机制,保障团队绩效的持续达成。

续表

素质名称	定 义	级别	行为表现
协调能力	通过沟通与组织内外部人员达成某种共识的能力	1级	1. 对组织内外部人员在行动和思想上的不一致有清醒的认识。 2. 对组织内外部人员可能产生的不和谐因素有一定的了解。
		2级	1. 对于组织内外部产生的不和谐行为有一定的调节能力,尽量将矛盾消灭在萌芽状态。 2. 在处理组织内外部矛盾过程中能够获得大多数人的拥护与支持。
		3级	1. 能够平衡组织内外部的各种关系,确保组织既定目标的达成。 2. 能够将自己在协调内部关系过程中的技巧、经验与他人共享。 3. 能够通过协调组织内外部关系,发现组织内隐藏的问题或矛盾,并提出相应的解决方法或应对策略。
人际交往能力	对人际交往保持高度的兴趣,能够通过主动、热情的态度以及诚恳、正直的品质赢得他人的尊重和信赖,从而营造良好的人际交往氛围	1级	待人不够真诚,无法获得大部分人的信赖,为人处世不懂得变通,适应能力较差。
		2级	1. 能给人一种真诚的印象,能获得周围人的支持与信赖,在工作中能考虑他人的感受。 2. 具备良好的沟通交流能力,能够恰当地表达和倾听,对不同情境和不同交往对象能够灵活使用多种人际交往技巧和方式,采取不同的应对策略。
		3级	待人友好、真诚,能获得周围人的信赖,在工作中人们都愿意与其交往并保持良好的关系。
下属激励能力	通过给予下属正向激励,使其得到发展和提高的能力	1级	1. 与下属沟通不足,对下属的指导、建议较少。 2. 对下属的需求了解不够,很少为下属提供发展指导。
		2级	1. 能与下属就其工作表现进行及时的沟通与反馈,并给予适当引导。 2. 当下属遇到问题时能提供帮助,与其共同解决问题。
		3级	1. 对下属的工作能及时地提供正确的反馈与指导。 2. 对下属的能力与技能水平有准确的判断,能根据下属的不同特点为其制订职业生涯发展规划,并为下属提供自我学习的机会、工具、辅导以及各种资源。

续表

素质名称	定义	级别	行为表现
自控能力	面对他人的反对、敌意、挑衅时以及在压力环境下,能够保持冷静、控制负面情绪和消极行为,继续完成工作任务的能力	1级	1. 有能力抵制可能的诱惑,不会出现不恰当和冲动的行为。 2. 在感觉到强烈的感情(例如,发怒、极其沮丧或高度压力)时,能抑制其表现出来。
		2级	1. 当感觉到强烈情绪时,不仅能抑制其表现出来,而且能继续平静地进行谈话或开展工作。 2. 能够长时间地抑制感情或抵抗压力,在持续的压力状况下以一贯的正常状态推进工作。
		3级	1. 当感觉到强烈的感情或其他压力时,不仅能够抑制,而且能够以建设性的方法回应压力和不良情绪,冷静分析问题的来源,并能对此进行总结,避免今后出现类似情况。 2. 在群体人员都受到强烈冲击时,不仅能够控制自己的情绪,而且能够鼓励别人冷静下来,保持良好心态。

5. 销售部

表 F5-1　销售部人员职业素养定义表

素质名称	定　义
成就欲	又称为进取心,指个人希望更好地完成工作或达到某一绩效标准,强烈追求成就的持续性愿望。
客户服务意识	个人关注内外部客户不断变化的需求,竭尽全力帮助和服务客户,为客户创造价值的意愿和态度。
坚忍性	也可称为耐受力、承压能力、自我控制能力和意志力等,指人们在巨大的压力环境下克服外部和自身的困难,坚持完成指定任务的倾向。
自信心	一种对自己的观点、决定、完成任务的能力、有效解决问题的能力的自我信仰
诚信意识	以诚实和善良的心态行使权利、履行义务。
忠诚度	对工作、团队、组织的信任及在关键事件上以公司利益为重的意识。
成本意识	注重投入产出,节约公司资源的意识。
廉洁自律性	不利用职务便利为自己或他人直接或间接牟取私利的态度。
创新意识	个人在工作中不断提出新观念、创造新方法的意识。
团队意识	个人自觉地融入团队,与同事团结合作,共同完成工作任务的意识。

表 F5-2　销售部人员知识分级定义表

素质名称	定　义	级别	行为表现
公司知识	包括行业知识、公司文化（发展历史、价值观等）、组织结构、基本规章制度和业务流程等	1级	了解员工手册与职位相关内容，了解公司发展历史，熟悉与本岗位有关的管理制度、流程。
		2级	了解行业状况，熟悉公司的历史、现状、未来发展方向以及相关管理制度、整体运作流程，了解公司整体战略规划以及战略步骤。
		3级	洞悉行业状况重大变化与趋势，能基于公司整体战略规划以及战略步骤对公司运作流程与制度提出系统、科学的建设方案，以支持、保证战略目标的实现。
产品知识	包括产品的名称、性能与特点、主要优点、销售状况、与其他公司产品相比的优劣势、价格特点等	1级	了解公司产品的名称、主要特点，能向客户介绍与自己工作相关的几个产品的详细资料，并能回答客户对该类产品的询问。
		2级	全面掌握公司所有产品的详细资料（名称、性能与特点、主要优点、销售状况、与其他公司产品相比的优劣势、价格特点），并能解答客户对有关产品的询问。
		3级	精通公司所有产品的详细资料，能对未来产品的规划与设计提出合理化建议。
营销知识	主要包括三大类知识，具体内容请参考表 F5-3	1级	了解 A、B、C 类知识的一般概念和内容框架以及一般原理和方法，对市场敏感性强，有营销意识，能运用营销的理念进行初级市场开发或客户管理工作。
		2级	1. 掌握 A、B、C 中任意两类知识的操作运用原理，了解销售工作并有一定的工作经验。 2. 可综合利用各种营销策划知识进行部分项目的市场调研、客户调查、分析以及指导销售工作，编制简单的营销策划方案。
		3级	熟练掌握三类知识的操作运用原理，精通营销策划知识，营销策划方案可行且有创新，能在实践中创造品牌效应、发挥品牌价值。
客户信息	包括客户的注册信息、内部管理信息及外部评价等相关信息	1级	1. 能掌握客户的地址、规模、注册资本、经营方式、组织架构、经营目标等基本信息。 2. 了解客户主要负责人的姓名、联系方式、家庭住址等个人基本资料，快速把握其个人喜好、工作风格和性格特点。
		2级	1. 了解客户所在行业的特点和发展趋势，了解其关键工作流程和赢利模式。 2. 了解客户的诚信度（如还贷情况等）及其对竞争对手的评价。 3. 对客户的业务和面对的问题有清楚而全面的了解。
		3级	1. 通过深入了解客户本身的业务，提出有建设性、有价值的建议，并能积极地影响客户行为。 2. 能准确地把握客户内部的权力关系结构，尤其是对业务有决策权的岗位和个人。

表 F5-3　营销知识分类详表

类别	具体内容
A 类	营销心理学、公共关系学、客户关系管理、营销渠道管理、价格管理、终端管理等。
B 类	预测与调研、营销信息管理、市场策划、品牌管理、广告学等。
C 类	推销与销售技巧、客户服务技巧等。

表 F5-4　销售部人员技能/能力分级定义表

素质名称	定义	级别	行为表现
人际交往能力	对人际交往保持高度的兴趣，能够通过主动、热情的态度以及诚恳、正直的品质赢得他人的尊重和信赖，从而营造良好的人际交往氛围	1 级	待人不够真诚，无法获得大部分人的信赖，为人处世不懂得变通，适应能力较差
		2 级	1. 能给人一种真诚的印象，能获得周围人的支持与信赖，在工作中能考虑他人的感受。 2. 具备良好的沟通交流能力，能够恰当地表达和倾听，对不同情境和不同交往对象能够灵活使用多种人际交往技巧和方式，采取不同的应对策略。
		3 级	待人友好、真诚，能获得周围人的信赖，在工作中人们都愿意与其交往并保持良好的关系。
沟通能力	正确倾听他人意见，理解其感受、需要和观点，并做出适当反应的能力	1 级	1. 谈话中不善于抓住谈话的中心议题。 2. 表达自己的思想和观点不够简洁、清晰。 3. 在沟通过程中以自我为中心，缺乏对他人应有的尊重。 4. 在沟通过程中能够基本理解、使用日常专业和非专业词汇。
		2 级	1. 能以开放、真诚的方式接收和传递信息。 2. 了解交流的重点，并通过书面或口头的形式，用清楚的理由、事实表达主要观点。 3. 尊重他人，能在倾听别人的意见、观点的同时适时地给予反馈。 4. 在沟通过程中能够理解、使用日常专业和非专业词汇。
		3 级	1. 沟通时语言清晰、简洁、客观，且切中要害。 2. 能够针对不同听众调整适当的语言和表达方式，以取得一致性结论。 3. 能拓展并保持广泛的人际网络。 4. 熟练掌握专业和非专业词汇，能够阅读、理解相关外文资讯。

续表

素质名称	定 义	级别	行为表现
市场拓展能力	为达成一定的市场拓展目的而需具备沟通、组织等方面的技能和知识	1级	1. 对市场拓展的相关知识、技能、渠道等有所了解。 2. 能够通过自己对市场的接触有效收集各类市场信息。 3. 能够在他人的指导和帮助下完成部分市场开拓任务。
		2级	1. 根据自己掌握的市场拓展知识、技能，能够独立完成市场拓展工作。 2. 通过分析市场拓展过程中收集的信息，能够判断出市场拓展工作可能会遇到的问题。 3. 能够与客户、经销商等建立比较稳固的关系，确保合作关系的长久。
		3级	1. 能够结合自身经验，指导他人完成一部分市场拓展工作。 2. 通过分析自身或他人收集的市场信息，能够预测企业可能面临的经营风险，并提出相应的应对方案。 3. 面对突如其来的市场变故，能够指导他人采取及时、有效的措施应对，以减少企业的损失。
商务谈判能力	谈判中有效达成共识并最大限度地争取和维护公司利益的能力	1级	能在谈判中表达主要目的，无漏项，把握谈判的原则并维护公司的利益。
		2级	能在谈判中快速识别对方的谈判风格，准确把握对方的观点，洞察其所关注的利益，适时调整策略并消除对方的疑虑。
		3级	1. 对谈判中可能遇到的问题有一定的预见性。 2. 善于表达，坚持自己的观点和利益，并具有一定的灵活性（善于运用各种谈判技巧）。 3. 在谈判中能够争取主动，替公司争取最大利益，善于挖掘双赢的解决方案、促成合作。
市场判断能力	理性、客观、无偏见地采取行动或决策的能力	1级	1. 考虑到必要的事实、信息以决定公司的政策和纲领。 2. 进行理性的直接判断，估计客观形势。 3. 在具体行动前系统地比较多种信息资源，从正反两个方面考虑风险及影响因素。
		2级	1. 考虑多种不同的备选方案，避免任何个人偏见，认真评估风险。 2. 考虑不同的意见，不带偏见。 3. 在多方利益发生冲突时，仍保持客观、冷静的态度。
		3级	1. 客观地判断那些对组织有长期影响的因素，并考虑到所有信息、估价风险和所有未来的有关事宜。 2. 选择最优长期方案时会参考大量的数据和影响因素。 3. 对于战略性问题，能从尽可能多的角度去思考。

续表

素质名称	定义	级别	行为表现
客户关系建立与维护能力	有效地与公司内部同事和外部业务伙伴及客户建立良好的工作关系，并运用各方资源完成工作的能力	1级	1. 能维持与同事、业务伙伴及客户的融洽关系，给对方留下较好的印象，建立比较正常的工作、业务关系。 2. 能够有效地整合各方资源完成工作任务。
		2级	1. 在业务往来中，能敏锐地把握应该建立关系的人员，并针对不同的人员采取不同的关系建立渠道，与其建立并维持信任的关系。 2. 在发生冲突时，能够迅速识别冲突发生的原因及冲突的整体关系，并能采取积极的措施快速解决冲突和降低冲突的影响。 3. 能够在主管领导的指导下利用各方资源有效地解决合作中的问题，必要时能说服合作方认同己方观点。
		3级	1. 能在短时间内与不同类型的人建立亲近关系，得到对方认可并建立长期稳固的合作关系。 2. 能够独立解决重大冲突及疑难问题，对公司做出重大贡献(费用节省、项目推进)。
营销策划执行能力	进行市场分析，制订市场策划方案并指导方案有效实施的能力	1级	了解辖区内相关产品的客户、竞争、市场资源、营销费用预算与使用等状况，根据公司/辖区内当期市场营销活动方案和详细实施计划的安排，能组织协调渠道伙伴参与、配合营销策划案。
		2级	熟悉辖区内所有产品或公司某几条产品线的客户、竞争、市场资源、营销费用预算与使用等状况，能写出相应市场分析报告与营销策划案，包括营销目的、预计达成目标、营销手段或营销组合、费用预算、实施计划等
		3级	熟悉公司所有产品的客户、竞争、市场营销资源、营销费用预算与使用等状况，能对公司的市场营销活动作战略性筹划，提出系统、有效的营销策划案并指导实施。
渠道规划建设能力	通过自身掌握的渠道建设知识，在理解现有渠道的基础上完成渠道布局与规划的能力	1级	1. 对渠道建设的常识、渠道规划以及相关知识有所了解。 2. 对企业当前的渠道政策和渠道成员的销售能力比较熟悉，并能够用于渠道建设的实际工作当中。 3. 能够通过自己对渠道的了解，为主管领导的渠道规划工作提供建设性意见。
		2级	1. 熟练掌握渠道规划所需的各类知识，熟悉渠道规划的具体操作。 2. 根据已经掌握的渠道信息，能够独立完成渠道规划的具体工作。
		3级	1. 对渠道销售现状非常熟悉，能够指导他人完成渠道规划工作。 2. 能够对渠道规划工作的效果进行评估，将评估结果向主管领导汇报。 3. 能够对未来渠道规划的要求有充分的认识，并指导他人提前做好相关准备工作。

续表

素质名称	定 义	级别	行为表现
渠道管理支持能力	为实现公司销售目标,通过整合企业各方资源,对公司现有渠道提供供货支持、人员支持、物流支持并进行全方位管理的能力	1级	1. 熟悉企业的各种渠道政策,并能够对渠道成员的疑问给予必要的解释与补充。 2. 当渠道政策有所变更时,能够及时对渠道成员做好相应的调整。 3. 熟悉渠道成员、竞争对手的相关销售信息,并按时向上级报送。
		2级	1. 能够通过对渠道成员、竞争对手销售信息的分析,为企业渠道政策的制定提供参考性意见。 2. 能够平衡辖区内渠道成员的各种利益关系,保证良好的市场秩序。 3. 能够通过渠道成员、竞争对手销售数据的变化,指出企业渠道策略存在的问题。
		3级	1. 根据渠道成员的反映,能够指导下属人员做好渠道支持工作。 2. 根据渠道成员、竞争对手销售数据的变化,能够预测市场可能面临的风险。 3. 能够将自己在渠道管理方面的成就、经验与他人分享。
建立信任的能力	坚持原则且促进信任与尊重的能力	1级	追随公司的标准、政策以及与自己工作相关的目标,只在能够实现的情况下才做出允诺
		2级	1. 少说多做,行为、信仰保持一致;对别人尊重、公平、守信用。 2. 处事客观,无公报私仇现象。 3. 能正确对待他人对自己的批评。
		3级	1. 在多元环境中展示品德修养,为他人充当道德行为的楷模。 2. 将员工的福利和组织的成就放在个人利益之上。 3. 找寻解决问题的体制方案,而不是指责个人。
创新能力	不受成规和以往经验的束缚,不断改进工作和学习方法,以适应新观念、新形势发展的要求的能力	1级	因循守旧,对新事物持敌视态度;对于上级布置的各项工作教条、死板地执行;遇到各种问题习惯用经验来解决,反对创新。
		2级	1. 对新事物具有良好的接受性。 2. 解决问题时愿意尝试新的方法。 3. 对于上级布置的各项工作,会从自己的角度出发,灵活变通地完成;不反对创新。
		3级	1. 能够作为公司创新精神的倡导者。 2. 能够创造性地落实上级布置的各项工作。 3. 鼓励下属多角度思考,提出各种解决问题的思路;做出的决策稳健而不保守,敢于创新但不冒失。

续表

素质名称	定 义	级别	行为表现
自控能力	面对他人的反对、敌意、挑衅时以及在压力环境下，能够保持冷静、控制负面情绪和消极行为，继续完成工作任务的能力	1级	1. 有能力抵制可能的诱惑，不会采取不恰当和冲动的行为。 2. 在感觉到强烈的感情（例如，发怒、极其沮丧或承受高度压力）时，能抑制其表现出来。
		2级	1. 当感觉到强烈情绪时不仅能抑制其表现出来，而且能继续平静地进行谈话或开展工作。 2. 能够长时间地抑制感情或抵抗压力，在持续的压力状况下以一贯的正常状态推进工作。
		3级	1. 当感觉到强烈的感情或其他压力时，不仅能够抑制，而且能够以建设性的方法回应压力和不良情绪，冷静分析问题的来源，并能对此进行总结，避免今后出现类似情况。 2. 在群体人员都受到强烈冲击时，不仅能够控制自己的情绪，而且能鼓励别人冷静下来，保持良好心态。
影响力	说服或影响他人接受某一观点，推动某一议程或领导某一具体行为的能力	1级	能清晰地陈述相关事实，呈现经过充分准备的合理案例，并运用直接证据（如关于实质特征的数据、意见一致的范围与利益等）以支持个人观点，说服对方做出承诺或保证。
		2级	1. 通过指出他人的忧虑、强调共同利益来说服他人。 2. 预期他人的反应，并根据需要采取适当的风格和语言应对。 3. 用案例或论据创造出一个"双赢"的解决方案以实现双方的目标。
		3级	1. 通过第三者或专家来施加影响，结成联盟，建立幕后支持，构成影响别人行为的有利形势。 2. 精心策划事件以间接影响他人（如安排计划和时间、策划关键事件、预测有关关键联盟的提议、影响证言等）。
亲和力	能够通过言谈、举止给人一种易于接近、愿意接近的感觉	1级	1. 与人交往始终有一种谦和的态度。 2. 在倾听别人讲话时从不打断别人。
		2级	1. 在与人交往的过程中保持积极、乐观的心态，并能很好地把握交谈的气氛。 2. 能够耐心地解决客户或同事遇到的问题，并能提供一些建设性的参考意见。
		3级	1. 能够将与人交往过程中总结的经验和技巧与下属分享。 2. 能够通过一定的交往技巧和亲和力促成与同事、客户的合作关系。

续表

素质名称	定 义	级别	行为表现
预期应变能力	为了应对将来可能面临的竞争或挑战,提前采取预防性措施或做好相应思想准备的能力	1级	1. 对可能发生的变化缺少敏锐的察觉能力。 2. 对于将来可能出现的变故缺少必要的准备。
		2级	1. 能够从发展的角度思考问题,在事物变化之前就能够有所察觉。 2. 能够主动应对可能出现的变化,并在未得到主管人员指示的情况下就可以采取适当的行动。
		3级	1. 能够从全局角度思考问题,在事物变化之前就能将可能发生的变化告知他人,并提醒其做好应对准备。 2. 能够准确判断事物发生变化给组织可能带来的影响,并制订相应的应对方案。
问题解决能力	为了达成最终的结果,能够从不同角度分析问题,寻求答案的能力	1级	1. 能够对问题的产生做出一般性的分析和判断。 2. 对于一般性问题,能够找到有效的解决途径。 3. 对于突发性问题,有时会感到无所适从。
		2级	1. 对于问题发生的原因有比较清晰的认识。 2. 对于经常性问题,能够很快给出解决方案。 3. 对于突发性问题,根据自己的经验或知识,能够在第一时间内做出判断。
		3级	1. 能够帮助他人对问题产生的原因进行分析,并指导其形成解决问题的方案。 2. 根据自身在解决问题方面的经验,能够制订出问题的解决流程。 3. 根据问题产生因素之间的内在联系,能够制订出预防问题的策略与方法。
市场信息分析能力	从市场信息收集、整理到分析运用的全程处理能力	1级	1. 对市场信息的收集方式、方法有一定的了解。 2. 根据主管人员的要求,能够收集到产品销售的相关信息、数据等。 3. 能够对收集到的市场信息进行初步筛选与整合。
		2级	1. 熟悉市场信息收集的方式、方法和技巧。 2. 能够将收集到的市场信息按重要程度分类,并将其中的重要信息及时向相关领导报告。 3. 通过对市场信息的分析,能够敏锐地发现其中隐含的市场机遇和风险。
		3级	1. 能够将自己在市场信息收集方面的技巧、方法主动与他人分享。 2. 能够组织建立市场信息分析流程,保证市场信息分析的科学性与有效性。 3. 通过分析市场信息,能够准确预测出未来的市场竞争形势,并提供相应的应对策略。

续表

素质名称	定 义	级别	行为表现
专业学习能力	发展自己的专业或职业知识,与他人分享专业经验的能力与动机	1级	1. 学习本专业领域基本知识,并将这些知识有效地应用于实践。 2. 能够积极主动地了解专业领域的最新发展情况,并思考如何将其运用到实际工作中。 3. 能够运用专业知识与经验解决问题,帮助他人,有时会促进项目进展或改善当前局面。
		2级	1. 能够主动在自己本专业范围之外应用自己的知识,能够利用本专业范围外的知识提升业务。 2. 能够利用自己的知识促进其他领域工作或项目的进展,以提高其他部门的效率。 3. 寻找能够利用专业知识促进别人项目发展的机会。
		3级	1. 在工作范围之外寻找学习机会,以提高自己的知识水平。 2. 能够在专业杂志上发表文章。 3. 在组织内充当着新技术、新知识的倡导者。
团队领导能力	有效地带领其团队按照既定目标前进的能力	1级	1. 了解一定的任务分配知识,并能在任务执行过程中进行适当的跟踪。 2. 能够对团队成员反映的意见及时进行处理,为团队成员提供及时、有效的指导与帮助。
		2级	1. 根据团队成员的特点,能够有针对性地分配任务,并全力保证组织目标的达成。 2. 能够采取一定的激励手段,保证团队成员的工作积极性。 3. 在关注团队工作成果的同时,能够最大限度地凝聚团队的力量。
		3级	1. 对团队成员的绩效有充分的认识,并给予适当的反馈。 2. 能够通过对团队成员工作的观察与分析,查找出团队合作的不足,并采取相应的改进措施。 3. 根据团队成员的特点,能够制定相应的激励机制,保障团队绩效的持续达成。
督导能力	为了组织及客户的最佳利益,对员工作进行指导,促使其提升技能与工作绩效的能力	1级	1. 能对员工工作给予较具体的指导。 2. 提出要求和目标时,也能够提供明确、具体的参数和标准。 3. 适时地检查员工是否明确工作的方向。
		2级	1. 能够系统地、明确地分配日常工作和任务。 2. 在分配工作和从别人那里接受工作时要坚定而自信,对于不合理的要求要勇于说"不"。 3. 在分配完工作后,要给予员工完成常规任务的自由,不乱加干涉。
		3级	1. 建立明确的、可测量的绩效标准。 2. 依据上述标准监督、检查员工的工作进度、绩效,并将绩效成果和存在的问题及时反馈给员工。 3. 纠正员工绩效问题时,采取明确的行动或坚定的立场,保证绩效提升计划的可行性。

续表

素质名称	定 义	级别	行为表现
他人培养能力	通过恰当的需求分析,能将知识、经验、工作方法和技巧有效地传授给他人,以帮助其完成工作任务并促进其发展的能力	1级	对员工给予具体的指导、建议以及工作示范,为其提供必要的工具、信息等支持,帮助员工提高工作技能、促进个人职业发展。
		2级	1. 能识别员工的优劣势与发展需要,提供及时的反馈与强化。 2. 在员工遇到挫折之后给予其鼓励,帮助员工重新树立自信心。
		3级	1. 根据组织发展需要,安排并开发恰当的正规培训,促进员工个人学习与发展。 2. 在工作中有意识地帮助他人,为他人创造学习机会,并随时对他人进行鼓励,激励其保持良好的学习愿望。
下属激励能力	通过给予下属正向激励,使其得到发展和提高的能力	1级	1. 与下属沟通不足,对下属的指导、建议较少。 2. 对下属的需求了解不够,很少为下属提供发展指导。
		2级	1. 能够与下属就其工作表现进行及时的沟通与反馈,并给予适当引导。 2. 当下属遇到问题时能够提供帮助,与其共同解决难题。
		3级	1. 对下属的工作能及时地提供正确的反馈与指导。 2. 对下属的能力与技能水平有准确的判断,能够根据下属的不同特点为其制订职业生涯发展规划,并为下属提供自我学习的机会、工具、辅导以及各种资源。
决策能力	根据对形势的分析,做出恰当、合理、及时和实际的判断,并采取相应行动的能力	1级	1. 能够通过收集的信息,把握要解决问题的性质和决策目标。 2. 能够借助较充足的信息支持,对常规问题做出决策。 3. 在分析备选方案时能够听取不同意见,了解各个方案的优劣。 4. 对非常规问题的决策需要借助上级的指导才能做出。
		2级	1. 根据工作经验,能够对要解决问题的性质和决策目标进行准确定位。 2. 对于常规问题的决策,能够及时、不拖延地给出可行的决策方案。 3. 掌握决策备选方案分析技巧,能够对各种备选方案的优势和不足进行迅速、准确的判断。 4. 对于非常规问题,能够借助信息和分析工具给出可行、有效的解决方案。
		3级	1. 能够透过纷繁复杂的表面现象,对存在问题的性质进行合理判断,在此基础上迅速确定决策目标。 2. 对于常规性决策,根据工作经验和工作技巧,能够果断、及时地做出合理有效的决策。 3. 在做出非常规问题的决策时,对自己所做决策可能产生的影响有清醒的认识,并能够借助信息和分析工具在各类备选方案中选择最有效的方案。 4. 在复杂、模糊、风险很高的形势下,在对多个领域内的各信息进行深度分析的基础上做出有长期影响的战略性决策,承担预计到的风险和一切后果。

6. 财务部

表 F6-1　财务部人员职业素养定义表

素质名称	定 义
廉洁自律性	不利用职务便利为自己或他人直接或间接牟取私利的态度
严谨求实	个人在工作中表现出的严肃谨慎、敬本务实、关注细节的态度
诚实正直	个人能够依据事物的本质处理组织中的事务,不受个人利益、好恶的影响,信守承诺,正确对待自己所犯错误的本质
成本意识	注重投入产出,节约公司资源的意识
敏感	用于职业素养之中,指个人对与自己工作密切相关的事物反应灵敏,如市场前景、数字、新闻等,能够准确辨识问题、判断价值、做出选择
责任心	人们在日常工作、生活中通过承担对他人、对企业、对社会、对自己的责任所形成的责任意识
纪律性	个人自觉遵守组织各项管理制度,保证个人行为及工作行为不与公司的管理制度和工作原则相抵触的意愿
敬业精神	个人调整自己的行为,使其符合组织要求和组织利益的愿望和能力
成就欲	个人希望更好地完成工作或达到某一绩效标准,强烈追求成功的持续性愿望
自信心	一种对自己的观点、决定、完成任务的能力、有效解决问题的能力的自我信仰
忠诚度	对工作、团队、组织的信任及在关键事件上以公司利益为重的意识
团队意识	个人自觉地融入团队,与同事团结合作,共同完成工作任务的意识

表 F6-2　财务部人员知识分级定义表

素质名称	定 义	级别	行为表现
公司知识	包括行业知识、公司文化(发展历史、价值观等)、组织结构、基本规章制度和业务流程等	1级	了解员工手册与职位相关内容,了解公司发展历史,熟悉与本岗位有关的管理制度、业务流程等。
		2级	了解行业状况,熟悉公司的历史、现状、未来发展方向以及目标等;熟悉公司相关管理制度、整体运作流程及公司各类经济业务、各业务环节之间的相互联系,并能在财会工作中加以准确、有效地运用。
		3级	洞悉行业发展的重大变化与趋势,能基于公司整体战略规划以及战略步骤对公司重要经营活动、投资行为等提供财务建议和决策支持,以保证公司战略目标的顺利实现。

续表

素质名称	定义	级别	行为表现
财务知识	主要包括4大类知识,详见表F6-3	1级	1. 掌握A类所包含的基本知识、原理、方法,能够在企事业中进行会计核算、账务处理等项工作。 2. 熟悉B类知识,并能够灵活运用于实际工作中。
		2级	精通A、B类知识,熟悉C类知识,通过预算管理、资产管理、成本管理、税收筹划等项工作定期进行财务分析与预测,提交财务报告,为企业的经营决策提供支持。
		3级	精通A、B、C、D类知识并能够综合运用于企业财务管理工作中,能够对企业财务工作进行全面掌控,建立健全的企业财务系统,实现内部控制,规避财务风险,并对企业的重要经营活动、投资等提供决策支持。
法律知识	包括公司法、税法、经济法、证券法及国家颁布的有关财务会计的规定,如会计准则、企业财务通则等	1级	了解与工作相关的各项法律、法规,使自己的工作合法、合规,避免出现原则性错误。
		2级	掌握相关法律知识,了解其他法律知识,并能够运用于工作之中,确保企业的经营在合法的条件下运行。
		3级	精通与公司运营、财务工作相关的全部法律知识,并能够灵活运用,在不违反法律、法规的情况下进行税务筹划、投融资等,控制经营成本,提高资金运营效率,保证企业经营战略的实现。
管理知识	包括管理学、经济学、人力资源管理、战略管理等	1级	初步了解管理学原理及企业经营管理知识,工作中能够理解企业的一些人事政策、管理措施。
		2级	掌握管理学、人力资源管理、组织行为等相关管理知识,能够进行下属员工工作分配、工作计划落实、对工作结果进行考核评价等管理工作。
		3级	在生产经营管理、战略管理、管理心理学等方面具备一定修养,精通管理学、企业管理等相关学科知识,并能够运用于实践,为企业的财务管理、经营管理服务。

表F6-3　财务知识分类详表

类别	具体包括的学科
A类	会计学原理、会计基础知识、会计电算化、企业会计核算与账务处理、统计学、税收等。
B类	工业企业财务管理、预算管理、成本管理、资产管理、财务分析与预测、税务筹划等。
C类	审计学、审计与内部控制、风险管理。
D类	金融、证券、投融资管理知识。

表 F6-4　财务部人员技能/能力分级定义表

素质名称	定义	级别	行为表现
财务管理能力	自身积累的财务信息处理、会计核算、财务控制以及资金、资产运营等方面的综合性知识和能力	1级	1. 能够熟练地进行一般性会计核算、账务处理等工作。 2. 熟悉财务信息处理的一般性原则与方法,并能够进行简单的财务信息分析与处理。 3. 对国家税收政策有一定的了解,熟悉报税流程,能够独立完成报税工作。
		2级	1. 精通会计核算、账务处理等工作,并能够适时指导他人完成会计核算、账务处理等工作。 2. 掌握一定的资本运作、金融证券等方面的知识,可以提出企业资产保值、增值方面的建议。 3. 能够独立完成财务信息的分析以及相关财务分析报告的撰写工作。 4. 能够对财务运作过程中出现的问题及时向相关领导反映。
		3级	1. 能够指导他人进行财务信息分析与财务报告编制工作。 2. 精通资本运作与金融证券相关知识,能够采取有效措施促进企业资产的保值、增值。 3. 能够通过对资金、资本运作的管理,有效掌控企业的财务现状。 4. 能够对现阶段企业的财务状况有清醒的认识,并就可能出现的财务风险制订应对策略。
财务控制能力	通过财务法规、财务制度、财务定额、财务计划目标等对资金运动(或日常财务活动、现金流转)进行指导、督促和约束的能力	1级	1. 熟悉财务预算所包含的各项经济指标及其主要组成部分。 2. 熟悉财务控制相关的法规、制度条款,并能够在日常工作中认真执行。 3. 能够较全面地收集各类财务控制信息。
		2级	1. 熟悉企业财务控制的程序和方法,并能用于指导他人从事财务控制工作。 2. 能够对日常现金流量进行有效控制,最大限度地体现资金的价值。 3. 能够对日常财务控制的程序和方法提出改进建议,确保预算目标的达成。 4. 能够组织相关人员有效收集财务控制相关信息。
		3级	1. 能够通过建立相关的制度保证、组织保证等控制形式,确保预算目标的达成。 2. 能够建立财务信息反馈机制,并对财务预算中出现的偏差及时进行纠正和调整。 3. 能够对财务控制的程序提出修正意见,并得到推行。

续表

素质名称	定义	级别	行为表现
财务分析能力	对公司的财务和运营数据进行分析,以满足公司管理需求的能力	1级	1. 能够获取和收集公司和行业的财务和管理信息,根据财务分析需求对信息进行分类,并能找出信息间的逻辑关系。 2. 运用财务分析知识和手段,根据以往的工作经验得出财务分析的结论并能做出简单判断。
		2级	1. 能从多种渠道获取和收集公司和行业的财务和管理信息,并能根据获取的信息得出分析结论,做出相应的职业判断。 2. 能够应用公司的财务数理分析模型,分析所收集的数据,并能对分析模型提出改进建议。 3. 了解公司价值分析的方法,并能对公司的价值进行简单分析。
		3级	1. 能够从多种渠道获取和收集公司和行业的财务和管理信息,根据信息得出结论;制订财务解决方案,并同其他相关业务部门进行交流。 2. 运用财务管理知识,将高层次的财务分析要求细化为各种详细的分析需求。 3. 帮助管理层跟踪公司的财务状况、预算的执行情况,并对公司的资金运营提出改进建议。
会计核算能力	准确、及时、完整地反映企业各项经营活动,根据管理需求将会计信息进行合理分类的能力	1级	1. 熟悉会计法规、会计核算原则、企业会计制度和行业会计核算原则,了解会计科目之间的勾稽关系,并能运用到日常的会计核算工作中。 2. 能独立进行会计核算,正确记录、核算交易信息。 3. 整理企业经济业务记录,生成会计分录。 4. 确保会计记录符合会计法规、会计准则和公司核算制度的要求。
		2级	1. 熟悉会计准则、税法和行业法规及其特殊核算要求。 2. 能够帮助、指导他人对会计信息进行处理与核算,复核他人对经济业务的会计处理。 3. 能够分析和解决复杂的交易,根据交易类型选择正确的会计核算原则和处理方法。
		3级	1. 具备会计管理的知识,能够从管理的角度深入了解会计工作的实质。 2. 能够综合分析和解释各种复杂的会计核算原则,帮助下属理解、运用这些核算原则。 3. 解答复杂的财务核算问题,帮助下属处理复杂的交易,能够独立解决特殊交易的会计处理问题。 4. 提出对会计科目更改和设立的建议,能够对企业的会计核算制度和原则提出建议。

续表

素质名称	定 义	级别	行为表现
预算能力	协调、编制、反馈和控制	1级	1. 理解财务预算的编制流程,理解关键预算编制目标,了解参与或负责编制预算的详细要求。 2. 了解参与编制的预算所关系到的业务部门和预算编制所需的信息。
		2级	1. 熟悉财务预算的编制流程,并且了解负责编制预算的详细情况。 2. 了解所编制预算的详细流程以及和其他业务部门的联系及所需要的预算编制信息和预算编制的目标。 3. 能够为预算的制订工作提供合理化建议。
		3级	1. 能够将上级交代的预算编制指令落实为具体的预算和行动计划。 2. 发现、记录和反映预算编制中可能存在的商业风险,并提请相关负责人做好应对方案。
投资分析能力	运用一定的方式、方法对投资项目的预期盈收能力进行分析,并辅助主管人员做出投资决策的能力	1级	1. 对财务管理、金融知识、公司法等有一定的了解,掌握投融资基本常识。 2. 能够根据他人的指导和要求通过各种方式、方法收集到投资所需参考的基础信息与数据。 3. 能够对收集到的投资信息和数据进行简单的分析、运算,并得出有价值的结论。
		2级	1. 熟悉投融资管理常识,精通财务管理、金融学知识,并对相关法律、法规有清楚的理解和认识。 2. 根据投资项目的要求,能够收集各类投资分析所需的文书、文件、报告等。 3. 能够通过分析和计算,获得目标投资项目的预期盈收数据,并将其上报给主管领导。
		3级	1. 能够指导他人学习相关的投资分析方法,并完成基础的投资分析工作。 2. 能够辅助他人制订投资分析工作的程序与控制点,确保企业投资分析工作规范、科学。 3. 能够通过对投资项目的研究,准确判断出目标投资项目可能遇到的投资风险,并提出相应的应对措施。

续表

素质名称	定 义	级别	行为表现
细节关注能力	通过对财务工作各个环节中细节的掌控，最大限度地减少误差和可能出现的失误的能力	1级	1. 能够做到细致地审查财务报表、单据，以减少不必要的失误。 2. 通过对财务工作细节的关注，对企业运营过程中可能存在的问题有一定的认识。 3. 对如何改进工作中的细节有一定的认识和了解。
		2级	1. 对他人提供的财务报表、单据等存在的细节问题有一定的认知能力。 2. 能够指导他人更好地、更细致地完成财务会计工作。 3. 能够通过分析财务工作中经常发生的细节问题，确定企业运营过程中存在的问题，并提出改进意见
		3级	1. 能够通过制定制度、改进审批流程等方式，最大限度地降低细节问题发生的概率。 2. 能够比较全面地掌握改进工作细节的方法，并及时给予他人指导。 3. 能够通过分析财务工作中发生的细节问题，准确预测企业可能面临的风险，并提出相应的应对策略。
专业学习能力	发展自己的专业或职业知识，与他人分享专业经验的能力与动机	1级	1. 学习本专业领域基本知识，并将这些知识有效地应用于实践。 2. 能够主动地了解专业领域的最新发展情况，并思考如何运用到实际工作中。 3. 能够运用专业知识与经验解决问题，帮助他人，有时会促进项目进展或改善当前局面。
		2级	1. 能够主动地在自己本专业范围之外应用自己的知识，能够利用本专业范围外的知识提升业务。 2. 能够利用自己的知识促进其他领域工作或项目的进展，以提高其他部门的效率。 3. 寻找能够利用专业知识促进别人项目发展的机会。
		3级	1. 在工作范围之外寻找学习机会，以提高自己新知识的水平。 2. 能够在专业杂志上发表文章。 3. 在组织内充当着新技术、新知识的倡导者。

续表

素质名称	定义	级别	行为表现
财务信息分析能力	把原始的、零散的材料经过合理的假设和构想,归纳整理、综合分析,总结成系统的、具有较强操作性和指导性的意见和建议的能力	1级	1. 能够通过各种途径获得本部门所需的大量信息,并能够做好信息的分类、整理和储存工作。 2. 能够全面分析信息,发现信息之间的根本联系。 3. 能够意识到现状与过去形势间的相似之处,找出直接的因果关系,并得出可能的解决方案。
		2级	1. 迅速搜集资料,透过表面现象发现问题的根源、发展趋势等。 2. 全面分析信息,发现多元联系,分析问题各部分间的联系,拟定可能的解决方案,对可能出现的偏差提出预见性建议。 3. 分析产生问题的多方面原因,运用综合的概念或方式解决问题。
		3级	1. 能够分析复杂的涉及多方面关系的信息,能够预见问题并事先预防。 2. 必要时采取非正常途径搜集必要信息,将多样的信息数据综合在一起以形成解决问题的框架。 3. 能够从所搜集的信息中敏锐地洞察到本行业发展的新动向,并判断本企业财务方面可能要进行的改革。 4. 能够将来源不同的信息整合起来,并将信息分析中呈现的新动向/新趋势与企业实际相联系,为规划企业发展以及应对将要来临的财务改革提供依据。
预期应变能力	为了应对将来可能面临的竞争或挑战,提前采取预防性措施或做好相应思想准备的能力	1级	1. 对可能发生的变化缺少敏锐的察觉能力。 2. 对于将来可能出现的变故缺少必要的准备。
		2级	1. 能够从发展的角度思考问题,在事物变化之前就能够有所察觉。 2. 能够主动地应对可能出现的变化,并在未得到主管人员指示的情况下就可以采取适当的行动。
		3级	1. 能够从全局角度思考问题,在事物变化之前就能够将可能发生的变化告知他人,并提醒其做好应对准备。 2. 能够准确判断事物发生变化给组织可能带来的影响,并制订相应的应对方案。
书面表达能力	能够通过文字、图表等书面形式将要表达的思想准确无误地传达给相关人员的能力	1级	熟悉基本的公文写作要求,不会出现明显的语法、词汇方面的错误。
		2级	1. 词汇量大,能够用丰富的语言表达自己要传达的信息。 2. 完成的文稿不需再做修改就能让领导感到满意。
		3级	1. 文思敏捷,语言优美,写成的文稿常常高于领导要求的标准。 2. 能够指导他人进行文稿的写作,帮助他人提升书面表达能力。

续表

素质名称	定义	级别	行为表现
理解判断能力	能够利用自身掌握的知识对他人的观点或外界环境的变化进行正确的分析,进而做出准确判断的能力	1级	1. 对他人的意见或外界的变化有一定的认知能力。 2. 能够分析获得的直接信息,做出一定的判断。
		2级	1. 能够通过自身掌握的知识对他人的意见或外界的变化有正确的认识。 2. 能够通过对直接信息和间接信息的分析,准确判断出事件的发展方向。
		3级	1. 能够通过他人不经意的一个举动,判断出他的所思、所想。 2. 能够在事物发生变化之前就对其将来的运动规律有所掌握。 3. 能够将自己对他人或事物变化做出判断的经验及时与其他人共享。
问题解决能力	为了达成最终的结果,能够从不同角度分析问题,寻求答案的能力	1级	1. 能够对问题的产生做出一般性的分析和判断。 2. 对于一般性问题,能够找到有效的解决途径。 3. 对于突发性问题,有时会感到无所适从。
		2级	1. 对于问题发生的原因有比较清晰的认识。 2. 对于经常性问题,能够很快想出解决方案。 3. 对于突发性问题,根据自己的经验或知识,能够在第一时间内做出判断。
		3级	1. 能够帮助他人对问题产生的原因进行分析,并指导其形成解决问题的方案。 2. 根据自身在解决问题方面的经验,能够制订出问题的解决流程。 3. 根据问题产生因素之间的内在联系,能够制订出预防问题的策略与方法。
决策能力	根据对形势的分析,做出恰当、合理、及时和实际的判断,并采取相应行动的能力	1级	1. 能够利用较充足的信息做出常规的决策。 2. 做决策时表现出很大的随意性。
		2级	1. 面对有竞争性的方案时,能够及时地做出决定。 2. 在本职工作领域内能够客观分析形势,并做出初步判断。 3. 能够根据相关程序和上级及相关资源的要求,对日常性、一般性的问题做出决定,并采取行动。
		3级	1. 能够分析较广泛领域内的复杂情况,对自己所做决策可能产生的影响有清醒的认识。 2. 能够依据已有数据、知识和经验,做出对公司有着一定程度影响的决策,并付诸实施。 3. 在复杂、模糊、风险很高的形势下,在对多个领域内的各种信息进行深度分析的基础上,做出有长期影响的战略性决策,承担预计到的风险和一切后果责任。

续表

素质名称	定 义	级别	行为表现
沟通能力	正确倾听他人意见,理解其感受、需要和观点,并做出适当反应的能力	1级	1. 谈话中不善于抓住谈话的中心议题。 2. 表达自己的思想和观点不够简洁、清晰。 3. 在沟通过程中以自我为中心,缺乏对他人应有的尊重。
		2级	1. 能以开放、真诚的方式接收和传递信息。 2. 了解交流的重点,并通过书面或口头的形式,用清楚的理由、事实表达主要观点。 3. 尊重他人,能在倾听别人的意见、观点的同时适时地给予反馈。
		3级	1. 沟通时语言清晰、简洁、客观,且切中要害。 2. 能够针对不同听众调整适当的语言和表达方式,以取得一致性结论。 3. 与他人交流时,能够引导他人的思路,进而达到沟通的目的。
协调能力	通过沟通与组织内外部人员达成某种共识的能力	1级	1. 对于组织内外部人员在行动和思想上的不一致有清醒的认识。 2. 对于组织内外部人员可能产生的不和谐因素有一定的了解。
		2级	1. 对于组织内外部产生的不和谐行为有一定的调节能力,尽量将矛盾消灭在萌芽状态。 2. 在处理组织内外部矛盾过程中能够获得大多数人的拥护与支持。
		3级	1. 能够平衡组织内外部的各种关系,确保组织既定目标的达成。 2. 能够将自己在协调内部关系过程中的技巧、经验与他人共享。 3. 能够通过协调组织内外部关系,发现组织内隐藏的问题或矛盾,并提出相应的解决方法或应对策略。
团队领导能力	有效地带领其团队按照既定目标前进的能力	1级	1. 了解一定的任务分配知识,并能在任务执行过程中进行适当的跟踪。 2. 能够对团队成员反映的意见及时进行处理,为团队成员提供及时、有效的指导与帮助。
		2级	1. 根据团队成员的特点,能够有针对性地分配任务,并全力保证组织目标的达成。 2. 能够采取一定的激励手段,保证团队成员的工作积极性。 3. 在关注团队工作成果的同时,能够最大限度地凝聚团队的力量。
		3级	1. 对团队成员的绩效有充分的认识,并给予适当的反馈。 2. 能够通过对团队成员工作的观察与分析,查找出团队合作的不足,并采取相应的改进措施。 3. 根据团队成员的特点,能够制定相应的激励机制,保障团队绩效的持续达成。

续表

素质名称	定义	级别	行为表现
他人培养能力	提供恰当的需求分析、辅导及相关支持，帮助他人学习与进步的能力	1级	1. 能够向下属及时反馈工作完成情况。 2. 对员工给予具体的指导、建议以及工作示范，为下属提供更具体的指导和帮助。
		2级	1. 了解下属的优劣势，为他们提供能够发展某项能力的学习机会、安排有针对性的工作任务。 2. 引导下属独立解决某个问题，使其对任务的结果承担责任。
		3级	1. 根据组织的战略需求，能够明晰组织的竞争力，把握员工个人职业期望和企业业务发展间的平衡。 2. 在团队中或部门内部创造学习环境，提供各种有挑战性的学习机会。
下属激励能力	通过给予下属正向激励，使其得到发展和提高的能力	1级	1. 与下属沟通不足，对下属的指导、建议较少。 2. 对下属的需求了解不够，很少为下属提供发展指导。
		2级	1. 能与下属就其工作表现进行及时的沟通与反馈，并给予适当引导。 2. 当下属遇到问题时能提供帮助，与其共同解决难题。
		3级	1. 对下属的工作能够及时地提供正确的反馈与指导。 2. 对下属的能力与技能水平有准确的判断，能够根据下属的不同特点为其制订职业生涯发展规划，并为下属提供自我学习的机会、工具、辅导以及各种资源。
自控能力	面对他人的反对、敌意或在长期重复性工作及压力环境下，能够保持冷静、控制负面情绪和消极行为，继续完成工作任务的能力	1级	1. 有能力抵制可能的诱惑，不会采取不恰当和冲动的行为。 2. 在感觉到强烈的感情（例如，发怒、极其沮丧或高度压力）时，能抑制其表现出来。
		2级	1. 当感觉到强烈情绪时不仅能抑制其表现出来，而且能继续平静地进行谈话或开展工作。 2. 能够长时间地抑制感情或抵抗压力，在持续的压力状况下以一贯的正常状态推进工作。
		3级	1. 当感觉到强烈的感情或其他压力时，不仅能够抑制，而且能够以建设性的方法回应压力和不良情绪，冷静分析问题的来源，并能进行对比总结，避免今后出现类似情况。 2. 在群体人员都受到强烈冲击时，不仅能够控制自己的情绪，而且能够鼓励别人冷静下来，保持良好的心态。

续表

素质名称	定义	级别	行为表现
谈判能力	在谈判中有效达成共识,并最大限度地争取和维护公司利益的能力	1级	能够在谈判中表达主要目的,无漏项,把握谈判的原则并维护公司的利益。
		2级	能够在谈判中快速识别对方的谈判风格,准确把握对方的观点,洞察其所关注的利益,适时调整策略并消除对方疑虑。
		3级	1. 对谈判中可能遇到的问题有一定的预见性。 2. 善于表达、坚持自己的观点和利益,并具有一定的灵活性(善于运用各种谈判技巧)。 3. 在谈判中能够争取主动,替本企业争取最大利益,善于挖掘双赢的解决方案、促成合作。

7. 采购部

表 F7-1　采购部人员职业素养定义表

素质名称	定义
客户意识	个人关注内外部客户不断变化的需求,竭尽全力帮助和服务客户,为客户创造价值的意愿和态度。
诚实守信	以诚待人、实事求是、信守诺言,既是采购人员做事的准则,更是做人的原则。
责任心	在日常工作、生活中通过承担对他人、对企业、对社会、对自己的责任所形成的责任意识。
廉洁自律性	不利用职务便利为自己或他人直接或间接牟取私利的态度。
主动性	在日常工作中不需他人指派,主动承担相应工作。
国际视野	具有国际化的经营管理意识,能够跨越国界和地理位置进行前瞻性、战略性的思考。

表 F7-2　采购部人员知识分级定义表

素质名称	定义	级别	行为表现
公司知识	包括行业知识、公司文化(发展历史、价值观等)、组织结构、基本规章制度和业务流程等	1级	了解员工手册与职位相关内容,了解公司发展历史,熟悉与本岗位有关的管理制度、流程。
		2级	了解行业状况,熟悉公司的历史、现状、未来发展方向以及相关管理制度、整体运作流程,了解公司整体战略规划以及战略步骤。
		3级	洞悉行业状况重大变化与趋势,能基于公司整体战略规划以及战略步骤对公司运作流程与制度提出系统、科学的建设方案,以支持、保证战略目标的实现。

续表

素质名称	定义	级别	行为表现
商品知识	包括商品的质量、性能、品种、包装、储存、使用等有关知识	1级	熟悉所负责采购商品的性质和作用/功能、规格及其计量、制作技术与成本、商品安全期限,掌握商品检验标准、品质的辨别方法。
		2级	1. 熟悉同类型其他商品或可替代商品的品种、型号、特点、使用方法等。 2. 熟知商品的季节变化规律,能根据采购工作的需要及掌握的各类商品特性知识提出采购工作的建议和方案。
		3级	1. 与各类商品交易组织及中介组织保持良好的关系,根据采购工作的需要充分利用以上关系。 2. 根据掌握的各种商品知识对采购的商品类型、组合等提出工作建议和方案,并对生产/销售部门提供商品知识的培训与指导。
采购知识	主要包括三大类知识,具体内容如表F7-3所示	1级	了解A、B、C类知识的一般概念和内容框架以及一般原理和方法,了解采购商品的基本知识,能够按照采购计划进行初级的采购作业以及供应商的开发与管理工作。
		2级	1. 掌握A、B、C中任意一两类知识的操作运用原理,熟悉采购规则、制度、国际惯例,掌握采购技能、商品及其检验、储运、保险、通关知识,并有一定的采购经验。 2. 可综合利用各种与采购相关的专业知识进行采购市场调研与供应预测,以此指导采购工作并可应对采购中出现的问题。
		3级	熟练掌握三类知识的操作运用原理,精通各种采购、供应商管理以及各类货物运输技巧。
供应商管理知识	包括供应商的开发、管理及供应商信息管理等知识	1级	1. 了解需要采购商品的基本供应商情况。 2. 利用各种渠道详细了解供应商的信息,通过采购谈判选择合适的供应商。 3. 能对现有的供应商进行关系管理,协调、处理采购中的各种问题。
		2级	1. 建立供应商信息库,熟知各供应商的生产状况、财务状况、产品特点、发展趋势、竞争对手状况等,在采购谈判中利用掌握的信息取得谈判的优势地位。 2. 对采购中与供应商合同执行中的各种问题有清楚而全面的了解,能有预见性地提出各种解决方案。
		3级	1. 通过形成战略同盟等形式建立与供应商的长期合作关系。 2. 建立供应商评审体系,定期组织对供应商的评审工作,并采取各种措施对供应商进行监控。

表 F7-3 采购知识分类详表

类别	具 体 内 容
A 类	采购需求管理、采购计划管理、采购作业管理、招投标管理、采购物流管理、采购验收管理、仓库管理、合同执行管理、价格管理、市场营销管理等。
B 类	采购市场调研与预测、采购信息管理、采购结算管理、公共关系管理、财税管理、国际采购管理、报关管理、电子商务采购管理、采购相关法律法规等。
C 类	谈判技巧、供应商管理技巧、各类运输技巧等。

表 F7-4 采购部人员技能/能力分级定义表

素质名称	定 义	级别	行为表现
询价能力	从组织以外采购生产所需的物资、设备时,对三家以上供应商提供的报价进行比较,以确保价格具有竞争性的能力	1级	在执行采购活动时有询价和议价意识,但仅局限于目前已有的供应商,没有采取主动寻找供应商的行动,没有更多的议价空间,取得的价格竞争力一般。
		2级	在执行采购活动时不局限于目前已有的供应商,能够主动寻找供应商,获得多方的价格信息,进行对比议价后取得的价格具有较大竞争力。
		3级	1. 在执行采购活动时不局限于目前已有的供应商,能够主动寻找供应商,获得多方的价格信息,进行对比议价。 2. 必要时,能够采取积极的方法影响供应商的报价,取得的价格具有很强的竞争力。
采购谈判能力	在双方或多方谈判过程中具有的说服对方、解决争端、讨价还价的能力	1级	1. 对竞争对手仅限于一般性了解。 2. 谈判前进行了一定的准备工作,但不充分。 3. 知悉谈判的重点和对手要害,但在谈判过程中无法把握,经常让对手抢占先机。 4. 能够进行一般性谈判,无法胜任重大谈判。
		2级	1. 谈判前确定明确的谈判目标,对谈判过程进行充分的准备,谈判的结果基本令人满意。 2. 谈判过程中始终占有先机,经常处于主动地位。 3. 在谈判过程中表现得沉着冷静。
		3级	1. 谈判前确定明确的谈判目标,对谈判过程进行充分准备,掌握并分析所有谈判对手的各种信息,知己知彼、探查虚实、不轻信谣言。 2. 在谈判过程中密切关注对手的变化,知悉对手的心理,巧妙地运用对手的心理变化取得谈判的成功。 3. 运用谈判时的气氛和环境来影响谈判的结果,并能够利用各种可以利用的资源来取得谈判的成功。

续表

素质名称	定义	级别	行为表现
信息收集与处理能力	能够在完成信息收集的基础上采取分析、整理、汇总等方法对信息进行处理	1级	1. 熟悉信息收集的一般方法,并能够运用这些方法完成简单的信息收集工作。 2. 能够对信息进行简单的分类、整理、汇总,保证信息的有效性。
		2级	1. 能够建立各种信息收集渠道,保证信息收集工作的持续性。 2. 能够通过一定的方法、方式对获得的信息进行妥善处理。 3. 能够及时处理信息分析过程中产生的问题。
		3级	1. 能够通过自身积累的在信息收集方面的经验为企业信息管理系统的建设提供建议。 2. 通过分析已获得的信息,能够判断问题发生的内在规律并组织制订相应的预防措施。 3. 能够指导相关人员完成信息收集和简单的资料分析工作。
合同执行能力	通过沟通与协调各种关系,保证合同条款有效落实的能力	1级	1. 能够准确理解合同条款及双方应承担的责任与义务。 2. 能够定期与供应商就合同条款的落实情况进行沟通。 3. 根据领导的指示,能够保质、保量地完成采购工作。
		2级	1. 根据合同约定,能够定期督促供应商执行合同条款。 2. 能够定期将合同的执行情况通报主管领导,并就可能发生的风险做好应急处理预案。
		3级	1. 能够提前安排合同条款的执行,同时做好应急处理预案。 2. 对于合同执行过程中出现的异常情况,能够及时组织相关人员进行处理。
成本意识	通过对采购过程的分析与控制,采取有效措施降低采购成本的能力	1级	1. 了解采购成本的构成,具备一定的采购成本观念。 2. 对影响采购成本的各种因素有一定的认识。 3. 了解一定的采购成本控制方法,并能够在工作中加以运用。
		2级	1. 能够对各种采购模式的成本支出有一定的认识,并通过比较选择最佳采购方案。 2. 拥有一定的现代采购理念,熟悉现代采购方式与方法。 3. 能够通过对采购方法、采购时间、采购数量的规划合理控制采购成本。
		3级	1. 能够通过对采购成本历史数据的研究,提出一些降低采购成本的策略与方法。 2. 能够从战略层面入手,构筑企业可持续性的战略采购体系,最大限度地降低采购成本。

续表

素质名称	定 义	级别	行为表现
沟通能力	正确倾听他人意见，理解其感受、需要和观点，并做出适当反应的能力	1级	1. 谈话中不善于抓住谈话的中心议题。 2. 表达自己的思想和观点不够简洁、清晰。 3. 在沟通过程中以自我为中心，缺乏对他人应有的尊重。 4. 在沟通过程中能够基本理解、使用日常专业和非专业词汇。
		2级	1. 能以开放、真诚的方式接收和传递信息。 2. 了解交流的重点，并通过书面或口头的形式，用清楚的理由、事实表达主要观点。 3. 尊重他人，能在倾听别人的意见、观点的同时适时地给予反馈。 4. 在沟通过程中能够理解、使用日常专业和非专业词汇。
		3级	1. 沟通时语言清晰、简洁、客观，且切中要害。 2. 能够针对不同听众调整适当的语言和表达方式，以取得一致性结论。 3. 能拓展并保持广泛的人际网络。 4. 熟练掌握专业和非专业词汇，能够阅读、理解相关外文资讯。
协调能力	通过沟通与组织内外部人员达成某种共识的能力	1级	1. 对于组织内外部人员在行动和思想上的不一致有清醒的认识。 2. 对于组织内外部人员可能产生的不和谐因素有一定的了解。
		2级	1. 对于组织内外部产生的不和谐行为有一定的调节能力，尽量将矛盾消灭在萌芽状态。 2. 在处理组织内外部矛盾过程中能够获得大多数人的拥护与支持。
		3级	1. 能够平衡组织内外部的各种关系，确保组织既定目标的达成。 2. 能够将自己在协调内部关系过程中的技巧、经验与他人共享。 3. 能够通过协调组织内外部关系，发现组织内隐藏的问题或矛盾，并提出相应的解决方法或应对策略。
决策能力	根据对形势的分析，做出恰当、合理、及时和实际的判断并采取相应行动的能力	1级	1. 能够利用较充足的信息做出常规的决策。 2. 做决策时表现出很大的随意性。
		2级	1. 面对有竞争性的方案时，能够及时地做出决定。 2. 在本职工作领域内能够客观分析形势，并做出初步判断。 3. 能够根据相关程序和上级及相关资源的要求，对日常性、一般性的问题做出决定，并采取行动。
		3级	1. 能够分析较广泛领域内的复杂情况，对自己所做决策可能产生的影响有清醒的认识。 2. 能够依据已有数据、知识和经验，做出对公司有一定程度影响的决策，并付诸实施。 3. 在复杂、模糊、风险很高的形势下，在对多个领域内的各种信息进行深度分析的基础上，能够做出有长期影响的战略性决等，承担预计到的风险和一切后果责任。

续表

素质名称	定 义	级别	行为表现
创新能力	不受成规和以往经验的束缚,不断改进工作和学习方法,以适应新观念、新形势发展的要求的能力	1级	因循守旧,对新事物持敌视态度;对于上级布置的各项工作教条、死板地执行;遇到各种问题习惯用经验来解决,反对创新。
		2级	1. 对新事物具有良好的接受性。 2. 解决问题时愿意尝试新的方法。 3. 对于上级布置的各项工作,会从自己的角度出发,灵活变通地完成;不反对创新。
		3级	1. 能够作为公司创新精神的倡导者。 2. 能够创造性地落实上级布置的各项工作。 3. 鼓励下属多角度思考,提出各种解决问题的思路;做出的决策稳健而不保守,敢于创新但不冒失。
预期应变能力	为了应对将来可能面临的竞争或挑战,提前采取预防性措施或做好相应思想准备的能力	1级	1. 对可能发生的变化缺少敏锐的察觉能力。 2. 对于将来可能出现的变故缺少必要的准备。
		2级	1. 能够从发展的角度思考问题,在事物变化之前就能够有所察觉。 2. 能够主动应对可能出现的变化,并在未得到主管人员指示的情况下就可以采取适当的行动。
		3级	1. 能够从全局角度思考问题,在事物变化之前就能将可能发生的变化告知他人,并提醒其做好应对准备。 2. 能够准确判断事物发生变化给组织可能带来的影响,并制订相应的应对方案。
问题解决能力	为了达成最终的结果,能够从不同角度分析问题,寻求答案的能力	1级	1. 能够对问题的产生做出一般性的分析和判断。 2. 对于一般性问题,能够找到有效的解决途径。 3. 对于突发性问题,有时会感到无所适从。
		2级	1. 对于问题发生的原因,有比较清晰的认识。 2. 对于经常性问题,能够很快想出解决方案。 3. 对于突发性问题,根据自己的经验或知识能够在第一时间内做出判断。
		3级	1. 能够帮助他人对问题产生的原因进行分析,并指导其形成解决问题的方案。 2. 根据自身在解决问题方面的经验,能够制订出问题的解决流程。 3. 根据问题产生因素之间的内在联系,能够制订出预防问题的策略与方法。

续表

素质名称	定　义	级别	行为表现
团队领导能力	有效地带领其团队按照既定目标前进的能力	1级	1. 了解一定的任务分配知识，并能在任务执行过程中进行适当的跟踪。 2. 能够对团队成员反映的意见及时进行处理，为团队成员提供及时、有效的指导与帮助。
		2级	1. 根据团队成员的特点，能够有针对性地分配任务，并全力保证组织目标的达成。 2. 能够采取一定的激励手段，保证团队成员的工作积极性。 3. 在关注团队工作成果的同时，能够最大限度地凝聚团队的力量。
		3级	1. 对团队成员的绩效有充分的认识，并给予适当的反馈。 2. 能够通过对团队成员工作的观察与分析，查找出团队合作的不足，并采取相应的改进措施。 3. 根据团队成员的特点，能够制定相应的激励机制，保障团队绩效的持续达成。
督导能力	为了组织及客户的最佳利益，对员工工作进行指导，促使其提升技能与工作绩效的能力	1级	1. 能对员工工作给予较具体的指导。 2. 提出要求和目标时，也能够提供明确、具体的参数和标准。 3. 适时地检查员工是否明确工作的方向。
		2级	1. 能够系统地、明确地分配日常工作和任务。 2. 在分配工作和从别人那里接受工作时要坚定而自信，对于不合理的要求要勇于说"不"。 3. 在分配完工作后，要给予员工完成常规任务的自由，不乱加干涉。
		3级	1. 建立明确的、可测量的绩效标准。 2. 依据上述标准监督、检查员工的工作进度、绩效，并将绩效成果和存在的问题及时反馈给员工。 3. 纠正员工绩效问题时，采取明确的行动或坚定的立场，保证绩效提升计划的可行性。
他人培养能力	通过恰当的需求分析，能将知识、经验、工作方法和技巧有效地传授给他人，以帮助其完成工作任务并促进其发展的能力	1级	对员工给予具体的指导、建议以及工作示范，为其提供必要的工具、信息等支持，帮助员工提高工作技能、促进个人职业发展。
		2级	1. 能识别员工的优劣势与发展需要，提供及时的反馈与强化。 2. 在员工遇到挫折之后给予其鼓励，帮助员工重新树立自信心。
		3级	1. 根据组织发展需要，安排并开发恰当的正规培训，促进员工个人学习与发展。 2. 在工作中有意识地帮助他人，为他人创造学习机会，并随时对他人进行鼓励，激励其保持良好的学习愿望。

续表

素质名称	定 义	级别	行为表现
下属激励能力	通过给予下属正向激励,使其得到发展和提高的能力	1级	1. 与下属沟通不足,对下属的指导、建议较少。 2. 对下属的需求了解不够,很少为下属提供发展指导。
		2级	1. 能与下属就其工作表现进行及时的沟通与反馈,并给予适当引导。 2. 当下属遇到问题时能提供帮助,与其共同解决难题。
		3级	1. 对下属的工作能及时地提供正确的反馈与指导。 2. 对下属的能力与技能水平有准确的判断,能根据下属的不同特点为其制订职业生涯发展规划,并为下属提供自我学习的机会、工具、辅导以及各种资源。

8. 客户服务部

表 F8-1　客户服务部人员职业素养定义表

素质名称	定 义
成就欲	个人希望更好地完成工作或达到某一绩效标准,强烈追求成功的持续性愿望。
服务意识	在工作中善于从对方立场思考问题,满足对方需求的意识。
坚忍性	也可称为耐受力、承压能力、自我控制能力和意志力等,指人们在巨大的压力环境下克服外部和自身的困难,坚持完成指定任务的倾向。
自信心	一种对自己的观点、决定、完成任务的能力、有效解决问题的能力的自我信仰。
诚信意识	以诚实和善良的心态行使权利、履行义务。
忠诚度	对工作、团队、组织的信任及在关键事件上以公司利益为重的意识。
成本意识	注重投入产出,节约公司资源的意识。
廉洁自律性	不利用职务便利为自己或他人直接或间接牟取私利的态度。
创新意识	个人在工作中不断提出新观念、创造新方法的意识。
团队意识	个人自觉地融入团队,与同事团结合作,共同完成工作任务的意识。

表 F8-2　客户服务部人员知识分级定义表

素质名称	定 义	级别	行为表现
公司知识	包括行业知识、公司文化(发展历史、价值观等)、组织结构、基本规章制度和业务流程等	1级	了解员工手册与职位相关内容,了解公司发展历史,熟悉与本岗位有关的管理制度、流程。
		2级	了解行业状况,熟悉公司的历史、现状、未来发展方向以及相关管理制度、整体运作流程,了解公司整体战略规划以及战略步骤。
		3级	洞悉行业状况重大变化与趋势,能基于公司整体战略规划以及战略步骤对公司运作流程与制度提出系统、科学的建设方案,以支持、保证战略目标的实现。

续表

素质名称	定 义	级别	行为表现
产品知识	包括产品的名称、性能与特点、目标客户、物理特性等	1级	了解公司产品或服务的名称、主要特点、物理特性及主要目标客户。
		2级	全面掌握公司所有产品或服务的详细资料(名称、性能与特点、主要优点、物理特性、目标客户),并能够通过对检验数据的分析,为产品设计或产品生产部门提供建设性意见。
		3级	精通公司所有产品或服务的详细资料,并能对未来产品或服务的规划与设计提出合理化建议。
客服知识	包括客户服务技巧、服务理念、服务方法、服务内容、服务环境等	1级	1. 了解客户服务基本常识和基本服务理念。 2. 具备日常客户服务工作所需的技能。
		2级	1. 全面掌握客户服务所需的各种知识,熟练掌握服务技巧、服务方法等。 2. 在与客户沟通过程中善于营造良好的服务环境。
		3级	1. 精通客户服务各方面知识,并能够将自己的心得、体会应用于指导相关服务人员的工作中。 2. 对客户服务的发展趋势有独到的见解,充分理解各种客户服务工具或系统的作用。
营销知识	主要包括三大类知识,具体内容请参考表F8-3	1级	了解A、B、C类知识的一般概念和内容框架以及一般原理和方法,对市场敏感性强,有营销意识,能运用营销的理念进行初级市场开发或客户管理工作。
		2级	1. 掌握A、B、C中任意一两类知识的操作运用原理,了解销售工作,并有一定的工作经验。 2. 可综合利用各种营销策划知识进行部分项目的市场调研、客户调查、分析以及指导销售工作,编制简单的营销策划方案。
		3级	熟练掌握A、B、C三类知识的操作运用原理,精通营销策划知识,编写的营销策划方案可行且有创新,能在实践中创造品牌效应、发挥品牌价值。

表F8-3 营销知识分类详表

类别	具体包括的学科素质名称
A类	营销心理学、公共关系学、客户关系管理、营销渠道管理、价格管理、终端管理等
B类	预测与调研、营销信息管理、市场策划、品牌管理、广告学等
C类	推销与销售技巧、客户服务技巧等

表 F8-4 客户服务部人员技能/能力分级定义表

素质名称	定义	级别	行为表现
领导能力	通过引导或授权促使团队成员完成工作任务或达成预定目标的能力	1级	1. 够领领导团队成员,使其达成合作关系。 2. 能够通过监督所属团队成员的工作,保证团队目标的实现。
		2级	1. 能够将所属团队成员聚集在自己的周围工作。 2. 能够以身作则,带领团队完成特定的任务。 3. 能够为团队成员建立清晰的愿景,并知道通过什么途径去实现。
		3级	1. 在团体中,不需要任命或选举而成为群体的核心。 2. 能够通过设计目标愿景而使团队成员坚持不懈地为目标而努力。 3. 能够通过引导或授权,使团队成员自发、自愿地形成一个集体,并为同一目标努力工作。
监控能力	能够通过有效的方法或手段,掌握被监控对象的业务量及相关作业情况的能力	1级	1. 能够借助相关设备,有效监测信息的流向,掌握被监控对象的工作量。 2. 能够通过监控设备,及时了解被监控对象的工作进程及服务情况。
		2级	1. 能够发现被监控对象存在的问题,并及时进行纠正。 2. 能够发现监控对象能力和素质方面的不足,并提出相应的提升方案。
		3级	1. 能够通过对被监控对象的不定期抽查,对其工作业绩做出准确的评价。 2. 根据被监控对象的实际表现,能够预测出其将来工作中可能遇到的问题和障碍,并提前给予适当的指导。
他人培养能力	通过恰当的需求分析,能将知识、经验、工作方法和技巧有效地传授给他人,以帮助其完成工作任务并促进其发展的能力	1级	对员工给予具体的指导、建议以及工作示范,为其提供必要的工具、信息等支持,帮助员工提高工作技能、促进个人职业发展。
		2级	1. 能识别员工的优劣势与发展需要,提供及时的反馈与强化。 2. 在员工遇到挫折之后给予其鼓励,帮助员工重新树立自信心。
		3级	1. 根据组织发展需要,安排并开发恰当的正规培训,促进员工个人学习与发展。 2. 在工作中有意识地帮助他人,为他人创造学习机会,并随时对他人进行鼓励,激励其保持良好的学习愿望。

续表

素质名称	定 义	级别	行为表现
团队合作能力	能够与团队成员密切配合,共同完成工作任务的能力	1级	1. 有一定的团队合作意愿,但在具体的团队合作中稍显欠缺。 2. 对于职责范围内的工作能够主动承担。
		2级	1. 能够做到以团队利益为重,从大局出发思考、解决问题。 2. 对于团队成员的工作成绩及时给予肯定,并能做到与团队成员共享知识和经验。
		3级	1. 能够凭借自身的影响力将整个团队的力量凝聚起来。 2. 能够及时发现团队合作过程中出现的障碍,并采取有效措施将其化解。 3. 能够建立团队资源共享平台,确保团队任务的达成。
人际交往能力	对人际交往保持高度的兴趣,能够通过主动、热情的态度以及诚恳、正直的品质赢得他人的尊重和信赖,从而营造良好的人际交往氛围	1级	待人不够真诚,无法获得大部分人的信赖,为人处世不懂得变通,适应能力较差。
		2级	1. 能给人一种真诚的印象,能获得周围人的支持与信赖,在工作中能考虑他人的感受。 2. 具备良好的沟通交流能力,能够恰当地表达和倾听,对不同情境和不同交往对象能够灵活使用多种人际交往技巧和方式,采取不同的应对策略。
		3级	待人友好、真诚,能获得周围人的信赖,在工作中人们都愿意与其交往并保持良好的关系。
沟通能力	正确倾听他人意见,理解其感受、需要和观点,并做出适当反应的能力	1级	1. 谈话中不善于抓住谈话的中心议题。 2. 表达自己的思想和观点不够简洁、清晰。 3. 在沟通过程中以自我为中心,缺乏对他人应有的尊重。
		2级	1. 能以开放、真诚的方式接收和传递信息。 2. 了解交流的重点,并通过书面或口头的形式,用清楚的理由、事实表达主要观点。 3. 尊重他人,能够在倾听别人的意见、观点的同时适时地给予反馈。
		3级	1. 沟通时语言清晰、简洁、客观,且切中要害。 2. 能够针对不同听众调整适当的语言和表达方式,以取得一致性结论。 3. 能拓展并保持广泛的人际网络。

续表

素质名称	定义	级别	行为表现
专业学习能力	发展自己的专业或职业知识,与他人分享专业经验的能力与动机	1级	1. 学习本专业领域基本知识,并将这些知识有效地应用于实践。 2. 能主动地了解专业领域的最新发展情况,并思考如何运用到实际工作中。 3. 能运用专业知识与经验解决问题,帮助他人,有时会促进项目进展或改善当前局面。
		2级	1. 能主动在自己本专业范围之外应用自己的知识,能利用本专业范围外的知识提升业务。 2. 能利用自己的知识促进其他领域工作或项目的进展,以提高其他部门的效率。 3. 寻找能利用专业知识促进别人项目发展的机会。
		3级	1. 在工作范围之外寻找学习机会,以提高自己新知识的水平。 2. 能够在专业杂志上发表文章。 3. 在组织内充当着新技术、新知识的倡导者。
协调能力	通过沟通与组织内外部人员达成某种共识的能力	1级	1. 对于组织内外部人员在行动和思想上的不一致有清醒的认识。 2. 对于组织内外部人员可能产生的不和谐因素有一定的了解。
		2级	1. 对于组织内外部产生的不和谐行为有一定的调节能力,尽量将矛盾消灭在萌芽状态。 2. 在处理组织内外部矛盾过程中能够获得大多数人的拥护与支持。
		3级	1. 能够平衡组织内外部的各种关系,确保组织既定目标的达成。 2. 能够将自己在协调内部关系过程中的技巧、经验与他人共享。 3. 能够通过协调组织内外部关系,发现组织内隐藏的问题或矛盾,并提出相应的解决方法或应对策略。
自控能力	面对他人的反对、敌意或在长期重复性工作及压力环境下,能够保持冷静、控制负面情绪和消极行为,继续完成工作任务的能力	1级	1. 有能力抵制可能的诱惑,不会采取不恰当和冲动的行为。 2. 在感觉到强烈的感情(例如,发怒、极其沮丧或高度压力)时,能抑制其表现出来。
		2级	1. 当感觉到强烈情绪时不仅能抑制其表现出来,而且能继续平静地进行谈话或开展工作。 2. 能够长时间地抑制感情或抵抗压力,在持续的压力状况下以一贯的正常状态推进工作。
		3级	1. 当感觉到强烈的感情或其他压力时,不仅能够抑制,而且能够以建设性的方法回应压力和不良情绪,冷静分析问题的来源,并能进行对比总结,避免今后出现类似情况。 2. 在群体人员都受到强烈冲击时,不仅能够控制自己的情绪,而且能够鼓励别人冷静下来,保持良好心态。

续表

素质名称	定 义	级别	行为表现
逻辑分析能力	根据已经掌握的各种信息,运用归纳、演绎等推理方法得出一定结论的能力	1级	1. 能够借助现有手段,获取各种有效信息。 2. 能够按照一定的方式、方法,将收集的信息进行汇总、分类。
		2级	1. 能够建立稳固的信息收集渠道,确保信息获得的持续性。 2. 能够运用各种信息分析方法,对获得的信息进行处理,保证信息的有效性。 3. 根据已经掌握的信息,能够推理出有价值的结论。
		3级	1. 建立起能够长期运作的客户信息收集系统,并指导下属人员进行适时维护。 2. 通过分析已掌握的信息,能够对事物或事件的发展方向做出准确预测。 3. 能够通过与他人的沟通、交流,提升相关人员的归纳、演绎等推理能力。
决策能力	根据对形势的分析,做出恰当、合理、及时和实际的判断,并采取相应行动的能力	1级	1. 能够利用较充足的信息做出常规的决策。 2. 做决策时表现出很大的随意性。
		2级	1. 面对有竞争性的方案时,能够及时地做出决定。 2. 在本职工作领域内能够客观分析形势,并做出初步判断。 3. 能够根据相关程序和上级及相关资源的要求,对日常性、一般性的问题做出决定,并采取行动。
		3级	1. 能够分析较广泛领域内的复杂情况,对自己所做决策可能产生的影响有清醒的认识。 2. 能够依据已有数据、知识和经验,做出对公司有着一定程度影响的决策,并付诸实施。 3. 在复杂、模糊、风险很高的形势下,在对多个领域内的各种信息进行深度分析的基础上,做出有长期影响的战略性决策,承担预计到的风险和一切后果责任。
关系建立能力	为了达成某种特定的目的,与组织内部、外部相关人员建立合作关系的能力	1级	1. 能够与他人保持比较融洽的合作关系。 2. 对于可能影响合作关系的因素有一定的认识。
		2级	1. 能够主动与团队内部、外部成员建立良好的合作关系。 2. 能够将与他人的关系应用到工作当中,并取得一定的工作业绩。
		3级	1. 能够与团队内部、外部成员建立一种超出合作关系的友谊。 2. 能够通过与自己关系网内的成员建立更广泛的关系网,使自己的关系圈不断地向外扩展。

续表

素质名称	定义	级别	行为表现
细节关注能力	对客户服务工作中细节的重视程度及对细节管理所带来的效果	1级	1. 能够对工作过程中的细节给予足够重视,清楚细节工作的具体要求,并能够通过努力提高细节工作质量。 2. 能够针对工作中的细节问题提出合理化建议。
		2级	1. 对已经出现的细节问题,能够做到充分了解和把握,并能采取合理的方法有效解决细节问题。 2. 了解细节对管理和工作开展提出的要求,根据细节问题的产生原因,能够提出解决细节问题的办法,并组织实施。
		3级	1. 能够预见客户服务处理过程中可能存在的细节问题,并能够在考虑全局的前提下指导他人及早制订预防措施。 2. 能够通过细节问题把握客户服务过程中存在的漏洞,以较低的成本有效解决细节问题,并能够根据某一细节问题的处理经验触类旁通,制定相关制度。
问题解决能力	为了达成最终的结果,能够从不同角度分析问题,寻求答案的能力	1级	1. 能够对问题的产生做出一般性的分析和判断。 2. 对于一般性问题,能够找到有效的解决途径。 3. 对于突发性问题,有时会感到无所适从。
		2级	1. 对于问题发生的原因有比较清晰的认识。 2. 对于经常性问题,能够很快想出解决方案。 3. 对于突发性问题,根据自己的经验或知识,能够在第一时间内做出判断。
		3级	1. 能够帮助他人对问题产生的原因进行分析,并指导其形成解决问题的方案。 2. 根据自身在解决问题方面的经验,能够制订出问题的解决流程。 3. 根据问题产生因素之间的内在联系,能够制订出预防问题的策略与方法。
影响力	说服或影响他人接受某一观点,推动某一议程或领导某一具体行为的能力	1级	能清晰地陈述相关事实,呈现经过充分准备的合理案例,并运用直接证据(如关于实质特征的数据、意见一致的范围与利益等)以支持个人观点,说服对方做出承诺或保证。
		2级	1. 通过指出他人的忧虑、强调共同利益来说服他人。 2. 预期他人的反应,并根据需要采取适当的风格和语言应对。 3. 用案例或论据创造出一个"双赢"的解决方案,以实现双方的目标。
		3级	1. 通过第三者或专家来施加影响,结成联盟,建立幕后支持,构成影响别人行为的有利形势。 2. 精心策划事件以间接影响他人(如安排计划和时间、策划关键事件、预测有关关键联盟的提议、影响证言等)

续表

素质名称	定义	级别	行为表现
亲和力	能够通过言谈举止给人一种容易接近的感觉	1级	1. 在与他人交谈、沟通的过程中,总是能表现出对他人的尊重。 2. 能够给人一种比较随和的感觉,使人愿意与之交往。
		2级	1. 凡事能够从对方的立场着想,与他人沟通过程中始终保持热情、和蔼。 2. 能够通过自己的语言、行为与他人建立比较融洽的关系。
		3级	1. 讲究沟通的艺术性,能够给人一种自然、舒服的感觉。 2. 能够将自己的沟通技巧传授给他人,共同成长。 3. 能够通过与他人的沟通发现自身或企业存在的问题,并能提供一些改进意见。
市场拓展能力	为达成一定的市场拓展目的而需具备的沟通、组织等方面的技能和知识	1级	1. 对市场拓展的相关知识、技能、渠道等有所了解。 2. 能够通过自己对市场的接触有效收集各类市场信息。 3. 能够在他人的指导和帮助下完成部分市场开拓任务。
		2级	1. 根据自己掌握的市场拓展知识、技能,能够独立完成市场拓展工作。 2. 通过分析市场拓展过程中收集的信息,能够判断出市场拓展工作可能会遇到的问题。 3. 能够与客户、经销商等建立比较稳固的关系,确保合作关系长久。
		3级	1. 能够结合自身经验,指导他人完成一部分市场拓展工作。 2. 通过分析自身或他人收集的市场信息,能够预测企业可能面临的经营风险,并提出相应的应对方案。 3. 面对突如其来的市场变故,能够指导他人采取及时、有效的应对措施,以减少企业的损失。
预期应变能力	为了应对将来可能面临的竞争或挑战,提前采取预防性措施或做好相应思想准备的能力	1级	1. 对可能发生的变化缺少敏锐的察觉能力。 2. 对于将来可能出现的变故缺少必要的准备。
		2级	1. 能够从发展的角度思考问题,在事物变化之前就能够有所察觉。 2. 能够主动应对可能出现的变化,并在未得到主管人员指示的情况下就可以采取适当的行动。
		3级	1. 能够从全局角度思考问题,在事物变化之前就能将可能发生的变化告知他人,并提醒其做好应对准备。 2. 能够准确判断事物发生变化给组织可能带来的影响,并制订相应的应对方案。

续表

素质名称	定 义	级别	行为表现
市场信息分析能力	从市场信息收集、整理到分析运用的全程处理能力	1级	1. 对市场信息的收集方式、方法有一定的了解。 2. 根据主管人员的要求，能够收集到产品销售的相关信息、数据等。 3. 能够对收集到的市场信息进行初步筛选与整合。
		2级	1. 熟悉市场信息收集的方式、方法和技巧。 2. 能够将收集到的市场信息按重要程度分类，并将其中的重要信息及时向相关领导报告。 3. 通过对市场信息的分析，能够敏锐地发现其中隐含的市场机遇和风险。
		3级	1. 能够将自己在市场信息收集方面的技巧、方法主动与他人分享。 2. 能够组织建立市场信息分析流程，保证市场信息分析的科学性与有效性。 3. 通过分析市场信息，能够准确预测未来的市场竞争形势，并提供相应的应对策略。
创新能力	不受成规和以往经验的束缚，不断改进工作和学习方法，以适应新观念、新形势发展的要求的能力	1级	因循守旧，对新事物持敌视态度；对于上级布置的各项工作教条、死板地执行；遇到各种问题习惯用经验来解决，反对创新。
		2级	1. 对新事物具有良好的接受性。 2. 解决问题时愿意尝试新的方法。 3. 对于上级布置的各项工作，会从自己的角度出发，灵活变通地完成；不反对创新。
		3级	1. 能够作为公司创新精神的倡导者。 2. 能够创造性地落实上级布置的各项工作。 3. 鼓励下属多角度思考，提出各种解决问题的思路；做出的决策稳健而不保守，敢于创新但不冒失。
换位思考能力	站在对方的立场上思考问题，提出解决方案的能力	1级	1. 在与客户或同事交往的过程中虽能注意对方的感受，却难以改变自己的思考方式。 2. 有一定的换位思考意识。
		2级	1. 凡事能够站在客户或同事的立场着想，与对方坦诚相处。 2. 对于客户提出的问题，能够设身处地为其谋划解决方案。
		3级	1. 能够通过建立相应的制度或规范来保障服务标准的执行。 2. 能够鼓励他人从客户的角度思考问题。

9. 售后服务部

表 F9-1　售后服务部人员职业素养定义表

素质名称	定　义
成就欲	个人希望更好地完成工作或达到某一绩效标准,强烈追求成功的持续性愿望。
服务意识	在工作中善于从对方立场思考问题,满足对方需求的意识。
坚忍性	也可称为耐受力、承压能力、自我控制能力和意志力等,指人们在巨大的压力环境下克服外部和自身的困难,坚持完成指定任务的倾向。
自信心	一种对自己的观点、决定、完成任务的能力、有效解决问题的能力的自我信仰。
诚信意识	以诚实和善良的心态行使权利、履行义务。
忠诚度	对工作、团队、组织的信任及在关键事件上以公司利益为重的意识。
成本意识	注重投入产出,节约公司资源的意识。
廉洁自律性	不利用职务便利为自己或他人直接或间接牟取私利的态度。
创新意识	个人在工作中不断提出新观念、创造新方法的意识。
团队意识	个人自觉地融入团队,与同事团结合作,共同完成工作任务的意识。

表 F9-2　售后服务部人员知识分级定义表

素质名称	定　义	级别	行为表现
公司知识	包括行业知识、公司文化(发展历史、价值观等)、组织结构、基本规章制度和业务流程等	1级	了解员工手册与职位相关内容,了解公司发展历史,熟悉与本岗位有关的管理制度、流程。
		2级	了解行业状况,熟悉公司的历史、现状、未来发展方向以及相关管理制度、整体运作流程,了解公司整体战略规划以及战略步骤。
		3级	洞悉行业状况重大变化与趋势,能基于公司整体战略规划以及战略步骤对公司运作流程与制度提出系统、科学的建设方案,以支持、保证战略目标的实现。
产品知识	包括产品的名称、性能与特点、目标客户、物理特性等	1级	了解公司产品或服务的名称、主要特点、物理特性及主要目标客户。
		2级	全面掌握公司所有产品或服务的详细资料(名称、性能与特点、主要优点、物理特性、目标客户),并能够通过对检验数据的分析,为产品设计或产品生产部门提供建设性意见。
		3级	精通公司所有产品或服务的详细资料,并能对未来产品或服务的规划与设计提出合理化建议。
客服知识	包括售后服务技巧、服务理念、服务方法、服务内容、服务环境等	1级	1. 了解售后服务基本常识和基本服务理念。 2. 具备日常售后服务工作所需的技能。
		2级	1. 全面掌握售后服务所需的各种知识,熟练掌握服务技巧、服务方法等。 2. 在与客户沟通过程中善于营造良好的服务环境。
		3级	1. 精通售后服务各方面知识,并能够将自己的心得、体会应用于指导相关服务人员的工作中。 2. 对售后服务的发展趋势有独到的见解,充分理解各种售后服务工具或系统的作用。

续表

素质名称	定 义	级别	行为表现
营销知识	主要包括三大类知识,具体内容请参考表F9-3	1级	了解A、B、C类知识的一般概念和内容框架以及一般原理和方法,对市场敏感性强,有营销意识,能运用营销的理念进行初级市场开发或客户管理工作。
		2级	1. 掌握A、B、C中任意一两类知识的操作运用原理,了解销售工作并有一定的工作经验。 2. 可综合利用各种营销策划知识进行部分项目的市场调研、客户调查、分析以及指导销售工作,编制简单的营销策划方案。
		3级	熟练掌握A、B、C类知识的操作运用原理,精通营销策划知识,编写的营销策划方案可行且有创新,能在实践中创造品牌效应、发挥品牌价值。

表 F9-3 营销知识分类详表

类别	具体包括的学科
A类	营销心理学、公共关系学、客户关系管理、营销渠道管理、价格管理、终端管理等。
B类	预测与调研、营销信息管理、市场策划、品牌管理、广告学等。
C类	推销与销售技巧、售后服务技巧等。

表 F9-4 售后服务部人员技能/能力分级定义表

素质名称	定 义	级别	行为表现
领导能力	通过引导或授权,促使团队成员完成工作任务或达成预定目标的能力	1级	1. 能够领导团队成员,使其达成合作关系。 2. 能够通过监督所属团队成员的工作,保证团队目标的实现。
		2级	1. 能够将所属团队成员聚集在自己的周围工作。 2. 能够以身作则,带领团队完成特定的任务。 3. 能够为团队成员建立清晰的愿景,并知道通过什么途径去实现。
		3级	1. 在团体中,不需要任命或选举而成为群体的核心。 2. 能够通过设计目标愿景,使团队成员坚持不懈地为目标而努力。 3. 能够通过引导或授权,使团队成员自发、自愿地形成一个集体,并为同一目标努力工作。
监控能力	能够通过有效的方法或手段,掌握被监控对象的业务量及相关作业情况的能力	1级	1. 能够借助相关设备,有效监测信息的流向,掌握被监控对象的工作量。 2. 能够通过监控设备,及时了解被监控对象的工作进程及服务情况。
		2级	1. 能够发现被监控对象存在的问题,并及时进行纠正。 2. 能够发现被监控对象能力和素质方面的不足,并提出相应的提升方案。
		3级	1. 能够通过对被监控对象的不定期抽查,对其工作业绩做出准确的评价。 2. 根据被监控对象的实际表现,能够预测出其将来工作中可能遇到的问题和障碍,并提前给予适当的指导。

续表

素质名称	定　义	级别	行为表现
他人培养能力	通过恰当的需求分析，能将知识、经验、工作方法和技巧有效地传授给他人，以帮助其完成工作任务并促进其发展的能力	1级	对员工给予具体的指导、建议以及工作示范，为其提供必要的工具、信息等支持，帮助员工提高工作技能、促进个人职业发展。
		2级	1. 能够识别员工的优劣势与发展需要，提供及时的反馈与强化。 2. 在员工遇到挫折之后给予其鼓励，帮助员工重新树立自信心。
		3级	1. 根据组织发展需要，安排并开发恰当的正规培训，促进员工个人学习与发展。 2. 在工作中有意识地帮助他人，为他人创造学习机会，并随时对他人进行鼓励，激励其保持良好的学习愿望。
团队合作能力	能够与团队成员密切配合，共同完成工作任务的能力	1级	1. 有一定的团队合作意愿，但在具体的团队合作中稍显欠缺。 2. 对于职责范围内的工作能够主动承担。
		2级	1. 能够做到以团队利益为重，从大局出发思考、解决问题。 2. 对于团队成员的工作成绩及时给予肯定，并能做到与团队成员共享知识和经验。
		3级	1. 能够凭借自身的影响力将整个团队的力量凝聚起来。 2. 能够及时发现团队合作过程中出现的障碍，并采取有效措施将其化解。 3. 能够建立团队资源共享平台，确保团队任务的达成。
人际交往能力	对人际交往保持高度的兴趣，能够通过主动、热情的态度以及诚恳、正直的品质赢得他人的尊重和信赖，从而营造良好的人际交往氛围	1级	待人不够真诚，无法获得大部分人的信赖，为人处世不懂得变通，适应能力较差。
		2级	1. 能给人一种真诚的印象，能获得周围人的支持与信赖，在工作中能考虑他人的感受。 2. 具备良好的沟通交流能力，能够恰当地表达和倾听，对不同情境和不同交往对象能够灵活使用多种人际交往技巧和方式，采取不同的应对策略。
		3级	待人友好、真诚，能获得周围人的信赖，在工作中人们都愿意与其交往并保持良好的关系。

续表

素质名称	定义	级别	行为表现
沟通能力	正确倾听他人意见，理解其感受、需要和观点，并做出适当反应的能力	1级	1. 谈话中不善于抓住谈话的中心议题。 2. 表达自己的思想和观点不够简洁、清晰。 3. 在沟通过程中以自我为中心，缺乏对他人应有的尊重。
		2级	1. 能以开放、真诚的方式接收和传递信息。 2. 了解交流的重点，并通过书面或口头的形式，用清楚的理由、事实表达主要观点。 3. 尊重他人，能在倾听别人的意见、观点的同时适时地给予反馈。
		3级	1. 沟通时语言清晰、简洁、客观，且切中要害。 2. 能够针对不同听众调整适当的语言和表达方式，以取得一致性结论。 3. 能够拓展并保持广泛的人际网络。
专业学习能力	发展自己的专业或职业知识，与他人分享专业经验的能力与动机	1级	1. 学习本专业领域基本知识，并将这些知识有效地应用于实践。 2. 能够主动地了解专业领域的最新发展情况，并思考如何运用到实际工作中。 3. 能够运用专业知识与经验解决问题，帮助他人，有时会促进项目进展或改善当前局面。
		2级	1. 能够主动在自己本专业范围之外应用自己的知识，能够利用本专业范围外的知识提升业务。 2. 能够利用自己的知识促进其他领域工作或项目的进展，以提高其他部门的效率。 3. 寻找能够利用专业知识促进别人项目发展的机会。
		3级	1. 在工作范围之外寻找学习机会，以提高自己新知识的水平。 2. 能够在专业杂志上发表文章。 3. 在组织内充当着新技术、新知识的倡导者。
协调能力	通过沟通与组织内外部人员达成某种共识的能力	1级	1. 对于组织内外部人员在行动和思想上的不一致有清醒的认识。 2. 对于组织内外部人员可能产生的不和谐因素有一定的了解。
		2级	1. 对于组织内外部产生的不和谐行为有一定的调节能力，尽量将矛盾消灭在萌芽状态。 2. 在处理组织内外部矛盾过程中能够获得大多数人的拥护与支持。
		3级	1. 能够平衡组织内外部的各种关系，确保组织既定目标的达成。 2. 能够将自己在协调内部关系过程中的技巧、经验与他人共享。 3. 能够通过协调组织内外部关系，发现组织内隐藏的问题或矛盾，并提出相应的解决方法或应对策略。

续表

素质名称	定　义	级别	行为表现
自控能力	面对他人的反对、敌意时或在长期重复性工作及压力环境下，能够保持冷静、控制负面情绪和消极行为，继续完成工作任务的能力	1级	1. 有能力抵制可能的诱惑，不会采取不恰当和冲动的行为。 2. 在感觉到强烈的感情（例如，发怒、极其沮丧或高度压力）时，能抑制其表现出来。
		2级	1. 当感觉到强烈情绪时不仅能抑制其表现出来，而且能够继续平静地进行谈话或开展工作。 2. 能够长时间地抑制感情或抵抗压力，在持续的压力状况下以一贯的正常状态推进工作。
		3级	1. 当感觉到强烈的感情或其他压力时，不仅能够抑制，而且能够以建设性的方法回应压力和不良情绪，冷静分析问题的来源，并能进行对比总结，避免今后出现类似情况。 2. 在群体人员都受到强烈冲击时，不仅能够控制自己的情绪，而且能够鼓励别人冷静下来，保持良好心态。
逻辑分析能力	根据已经掌握的各种信息，运用归纳、演绎等推理方法得出一定结论的能力	1级	1. 能够借助现有手段获取各种有效信息。 2. 能够按照一定的方式、方法，将收集的信息进行汇总、分类。
		2级	1. 能够建立稳固的信息收集渠道，确保信息获得的持续性。 2. 能够运用各种信息分析方法，对获得的信息进行处理，保证信息的有效性。 3. 根据已经掌握的信息，能够推理出有价值的结论。
		3级	1. 建立起能够长期运作的客户信息收集系统，并指导下属人员进行适时维护。 2. 通过分析已掌握的信息，能够对事物或事件的发展方向做出准确预测。 3. 能够通过与他人的沟通、交流，提升相关人员的归纳、演绎等推理能力。
决策能力	根据对形势的分析，做出恰当、合理、及时和实际的判断，并采取相应行动的能力	1级	1. 能够利用较充足的信息做出常规的决策。 2. 做决策时表现出很大的随意性。
		2级	1. 面对有竞争性的方案时，能够及时地做出决定。 2. 在本职工作领域内能够客观分析形势并做出初步判断。 3. 能够根据相关程序在上级及相关资源的指导下，对日常性、一般性的问题做出决定，并采取行动。
		3级	1. 能够分析较广泛领域内的复杂情况，对自己所做决策可能产生的影响有清醒的认识。 2. 能够依据已有数据、知识和经验，做出对公司有着一定程度影响的决策，并付诸实施。 3. 在复杂、模糊、风险很高的形势下，在对多个领域内的各种信息进行深度分析的基础上，做出有长期影响的战略性决策，承担预计到的风险和一切后果责任。

续表

素质名称	定 义	级别	行为表现
关系建立能力	为了达成某种特定的目的,与组织内外部相关人员建立合作关系的能力	1级	1. 能够与他人保持比较融洽的合作关系。 2. 对于可能影响合作关系的因素有一定的认识。
		2级	1. 能够主动与团队内外部成员建立良好的合作关系。 2. 能够将与他人的关系应用到工作当中,并取得一定的工作业绩。
		3级	1. 能够与团队内外部成员建立一种超出合作关系的友谊。 2. 能够通过与自己关系网内的成员建立更广泛的关系网,使自己的关系圈不断地向外扩展。
细节关注能力	对售后服务工作中细节的重视程度及对细节管理所带来的效果	1级	1. 能够对工作过程中的细节给予足够重视,清楚细节工作的具体要求,并能够通过努力提高细节工作质量。 2. 能够针对工作中的细节问题提出合理化建议。
		2级	1. 对已经出现的细节问题,能够做到充分了解和把握,并能够采取合理的方法有效解决细节问题。 2. 了解各具体细节对管理和工作开展提出的要求,根据细节问题的产生原因,能够提出解决细节问题的办法,并组织实施。
		3级	1. 能够预见售后服务处理过程中可能存在的细节问题,并能够在考虑全局的前提下指导他人及早制订预防措施。 2. 能通过细节问题把握售后服务过程中存在的漏洞,以较低的成本有效解决细节问题,并能够根据某一细节问题的处理经验触类旁通,制定相关制度。
问题解决能力	为了达成最终的结果,能够从不同角度分析问题,寻求答案的能力	1级	1. 能够对问题的产生做出一般性的分析和判断。 2. 对于一般性问题,能够找到有效的解决途径。 3. 对于突发性问题,有时会感到无所适从。
		2级	1. 对于问题发生的原因有比较清晰的认识。 2. 对于经常性问题,能够很快想出解决方案。 3. 对于突发性问题,根据自己的经验或知识,能够在第一时间内做出判断。
		3级	1. 能够帮助他人对问题产生的原因进行分析,并指导其形成解决问题的方案。 2. 根据自身在解决问题方面的经验,能够制订出问题的解决流程。 3. 根据问题产生因素之间的内在联系,能够制订出预防问题的策略与方法。

续表

素质名称	定义	级别	行为表现
影响力	说服或影响他人接受某一观点,推动某一议程或领导某一具体行为的能力	1级	能清晰地陈述相关事实,呈现经过充分准备的合理案例,并运用直接证据(如关于实质特征的数据、意见一致的范围与利益等)以支持个人观点,说服对方做出承诺或保证。
		2级	1. 通过指出他人的忧虑、强调共同利益来说服他人。 2. 预期他人的反应,并根据需要采取适当的风格和语言应对。 3. 用案例或论据创造出一个"双赢"的解决方案,以实现双方的目标。
		3级	1. 通过第三者或专家来施加影响,结成联盟,建立幕后支持,构成影响别人行为的有利形势。 2. 精心策划事件以间接影响他人(如安排计划和时间、策划关键事件、预测有关关键联盟的提议、影响证言等)。
亲和力	能够通过言谈、举止给人一种容易接近的感觉	1级	1. 在与他人交谈、沟通的过程中,总是能表现出对他人的尊重。 2. 能够给人一种比较随和的感觉,使人愿意与之交往。
		2级	1. 凡事能够从对方的立场着想,与他人沟通过程中始终保持热情、和蔼。 2. 能够通过自己的语言、行为与他人建立比较融洽的关系。
		3级	1. 讲究沟通的艺术性,能够给人一种自然、舒服的感觉。 2. 能够将自己的沟通技巧传授给他人,共同成长。 3. 能够通过与他人的沟通发现自身或企业存在的问题,并能提供一些改进意见。
市场拓展能力	为达成一定的市场拓展目的而需具备的沟通、组织等方面的技能和知识	1级	1. 对市场拓展的相关知识、技能、渠道等有所了解。 2. 能够通过自己对市场的接触有效收集各类市场信息。 3. 能够在他人的指导和帮助下完成部分市场开拓任务。
		2级	1. 根据自己掌握的市场拓展知识、技能,能够独立完成市场拓展工作。 2. 通过分析市场拓展过程中收集的信息,能够判断出市场拓展工作可能会遇到的问题。 3. 能够与客户、经销商等建立比较稳固的关系,确保合作关系长久。
		3级	1. 能够结合自身经验,指导他人完成一部分市场拓展工作。 2. 通过分析自身或他人收集的市场信息,能够预测出企业可能面临的经营风险,并提出相应的应对方案。 3. 面对突如其来的市场变故,能够指导他人采取及时、有效的应对措施,以减少企业的损失。

续表

素质名称	定　义	级别	行为表现
预期应变能力	为了应对将来可能面临的竞争或挑战,提前采取预防性措施或做好相应思想准备的能力	1级	1. 对可能发生的变化缺少敏锐的察觉能力。 2. 对于将来可能出现的变故缺少必要的准备。
		2级	1. 能够从发展的角度思考问题,在事物变化之前就能够有所察觉。 2. 能够主动应对可能出现的变化,并在未得到主管人员指示的情况下就可以采取适当的行动。
		3级	1. 能够从全局角度思考问题,在事物变化之前就能将可能发生的变化告知他人,并提醒其做好应对准备。 2. 能够准确判断事物发生变化给组织可能带来的影响,并制订相应的应对方案。
市场信息分析能力	从市场信息收集、整理到分析运用的全程处理能力	1级	1. 对市场信息的收集方式、方法有一定的了解。 2. 根据主管人员的要求,能够收集到产品销售的相关信息、数据等。 3. 能够对收集到的市场信息进行初步筛选与整合。
		2级	1. 熟悉市场信息收集的方式、方法和技巧。 2. 能够将收集到的市场信息按重要程度分类,并将其中的重要信息及时向相关领导报告。 3. 通过对市场信息的分析,能够敏锐地发现其中隐含的市场机遇和风险。
		3级	1. 能够将自己在市场信息收集方面的技巧、方法主动与他人分享。 2. 能够组织建立市场信息分析流程,保证市场信息分析的科学性与有效性。 3. 通过分析市场信息,能够准确预测未来的市场竞争形势,并提供相应的应对策略。
创新能力	不受成规和以往经验的束缚,不断改进工作和学习方法,以适应新观念、新形势发展的要求的能力	1级	因循守旧,对新事物持敌视态度;对于上级布置的各项工作教条、死板地执行;遇到各种问题习惯用经验来解决,反对创新。
		2级	1. 对新事物具有良好的接受性。 2. 解决问题时愿意尝试新的方法。 3. 对于上级布置的各项工作,会从自己的角度出发,灵活变通地完成;不反对创新。
		3级	1. 能够作为公司创新精神的倡导者。 2. 创造性地落实上级布置的各项工作。 3. 鼓励下属多角度思考,提出各种解决问题的思路;做出的决策稳健而不保守,敢于创新但不冒失。

续表

素质名称	定 义	级别	行为表现
换位思考能力	站在对方的立场上思考问题,提出解决方案的能力	1级	1. 在与客户或同事交往的过程中虽能注意对方的感受,却难以改变自己的思考方式。 2. 有一定的换位思考意识。
		2级	1. 凡事能够站在客户或同事的立场着想,与对方坦诚相处。 2. 对于客户提出的问题,能够设身处地为其谋划解决方案。
		3级	1. 能够通过建立相应的制度或规范来保障服务标准的执行。 2. 能够鼓励他人从客户的角度思考问题。

10. 总经理办公室主任

表 F10-1　总经理办公室主任职业素养定义表

素质名称	定 义
敬业精神	个人调整自己的行为,使其符合组织要求和组织利益的愿望和能力。
服务意识	在工作中善于从对方立场考虑问题,满足对方需求的意识。
责任心	人们在日常工作、生活中通过承担对他人、对企业、对社会、对自己的责任所形成的责任意识。
原则性	以相关的规章制度、法律条文作为自己做事、做人的准则。
主动性	在日常工作中不需他人指派,主动承担相应工作。

表 F10-2　总经理办公室主任知识分级定义表

知识类型	定 义	级别	行为表现
公司知识	包括行业知识、公司文化(发展历史、价值观等)、组织结构、基本规章制度和业务流程等	1级	了解员工手册与职位相关内容,了解公司发展历史,熟悉与本岗位有关的管理制度、流程。
		2级	了解行业状况,熟悉公司的历史、现状、未来发展方向以及相关管理制度、整体运作流程,了解公司整体战略规划以及战略步骤。
		3级	洞悉行业状况重大变化与趋势,能基于公司整体战略规划以及战略步骤对公司运作流程与制度提出系统、科学的建设方案,以支持、保证战略目标的实现。
产品知识	包括产品的名称、性能与特点、主要优点、销售状况、与其他公司产品相比的优劣势、价格特点等	1级	了解公司产品的名称、主要特点,能向客户介绍与自己工作相关的几个产品的详细资料,并能回答客户对该类产品的询问。
		2级	全面掌握公司所有产品的详细资料(名称、性能与特点、主要优点、销售状况、与其他公司产品相比的优劣势、价格特点),并能解答客户对有关产品的询问。
		3级	精通公司所有产品的详细资料,并能对未来产品的规划与设计提出合理化建议。

续表

知识类型	定义	级别	行为表现
行政管理知识	包括日常行政事务处理、公文处理、档案管理、后勤服务管理等方面知识	1级	熟悉基本的行政学原理以及相关法律法规的规定,了解简单的日常行政事务处理原则和公文处理技巧。
		2级	1. 精通日常行政事务处理、公文处理、档案管理、后勤服务管理等相关专业知识。 2. 能够运用自身掌握的行政管理知识,妥善处理日常行政管理事务。
		3级	1. 具备战略规划知识,能够从企业全局角度规划行政管理工作。 2. 能够妥善协调企业内部各部门之间的关系、企业与政府部门之间的关系、企业与合作方之间的关系等,同时做好企业公关工作。
公共关系知识	包括公共关系对象、公共关系行为主体、公共关系过程管理等方面	1级	1. 熟悉公共关系管理的基本原理、功能、范畴等。 2. 能够利用已经掌握的公共关系知识做好公关调研、公关宣传等工作。
		2级	1. 精通公共关系理论,并能够用于指导实践。 2. 能够按照领导的要求做好公关策划以及策划的执行工作。
		3级	1. 能够将公共关系理论与企业具体情况相结合,并对他人的公共关系理论进行指导。 2. 能够应对处理突如其来的公关危机,并就其中反映出来的问题做好应急方案。

表 F10-3 总经理办公室主任技能/能力分级定义表

素质名称	定义	级别	行为表现
文档管理能力	通过对文档管理的规划与设计,最大限度地满足相关部门对文档的需求的能力	1级	1. 熟悉文档分类、保管等基本常识和相关制度、规定。 2. 能够独立完成文档的日常分类、保管等工作。
		2级	1. 精通文档管理的相关制度条款,并能够用于指导实际工作。 2. 能够在权限范围内独立完成相关的文档管理工作。 3. 针对文档管理过程中出现的问题,能够提出适当的解决方案。
		3级	1. 根据自身文档管理的经验,结合他人的反馈,能够组织设计文档管理系统。 2. 能够指导他人完成文档管理工作,并将自己的管理经验与他人分享。 3. 能够经常性地学习先进的文档管理经验或技术,并将其转化为具体可执行的方案,应用于文档管理的实际工作当中。

续表

素质名称	定 义	级别	行为表现
文案写作能力	根据自身掌握的写作技能,保质、保量地完成相关文案的编写工作	1级	1. 熟悉各类文书、合同写作的格式和基本用语。 2. 能够将领导的意图转化为相关文字,并且得到领导的认可。 3. 能够遵守相关文案写作要求,行文比较流畅。
		2级	1. 精通各类商务文书、信函、合同的写作。 2. 能够深刻领会领导的意图,编写的文案常常得到领导的赞赏。 3. 具备一定的写作功底,措辞优美而得当。
		3级	1. 掌握丰富的商务文书专业词汇,并能够恰当地应用于文案写作中。 2. 能够将自己的写作经验与他人共享,促进写作能力的共同提升。
下属激励能力	通过给予下属正向激励,使其得到发展和提高的能力	1级	1. 与下属沟通不足,对下属的指导、建议较少。 2. 对下属的需求了解不够,很少为下属提供发展指导。
		2级	1. 能与下属就其工作表现进行及时的沟通与反馈,并给予适当引导。 2. 当下属遇到问题时能提供帮助,与其共同解决难题。
		3级	1. 对下属的工作能及时地提供正确的反馈与指导。 2. 对下属的能力与技能水平有准确的判断,能根据下属的不同特点为其制订职业生涯发展规划,并为下属提供自我学习的机会、工具、辅导以及各种资源。
行政事务处理能力	通过适当的协调与沟通,妥善处理各项日常行政事务的能力	1级	1. 能够将日常行政事务按照轻重缓急进行分类。 2. 能够处理相关部门一般性的行政服务需求。 3. 能够在主管领导的指导下,策划、组织整个公司的中小型集体活动。
		2级	1. 根据行政事务的轻重缓急,能够独立自主地处理行政事务,并指导下属行政事务工作的开展。 2. 能够对相关部门提出的比较复杂的、棘手的行政服务需求给予适当的满足。 3. 根据直接领导的决策,能够策划、组织整个公司的大型集体活动。
		3级	1. 能从全局出发对整个企业的行政事务进行统一规划、设计,保证各项服务工作的顺利开展。 2. 能够综合运用各类行政资源,保证各部门的行政服务需求。 3. 通过不断完善行政管理制度和行政工作流程,提高行政事务处理的效率。

续表

素质名称	定 义	级别	行为表现
应变能力	当外界环境发生变化时,通过运用自身掌握的知识、技能主动采取适应性措施的能力	1级	1. 对外界发生的变化有一定的察觉能力。 2. 能够认识到自身在应对外界变化时所采取的恰当措施,并有加以改进的意愿。
		2级	1. 能够认识到外界环境变化可能给企业带来的影响,并能够提供一些应对方案。 2. 对于外界的变化,能够自觉地采取相应的应对措施,并取得一定的积极效果。
		3级	1. 能够通过对变化原因的分析,总结出可能将要发生的变化,并提供应对方案。 2. 根据经验,能够制订应对变化的一般程序,并与他人分享。 3. 能够在变化处理的过程中发现可能为企业带来的市场机会,并及时提请企业做好相应的准备。
细节关注能力	通过对行政工作各个环节中细节的掌控,最大限度地减少误差和可能出现的失误的能力	1级	1. 能够做到细致地审查行政文书、文件,以减少不必要的失误。 2. 通过对行政工作细节的关注,了解企业运营过程中可能存在的问题。 3. 对如何改进工作细节有一定的认识和了解。
		2级	1. 对他人提供的行政文书、文件等存在的细节问题有一定的认知能力。 2. 能够指导他人更好、更细致地完成行政服务工作。 3. 能够分析行政工作中经常发生的细节问题,确定企业运营过程中存在的问题,并提出改进意见。
		3级	1. 能够通过制定制度、改进审批流程等方式,最大限度地降低细节问题发生的概率。 2. 能够比较全面地掌握改进工作细节的方法,并及时给他人以指导。 3. 能够通过对行政工作中发生的细节问题进行分析,准确预测企业可能面临的风险,并提出相应的应对策略。
决策能力	根据对形势的分析,做出恰当、合理、及时和实际的判断,并采取相应行动的能力	1级	1. 能够利用较充足的信息做出常规的决策。 2. 做决策时表现出很大的随意性。
		2级	1. 面对有竞争性的方案时,能够及时地做出决定。 2. 在本职工作领域内能够客观分析形势,并做出初步判断。 3. 能够根据相关程序和上级及相关资源的要求,对日常性、一般性的问题做出决定,并采取行动。
		3级	1. 能够分析较广泛领域内的复杂情况,对自己所做决策可能产生的影响有清醒的认识。 2. 能够依据已有数据、知识和经验,做出对公司有一定程度影响的决策,并付诸实施。 3. 在复杂、模糊、风险很高的形势下,在对多个领域内的各种信息进行深度分析的基础上,做出有长期影响的战略决策,承担预计到的风险和一切后果责任。

续表

素质名称	定 义	级别	行为表现
系统思考能力	保持思维的广度，在开展业务的过程中考虑工作对周围环境的影响，从而制订出对全局有益的行动方案	1级	1. 综合考虑工作中每个环节的逻辑关系。 2. 预先设想自身的工作对客户和同事的影响，并做好事先沟通。 3. 考虑自身决策对于工作流程或团队的影响。
		2级	1. 能够在确定解决问题的办法时考虑到资源分配的合理性，充分发挥可用的技能和资源。 2. 考虑自身决策对于组织的影响，能够联合相关部门共同制订更出色的解决方案。 3. 为了达到全局的利益，可以放弃自身利益或对自身的利益做出让步。 4. 分析、归纳国际和行业内的重要政策，支持和推动企业变革活动。
		3级	1. 针对环境的改变重新组合企业的资源，为解决企业问题提供支持。 2. 以企业利益为中心，综合考虑各个部门之间的工作联系。 3. 考虑自身决策对组织和外部社会的影响。 4. 预见国家和行业内的重要政策，支持和促进企业的变革。
沟通能力	正确倾听他人意见，理解其感受、需要和观点，并做出适当反应的能力	1级	1. 谈话中不善于抓住谈话的中心议题。 2. 表达自己的思想和观点不够简洁、清晰。 3. 在沟通过程中以自我为中心，缺乏对他人应有的尊重。 4. 在沟通过程中能够基本理解、使用日常专业和非专业词汇。
		2级	1. 能以开放、真诚的方式接收和传递信息。 2. 了解交流的重点，并通过书面或口头的形式，用清楚的理由、事实表达主要观点。 3. 尊重他人，能在倾听别人的意见、观点的同时适时地给予反馈。 4. 在沟通过程中能够理解、使用日常专业和非专业词汇。
		3级	1. 沟通时语言清晰、简洁、客观，且切中要害。 2. 能够针对不同听众调整适当的语言和表达方式，以取得一致性结论。 3. 能拓展并保持广泛的人际网络。 4. 熟练掌握专业和非专业词汇，能够阅读、理解相关外文资讯。

续表

素质名称	定义	级别	行为表现
团队领导能力	有效地带领其团队按照既定目标前进的能力	1级	1. 了解一定的任务分配知识,并能在任务执行过程中进行适当的跟踪。 2. 能够对团队成员反映的意见及时进行处理,为团队成员提供及时、有效的指导与帮助。
		2级	1. 根据团队成员的特点,能够有针对性地分配任务,并全力保证组织目标的达成。 2. 能够采取一定的激励手段,保证团队成员的工作积极性。 3. 在关注团队工作成果的同时,能够最大限度地凝聚团队的力量。
		3级	1. 对团队成员的绩效有充分的认识,并给予适当的反馈。 2. 能够通过对团队成员工作的观察与分析,查找出团队合作的不足,并采取相应的改进措施。 3. 根据团队成员的特点,能够制定相应的激励机制,保障团队绩效的持续达成。

11. 总经理助理

表 F11-1　总经理助理职业素养定义表

素质名称	定　义
服务意识	在工作中善于从对方立场考虑问题,满足对方需求的意识。
责任心	人们在日常工作、生活中通过承担对他人、对企业、对社会、对自己的责任所形成的责任意识。
主动性	在日常工作中不需他人指派,主动承担相应工作。

表 F11-2　总经理助理知识素质定义表

知识类型	定义	级别	行为表现
公司知识			公司知识的分级定义见表F10-2。
办公自动化知识	包括计算机操作系统、Office办公软件使用、网络知识以及计算机安全管理等知识	1级	1. 具备一定的计算机基础知识和网络知识。 2. 能够熟练应用Office办公软件完成一般性工作任务。
		2级	1. 熟悉计算机操作系统、网络安全知识,防止计算机被病毒侵袭。 2. 能够运用Office办公软件完成领导要求的特殊工作任务。
		3级	1. 精通计算机及网络知识。 2. 能够构建内部办公局域网络,完成杀毒软件更新等工作。 3. 能够指导他人应用Office办公软件,并将操作过程中经常出现的问题进行归类,集中进行分析和讲解。

		续表
公共关系知识	公共关系知识的分级定义见表F10-2。	
行政管理知识	行政管理知识的分级定义见表F10-2。	
产品知识	产品知识的分级定义见表F10-2。	

表 F11-3　总经理助理技能/能力分级定义表

素质名称	分级定义及行为表现
文案写作能力	文案写作能力的分级定义见表F10-3。
文档管理能力	文档管理能力的分级定义见表F10-3。
应变能力	应变能力的分级定义见表F10-3。
细节关注能力	细节关注能力的分级定义见表F10-3。
决策能力	决策能力的分级定义见表F10-3。
系统思考能力	系统思考能力的分级定义见表F10-3。
沟通能力	沟通能力的分级定义见表F10-3。

12. 执行总裁

表 F12-1　执行总裁职业素养定义表

素质名称	定义
成就导向	又称为进取心，指个人希望更好地完成工作或达到某一绩效标准，强烈追求成就的持续性愿望。
洞察力	通过对事物和环境的观察、感知，能透过现象看到本质，把握问题的关键。
风险防范意识	对企业可能存在的经营风险、突发事件风险、社会责任风险等具有较高的敏感性，能通过对每个细节的严谨考量预见到各类因素可能会产生的风险和后果，并提出相应的预防措施和应对方案，从而有效规避风险。
全局观念	在开展工作或进行决策时能够从组织的整体或长远利益出发，顾全大局，为了整体利益，能够牺牲局部利益或个人利益。

表 F12-2　执行总裁知识素质定义表

知识类型	定义	级别	行为表现
公司知识	公司知识的分级定义见表F10-2。		
产品知识	产品知识的分级定义见表F10-2。		
管理知识	包括管理学、经济学、人力资源管理、战略管理等	1级	初步了解管理学原理及企业经营管理知识，工作中能够理解企业的一些人事政策、管理措施。
		2级	掌握管理学、人力资源管理、组织行为等相关管理知识，能够进行下属员工工作分配、工作计划落实，对工作结果进行考核评价等管理工作。
		3级	在生产经营管理、战略管理、管理心理学等方面具备一定修养，精通管理学、企业管理等相关学科知识，并能够运用于实践，为企业的财务管理、经营管理服务。

续表

知识类型	定义	级别	行为表现
财务知识	主要包括四大类知识，详见表F12-3	1级	1. 掌握A类所包含的基本知识、原理、方法，能够在企事业中进行会计核算、账务处理等项工作。 2. 熟悉B类知识，并能够灵活运用于实际工作中。
		2级	精通A、B类知识，熟悉C类知识，通过预算管理、资产管理、成本管理、税收筹划等项工作定期进行财务分析与预测，提交财务报告，为企业的经营决策提供支持。
		3级	精通A、B、C、D类知识并能够综合运用于企业财务管理工作中，能够对企业财务工作进行全面掌控，建立健全企业的财务系统，实现内部控制，规避财务风险，并对企业的重要经营、投资等活动提供决策支持。
法律知识	包括公司法、税法、经济法、证券法及国家颁布的有关财务会计的规定，如会计准则、企业财务通则等	1级	了解与工作相关的各项法律、法规，使自己的工作合法、合规，避免出现原则性错误。
		2级	掌握相关法律知识，了解其他法律知识，并能够运用于工作之中，确保企业的经营在合法的条件下运行。
		3级	精通与公司运营、财务工作相关的全部法律知识，并能够灵活运用，在不违反法律、法规的情况下可进行税务筹划、投融资等，控制经营成本，提高资金运营效率，保证企业经营战略的实现。

表F12-3 财务知识分类详表

类别	具体包括的学科
A类	会计学原理、会计基础知识、会计电算化、企业会计核算与账务处理、统计学、税收等。
B类	工业企业财务管理、预算管理、成本管理、资产管理、财务分析与预测、税务筹划等。
C类	审计学、审计与内部控制、风险管理等。
D类	金融、证券、投资融资管理等。

表F12-4 执行总裁技能/能力分级定义表

素质名称	定义	级别	行为表现
决策能力	决策能力的分级定义见表F10-3。		
沟通能力	沟通能力的分级定义见表F10-3。		

素质名称	定 义	级别	行为表现
战略管理能力	基于对外部环境、内部资源的分析,对企业管理和工作业务进行筹划,明确管理和业务战略目标,并根据战略目标设计组织架构、人员配备方案及业务开展策略的能力	1级	对企业的发展充满信心,能正确地执行企业的管理和业务战略。
		2级	1. 能对自己所负责工作领域未来几年的发展做出准确判断,并选择正确的业务开展战略选择。 2. 能够根据战略规划的要求合理搭配人员和配置资源,为达成企业战略目标提供保障。 3. 能够及时发现业务开展过程中偏离战略导向的问题,并能针对问题提出可行的解决方案。
		3级	1. 能够正确地分析和判断企业所处的环境和自身拥有的资源,并选择有利于企业发展的管理和业务战略。 2. 掌握企业的发展方向,指导战略目标的细化工作,明确各类业务的发展目标及计划。 3. 根据内外环境的变化,能够合理判断战略目标的实现程度,根据环境和资源的变化适时调整发展战略。 4. 能够及时发现在业务开展过程中偏离战略导向的行为,能够对其后果进行正确评估,迅速采取对策,并能够据此制订预防措施。
系统思考能力	系统思考能力的分级定义见表F10-3。		
团队领导能力	团队领导能力的分级定义见表F10-3。		

13. 营销总监

表F13-1 营销总监职业素养定义表

素质名称	定 义
成就欲	又称为成就导向、进取心,指个人希望更好地完成工作或达到某一绩效标准,强烈追求成就的持续性愿望。
敬业精神	个人调整自己的行为,使其符合组织要求和组织利益的愿望和能力。
忠诚度	对工作、团队、组织的信任及在关键事件上要以公司利益为重的意识。
成本意识	致力于获取较低综合采购成本的意识。
廉洁自律性	不利用职务的便利为自己或他人直接或间接牟取私利的态度。

表F13-2 营销总监知识素质定义表

知识类型	定 义	级别	行为表现
公司知识	公司知识的分级定义见表F10-2。		
产品知识	产品知识的分级定义见表F10-2。		

续表

知识类型	定 义	级别	行为表现
营销知识	主要包括三大类知识,具体内容请参考表 F13-3	1级	了解 A、B、C 类知识的一般概念和内容框架以及一般原理和方法,对市场敏感性强,有营销意识,能运用营销的理念进行初级市场开发或客户管理工作。
		2级	1. 掌握 A、B、C 中任意两类知识的操作运用原理,了解销售工作并有一定的工作经验。 2. 可综合利用各种营销策划知识进行部分项目的市场调研、客户调查、分析以及指导销售工作,编制简单的营销策划方案。
		3级	熟练掌握三类知识的操作运用原理,精通营销策划知识,编写的营销策划方案可行且有创新,能在实践中创造品牌效应、发挥品牌价值。
客户知识	包括目标客户群体的基本情况、性格偏好、质量偏好等	1级	了解目标客户群体的基本情况。
		2级	1. 熟悉目标客户群体的基本情况及性格偏好、质量偏好等。 2. 通过对客户知识的了解,能够主动对质量检验工作做出合理的改变。
		3级	1. 对目标客户群体的基本情况及性格偏好、质量偏好等有比较深入的研究,能够将其运用于日常工作中。 2. 熟练掌握客户知识,对未来产品质量标准或质量检验规范提出参考性意见。

表 F13-3 营销知识分类详表

类别	具体内容
A 类	营销心理学、公共关系学、客户关系管理、营销渠道管理、价格管理、终端管理等。
B 类	预测与调研、营销信息管理、市场策划、品牌管理、广告学等。
C 类	推销与销售技巧、客户服务技巧等。

表 F13-4 营销总监技能/能力分级定义表

素质名称	定 义	级别	行为表现
市场判断能力	理性、客观、无偏见地采取行动或决策的能力	1级	1. 考虑到必要的事实、信息以决定公司的政策和纲领。 2. 进行理性的直接判断,估计客观形势。 3. 在具体行动前系统地比较多种信息资源,从正反两个方面考虑风险及影响因素。
		2级	1. 考虑多种不同的备选方案,避免任何个人偏见,认真评估风险。 2. 考虑不同的意见,不带偏见。 3. 在多方利益发生冲突时,仍保持客观、冷静的态度。
		3级	1. 客观地判断那些对组织有长期影响的因素,并考虑到所有信息、估价风险和所有未来的有关事宜。 2. 选择最优长期方案时会参考大量的数据和影响因素。 3. 对于战略性问题,能从尽可能多的角度去思考。

续表

素质名称	定　义	级别	行为表现
渠道规划建设能力	通过自身掌握的渠道建设知识,在理解现有渠道的基础上完成渠道布局与规划的能力	1级	1. 对渠道建设的常识、渠道规划以及相关知识有所了解。 2. 对企业当前的渠道政策和渠道成员的销售能力比较熟悉,并能够用于渠道建设的实际工作当中。 3. 能够通过自己对渠道的了解,为主管领导的渠道规划工作提供建设性意见。
		2级	1. 熟练掌握渠道规划所需的各类知识,熟悉渠道规划的具体操作。 2. 根据已经掌握的渠道信息,能够独立完成渠道规划的具体工作。
		3级	1. 对渠道销售现状非常熟悉,能够指导他人完成渠道规划工作。 2. 能够对渠道规划工作的效果进行评估,将评估结果向主管领导汇报。 3. 能够对未来渠道规划的要求有充分的认识,并指导他人提前做好相关准备工作。
市场信息分析能力	从市场信息收集、整理到分析运用的全程处理能力	1级	1. 对市场信息的收集方式、方法有一定的了解。 2. 根据主管人员的要求,能够收集到产品销售的相关信息、数据等。 3. 能够对收集到的市场信息进行初步筛选与整合。
		2级	1. 熟悉市场信息收集的方式、方法和技巧。 2. 能够将收到的市场信息按重要程度分类,并将其中的重要信息及时向相关领导报告。 3. 通过对市场信息的分析,能够敏锐地发现其中隐含的市场机遇和风险。
		3级	1. 能够将自己在市场信息收集方面的技巧、方法主动与他人分享。 2. 能够组织建立市场信息分析流程,保证市场信息分析的科学性与有效性。 3. 通过分析市场信息,能够准确预测未来的市场竞争形势,并提供相应的应对策略。
市场拓展能力	为达成一定的市场拓展目的而需具备沟通、组织等方面的技能和知识	1级	1. 对市场拓展的相关知识、技能、渠道等有所了解。 2. 能够通过自己对市场的接触,有效收集各类市场信息。 3. 能够在他人的指导和帮助下,完成部分市场开拓任务。
		2级	1. 根据自己掌握的市场拓展知识、技能,能够独立完成市场拓展工作。 2. 通过分析市场拓展过程中收集的信息,能够判断出市场拓展工作可能会遇到的问题。 3. 能够与客户、经销商等建立比较稳固的关系,确保合作关系的长久。
		3级	1. 能够结合自身经验指导他人完成一部分市场拓展工作。 2. 通过分析自身或他人收集的市场信息,能够预测企业可能面临的经营风险,并提出相应的应对方案。 3. 面对突如其来的市场变故,能够指导他人采取及时、有效的措施应对,以减少企业的损失。

素质名称	定　义	级别	行为表现
商务谈判能力	谈判中有效达成共识并最大限度地争取和维护公司利益的能力	1级	能在谈判中表达主要目的,无漏项,把握谈判的原则并维护公司的利益。
		2级	能在谈判中快速识别对方的谈判风格,准确把握对方的观点,洞察其所关注的利益,适时调整策略并消除对方的疑虑。
		3级	1. 对谈判中可能遇到的问题有一定的预见性。 2. 善于表达,坚持自己的观点和利益,并具有一定的灵活性(善于运用各种谈判技巧)。 3. 在谈判中能够争取主动,替公司争取最大利益,善于挖掘双赢的解决方案、促成合作。
决策能力	决策能力的分级定义见表 F10-3。		
系统思考能力	系统思考能力的分级定义见表 F10-3。		
战略管理能力	战略管理能力的分级定义见表 F12-4。		
团队领导能力	团队领导能力的分级定义见表 F10-3。		

14. 采购总监

表 F14-1　采购总监职业素养定义表

素质名称	定　义
成就欲	又称为成就导向、进取心,指个人希望更好地完成工作或达到某一绩效标准,强烈追求成就的持续性愿望。
敬业精神	个人调整自己的行为,使其符合组织要求和组织利益的愿望和能力。
责任心	人们在日常工作、生活中通过承担对他人、对企业、对社会、对自己的责任所形成的责任意识。
成本意识	致力于获取较低综合采购成本的意识。
廉洁自律性	不利用职务的便利为自己或他人直接或间接牟取私利的态度。

表 F14-2　采购总监知识素质定义表

素质名称	定　义	级别	行为表现
公司知识	公司知识的分级定义见表 F10-2。		
采购知识	主要包括三大类知识,具体内容见表 F14-3	1级	了解 A、B、C 类知识的一般概念和内容框架以及一般原理和方法,了解采购商品的基本知识,能按照采购计划进行初级的采购作业以及供应商的开发与管理工作。
		2级	1. 掌握 A、B、C 中任意一两类知识的操作运用原理,熟悉采购规则、制度、国际惯例,掌握采购技能、商品及其检验、储运、保险、通关知识,并有一定的采购经验。 2. 可综合利用各种采购相关专业知识进行采购市场调研与供应预测,以此指导采购工作并可应对采购中出现的问题。
		3级	熟练掌握三类知识的操作运用原理,精通各种采购、供应商管理以及各类货物运输技巧。

续表

素质名称	定 义	级别	行为表现
供应商管理知识	包括供应商的开发、管理及供应商信息管理等知识	1级	1. 了解需要采购商品的基本供应商情况。 2. 利用各种渠道详细了解供应商的信息,通过采购谈判选择合适的供应商。 3. 能对现有的供应商进行关系管理,协调、处理采购中的各种问题。
		2级	1. 建立供应商信息库,熟知各供应商的生产状况、财务状况、产品特点、发展趋势、竞争对手状况等,在采购谈判中利用掌握的信息取得谈判的优势地位。 2. 对采购中与供应商合同执行中的各种问题有清楚而全面的了解,能有预见性地提出各种解决方案。
		3级	1. 通过形成战略同盟等形式,建立与供应商的长期合作关系。 2. 建立供应商评审体系,定期组织对供应商的评审工作,并采取各种措施对供应商进行监控。

表 F14-3　采购知识分类详表

类别	具体内容
A类	采购需求管理、采购计划管理、采购作业管理、招投标管理、采购物流管理、采购验收管理、仓库管理、合同执行管理、价格管理、市场营销管理等。
B类	采购市场调研与预测、采购信息管理、采购结算管理、公共关系管理、财税管理、国际采购管理、报关管理、电子商务采购管理、采购相关法律法规等。
C类	谈判技巧、供应商管理技巧、各类运输技巧等。

表 F14-4　采购总监技能/能力分级定义表

素质名称	定 义	级别	行为表现
询价能力	从组织以外采购生产所需的物资、设备时,对三家以上供应商提供的报价进行比较,以确保价格具有竞争性的能力	1级	在执行采购活动时有询价和议价意识,但仅局限于目前已有的供应商,没有采取主动寻找供应商的行动,没有更多的议价空间,取得的价格竞争力一般。
		2级	在执行采购活动时不局限于目前已有的供应商,能够主动寻找供应商,获得多方的价格信息,进行对比议价后取得的价格具有较大竞争力。
		3级	1. 在执行采购活动时不局限于目前已有的供应商,能够主动寻找供应商,获得多方的价格信息,进行对比议价。 2. 必要时,能采取积极的方法影响供应商的报价,取得的价格具有很强的竞争力。

续表

素质名称	定义	级别	行为表现
合同执行能力	通过沟通与协调各种关系,保证合同条款有效落实的能力	1级	1. 能够准确理解合同条款及双方应承担的责任与义务。 2. 能够定期与供应商就合同条款的落实情况进行沟通。 3. 根据领导的指示,能够保质、保量地完成采购工作。
		2级	1. 根据合同约定,能够定期督促供应商执行合同条款。 2. 能够定期将合同的执行情况通报主管领导,并就可能发生的风险做好应急处理预案。
		3级	1. 能够提前安排合同条款的执行,同时做好应急处理预案。 2. 对于合同执行过程中出现的异常情况,能够及时组织相关人员进行处理。
预期应变能力	为了应对将来可能面临的竞争或挑战,提前采取预防性措施或做好相应思想准备的能力	1级	1. 对可能发生的变化缺少敏锐的察觉能力。 2. 对于将来可能出现的变故缺少必要的准备。
		2级	1. 能够从发展的角度思考问题,在事物变化之前就能够有所察觉。 2. 能够主动应对可能出现的变化,并在未得到主管人员指示的情况下就可以采取适当的行动。
		3级	1. 能够从全局角度思考问题,在事物变化之前就能将可能发生的变化告知他人,并提醒其做好应对准备。 2. 能够准确判断事物发生变化给组织可能带来的影响,并制订相应的应对方案。
信息收集与处理能力	能够在完成信息收集的基础上采取分析、整理、汇总等方法对信息进行处理	1级	1. 熟悉信息收集的一般方法,并能运用这些方法完成简单的信息收集工作。 2. 能够对信息进行简单的分类、整理、汇总,保证信息的有效性。
		2级	1. 能够建立各种信息收集渠道,保证信息收集工作的持续性。 2. 能够通过一定的方法、方式对获得的信息进行妥善处理。 3. 能够及时处理信息分析过程中产生的问题。
		3级	1. 能够通过自身积累的在信息收集方面的经验,为企业信息管理系统的建设提供建议。 2. 通过分析已获得的信息,能够判断问题发生的内在规律并组织制订相应的预防措施。 3. 能够指导相关人员完成信息收集和简单的资料分析工作。
商务谈判能力	商务谈判能力的分级定义见表F13-4。		
系统思考能力	系统思考能力的分级定义见表F10-3。		
决策能力	决策能力的分级定义见表F10-3。		

续表

沟通能力	沟通能力的分级定义见表F10-3。
战略管理能力	战略管理能力的分级定义见表F12-4。
团队领导能力	团队领导能力的分级定义见表F10-3。

15. 生产总监

表 F15-1　生产总监职业素养定义表

素质名称	定　义
成就欲	又称为成就导向、进取心,指个人希望更好地完成工作或达到某一绩效标准,强烈追求成就的持续性愿望。
敬业精神	个人调整自己的行为,使其符合组织要求和组织利益的愿望和能力。
责任心	人们在日常工作、生活中通过承担对他人、对企业、对社会、对自己的责任所形成的责任意识。
成本意识	致力于降低生产成本费用的意识。
诚信正直	个人能依据事物的本质处理组织中的事务,不受个人利益、好恶的影响,信守承诺,正确对待自己所犯错误的素质。

表 F15-2　生产总监知识素质定义表

知识类型	定　义	级别	行为表现
公司知识	公司知识的分级定义见表F10-2。		
产品知识	产品知识的分级定义见表F10-2。		
生产管理知识	包括生产战略管理、生产流程管理、生产计划与调度、生产定额与工艺流程管理、生产现场管理、生产成本控制、工艺设备管理、生产安全管理、采购与供应管理、生产领域先进管理理念与方法10类相关知识	1级	1. 根据职位需要,了解10类知识中的第3~5类知识所涉及的概念、内容与方法。 2. 根据职位需要,掌握10类知识中的第3类知识所涉及的概念、内容与方法。
		2级	1. 根据职位需要,掌握10类知识中的第4~7类知识所涉及的概念、内容与方法。 2. 根据职位需要,掌握全部10类知识涉及的概念、内容与方法。
		3级	根据职位需要,掌握全部10类知识所涉及的概念、内容与方法,并能将相关知识熟练运用于生产管理工作中。

续表

素质名称	定 义	级别	行为表现
产品质量知识	包括公司产品的名称、性能与质量要求以及概率论与数理统计、质量管理学、质量检验、质量控制、全面质量管理、质量管理体系等相关知识	1级	1. 了解公司产品名称、性能与质量要求以及主要目标客户。 2. 了解质量管理基础知识及质量检验、计量管理等专业知识,掌握本公司质量标准与检验规范。 3. 具备产品质检工作所需的技能。 4. 熟悉产品对原辅料、外协件、备品备件的质量要求及生产设备的技术要求。
		2级	1. 全面掌握公司所有产品的详细资料和质量管理所需的各种知识,熟悉国际质量管理体系的相关知识。 2. 能通过对检验数据的统计分析,为产品的设计质量及生产质量提供建设性意见。 3. 掌握产品对原辅料、外协件、备品备件的质量要求及生产设备的技术要求。 4. 能做好公司质量体系内审及供应商评审等工作。
		3级	1. 精通公司所有产品的详细资料和质量管理各方面知识,并能将自己的心得、体会应用于质量管理的实践。 2. 能通过对检验数据的统计分析,对未来产品的规划与设计提出合理化建议。 3. 熟悉国内外最新质量管理理论,并能够领导团队成员做好质量体系审核及质量检验工作。

表 F15-3　生产总监技能/能力分级定义表

素质名称	定 义	级别	行为表现
计划调度能力	通过合理安排具体的作业活动,确保计划目标顺利达成的能力	1级	1. 对达成计划所需的各种具体条件或资源有一定的认识和了解。 2. 熟悉计划的内容,并知晓计划达成的路径。 3. 能够辅助他人完成各种资源的调配,保证计划的实现。
		2级	1. 根据以前计划的完成情况及未来行业的发展前景,能够完成计划的编制工作。 2. 根据已经编制的计划,能够合理调配各项资源,保证作业顺利进行。 3. 对计划执行过程中遇到的问题有充分的认识,并能够采取有效的措施加以解决。
		3级	1. 能够组织相关人员编制主计划的辅助子计划,使其构成完整的计划体系。 2. 能够在计划执行之前对可能发生的问题有清醒的认识,并事先做好相应的应对方案。 3. 能够通过资源的合理配置最大限度地提升计划执行效率。

素质名称	定义	级别	行为表现
质量控制能力	通过质量意识教育、关键环节监控、技术手段调试等方法保证产品各项质量指标达到要求的能力	1级	1. 遵守质量体系和作业指导书的要求开展工作,始终关注质量指标的达成。 2. 能够就发现的质量问题及时汇报,并提出整改意见。
		2级	1. 严格遵守质量体系文件的要求,准确把握质量关键点,绝不放过任何不合格产品。 2. 用积极的态度对待质量分析大会中所发现的质量问题,协助找出解决问题的办法,保证产品质量达到要求。 3. 避免为了节省时间、成本而走捷径,强调高产出。
		3级	1. 全面领会公司的质量方针和质量目标,按照质量体系要求建立质量管理和控制规则及流程,利用完善的程序和稳定的受控状态来保证既定或更高水平的质量目标。 2. 在设定任务进度目标的同时设定质量指标,努力推进更高标准的质量并且持之以恒。 3. 能及时发现产品的质量问题,并针对具体问题找出改进产品质量的方法,进而形成文件或规程。
决策能力	决策能力的分级定义见表F10-3。		
系统思考能力	系统思考能力的分级定义见表F10-3。		
沟通能力	沟通能力的分级定义见表F10-3。		
战略管理能力	战略管理能力的分级定义见表F12-4。		
团队领导能力	团队领导能力的分级定义见表F10-3。		

16. 财务总监

表F16-1 财务总监职业素养定义表

素质名称	定义
成就欲	又称为成就导向、进取心,指个人希望更好地完成工作或达到某一绩效标准,强烈追求成就的持续性愿望。
敬业精神	个人调整自己的行为,使其符合组织要求和组织利益的愿望和能力。
责任心	人们在日常工作、生活中通过承担对他人、对企业、对社会、对自己的责任所形成的责任意识。
成本意识	致力于控制各类财务成本费用的意识。
廉洁自律性	不利用职务的便利为自己或他人直接或间接牟取私利的态度。
严谨求实	个人在工作中表现出的严肃谨慎、敦本务实、关注细节的态度。

表 F16-2　财务总监知识素质定义表

知识类型	定　义	级别	行为表现
公司知识	公司知识的分级定义见表 F10-2。		
管理知识	管理知识的分级定义见表 F12-2。		
法律知识	法律知识的分级定义见表 F12-2。		
财务知识	主要包括 4 大类知识，详见表 F16-3	1级	1. 掌握 A 类所包含的基本知识、原理、方法，能够在企事业中进行会计核算、账务处理等项工作。 2. 熟悉 B 类知识，并能够灵活运用于实际工作中。
		2级	精通 A、B 类知识，熟悉 C 类知识，通过预算管理、资产管理、成本管理、税收筹划等项工作定期进行财务分析与预测，提交财务报告，为企业的经营决策提供支持。
		3级	精通 A、B、C、D 类知识并能够综合运用于企业财务管理工作中，能够对企业财务工作进行全面掌控，建立健全的企业财务系统，实现内部控制，规避财务风险，并对企业的重要经营活动、投资等提供决策支持。

表 F16-3　财务知识分类详表

类别	具体包括的学科
A 类	会计学原理、会计基础知识、会计电算化、企业会计核算与账务处理、统计学、税收等。
B 类	工业企业财务管理、预算管理、成本管理、资产管理、财务分析与预测、税务筹划等。
C 类	审计学、审计与内部控制、风险管理。
D 类	金融、证券、投融资管理知识。

表 F16-4　财务总监技能／能力分级定义表

素质名称	定　义	级别	行为表现
财务管理能力	自身积累的财务信息处理、会计核算、财务控制以及资金、资产运营等方面的综合性知识和能力	1级	1. 能够熟练地进行一般性会计核算、账务处理等工作。 2. 熟悉财务信息处理的一般性原则与方法，并能够进行简单的财务信息分析与处理。 3. 对国家税收政策有一定了解，熟悉报税流程，能够独立完成报税工作。
		2级	1. 精通会计核算、账务处理等工作，并能够适时指导他人完成会计核算、账务处理等工作。 2. 掌握一定的资本运作、金融证券等方面的知识，可以提出企业资产保值、增值方面的建议。 3. 能够独立完成财务信息的分析以及相关财务分析报告的撰写工作。 4. 能够对财务运作过程中出现的问题及时向相关领导反映。
		3级	1. 能够指导他人进行财务信息分析与财务报告编制工作。 2. 精通资本运作与金融证券相关知识，能够采取有效措施促进企业资产的保值、增值。 3. 能够通过对资金、资本运作的管理，有效掌控企业的财务现状。 4. 能够对现阶段企业的财务状况有清醒的认识，并就可能出现的财务风险制订应对策略。

续表

素质名称	定 义	级别	行为表现
财务控制能力	通过财务法规、财务制度、财务定额、财务计划目标等对资金运动(或日常财务活动、现金流转)进行指导、督促和约束的能力	1级	1. 熟悉财务预算所包含的各项经济指标及其主要组成部分。 2. 熟悉财务控制相关的法规、制度条款,并能够在日常工作中认真执行。 3. 能够较全面地收集各类财务控制信息。
		2级	1. 熟悉企业财务控制的程序和方法,并能用于指导他人从事财务控制工作。 2. 能够对日常现金流量进行有效控制,最大限度地体现资金的价值。 3. 能够对日常财务控制的程序和方法提出改进建议,确保预算目标的达成。 4. 能够组织相关人员有效地收集财务控制相关信息。
		3级	1. 能够通过建立相关的制度保证、组织保证等控制形式,确保预算目标的达成。 2. 能够建立财务信息反馈机制,并对财务预算中出现的偏差及时进行纠正和调整。 3. 能够对财务控制的程序提出修正意见,并得到推行。
财务分析能力	对公司的财务和运营数据进行分析,以满足公司管理需求的能力	1级	1. 能够获取和收集公司和行业的财务和管理信息,根据财务分析需求对信息进行分类,并能找出信息间的逻辑关系。 2. 运用财务分析知识和手段,根据以往的工作经验得出财务分析的结论并能做出简单判断。
		2级	1. 能够从多种渠道获取和收集公司和行业的财务和管理信息,并能根据获取的信息得出结论,做出相应的职业判断。 2. 能够应用公司的财务数理分析模型,分析所收集的数据,并能对分析模型提出改进建议。 3. 了解公司价值分析的方法,并能对公司的价值进行简单分析。
		3级	1. 能够从多种渠道获取和收集公司和行业的财务和管理信息,根据信息得出结论;制订财务解决方案,并同其他相关业务部门进行交流。 2. 运用财务管理知识,将高层次的财务分析要求细化为各种详细的分析需求。 3. 帮助管理层跟踪公司的财务状况、预算的执行情况,并对公司的资金运营提出改进建议。

续表

素质名称	定义	级别	行为表现
投资分析能力	运用一定的方式、方法对投资项目的预期盈收能力进行分析，并辅助主管人员做出投资决策的能力	1级	1. 对财务管理、金融知识、公司法等有一定的了解，掌握投融资基本常识。 2. 能够根据他人的指导和要求通过各种方式、方法收集到投资所需参考的基础信息与数据。 3. 能够对收集到的投资信息和数据进行简单的分析、运算，并得出有价值的结论。
		2级	1. 熟悉投融资管理常识，精通财务管理、金融学知识，并对相关法律、法规有清楚的理解和认识。 2. 根据投资项目的要求，能够收集各类投资分析所需的文书、文件、报告等。 3. 能够通过分析和计算，获得目标投资项目的预期盈收数据，并将其上报主管领导。
		3级	1. 能够指导他人学习相关的投资分析方法，并完成基础的投资分析工作。 2. 能够辅助他人制订投资分析工作的程序与控制点，确保企业投资分析工作规范、科学。 3. 能够通过对投资项目的研究，准确判断出目标投资项目可能遇到的投资风险，并提出相应的应对措施。
财务细节掌控能力	注重财务工作中的事实和细节，对财务工作的每个环节和过程均持认真、仔细的态度，以细节的完美作为实现组织财务管理的手段	1级	1. 工作中注重细节问题，能够准确无误地完成各项财务单据的细节审核及报表编制，并掌握基本的提升和改进细节的方法。 2. 工作作风务实，有寻求事实依据的倾向，愿意看到并尊重事实。 3. 能有效通过财务细节，分析找出企业运营中存在的问题，并能提出改善意见。
		2级	1. 主动学习和掌握各种可以提升和改进细节的方法，并在工作中实施，力求尽善尽美。 2. 能根据公司情况对细节进行具体分析，不断改进公司的财务制度及流程，拟订专项财务管理策划方案，确保公司合法效益最大化。 3. 相信只有可操作的细节作为保障才能确保整个计划的成就，对工作的各个环节进行多角度、全方位的思考，确保计划的严密性。
		3级	1. 能从公司战略发展的高度出发，制订公司专项的财务管理方案并组织实施，确保公司合法效益最大化。 2. 深刻理解并能制订提升和改进细节的方法，能够指导下属将细节改进方法熟练运用于工作中，力求尽善尽美。 3. 能就财务细节问题进行深度思考，并能与相关部门沟通协调，采取有效措施加以解决。
决策能力	决策能力的分级定义见表F10-3。		
系统思考能力	系统思考能力的分级定义见表F10-3。		

续表

沟通能力	沟通能力的分级定义见表F10-3。
战略管理能力	战略管理能力的分级定义见表F12-4。
团队领导能力	团队领导能力的分级定义见表F10-3。

17. 人力资源总监

表F17-1　人力资源总监职业素养定义表

素质名称	定义
成就欲	又称为成就导向、进取心,指个人希望更好地完成工作或达到某一绩效标准,强烈追求成就的持续性愿望。
敬业精神	个人调整自己的行为,使其符合组织要求和组织利益的愿望和能力。
责任心	人们在日常工作、生活中通过承担对他人、对企业、对社会、对自己的责任所形成的责任意识。
成本意识	致力于控制各类财务成本费用的意识。
亲和力	个人所具备的能让周围的人感觉其和蔼可亲,不受到职位、权威的约束所流露出的一种情感力量。

表F17-2　人力资源总监知识素质定义表

知识类型	定义	级别	行为表现
公司知识			公司知识的分级定义见表F10-2。
管理知识			管理知识的分级定义见表F12-2。
法律知识			法律知识的分级定义见表F12-2。
人力资源知识	主要包括三大类知识,具体内容请参考表F17-3	1级	了解A、B、C类知识的一般概念和内容框架以及一般原理和方法,有一定的人力资源管理意识,并能够独立处理人力资源工作。
		2级	1. 掌握A、B、C中任意一两类知识的操作运用原理,对人力资源工作有所了解,并具有一定的工作经验。 2. 可综合利用各种人力资源知识,处理员工之间的纠纷与抱怨等问题。
		3级	熟练掌握三类人力资源知识,能够为企业人力资源建设与规划服务,并能够起到为人力资源增值的作用。

表F17-3　人力资源知识分类详表

类别	具体内容
A类	组织行为学、社会学、人力资源管理概论、劳动法、劳动合同法等。
B类	人员招聘与配置、员工培训管理、绩效管理、薪酬管理、员工关系管理等。
C类	人力资源战略、人力资源规划、人力资源投资分析等。

表 F17-4　人力资源总监技能/能力分级定义表

素质名称	定　义	级别	行为表现
激励能力	激发、引导和维持他人的工作热情，保证预定目标的实现能力	1级	1. 按部就班地对待员工工作，员工缺乏积极性。工作中只关心本职工作，忽视员工的发展。 2. 对员工所做的工作缺乏肯定，对下属的参与很少给予鼓励。
		2级	1. 了解下属需求，善于引导员工，能时常从员工的角度出发，基于员工的特长和兴趣爱好安排员工的工作；适度考虑员工的个人发展。 2. 为员工工作创造和谐的环境，员工工作心情舒畅；能清晰地解释工作的关联性及其意义。 3. 结合员工的工作成绩用奖励、表彰等多种方式提高员工工作的积极性。 4. 鼓励员工为公司发展献计献策，并以制度等形式推动员工参与企业运作的积极性。
		3级	1. 能有效调动员工主动性，员工工作充满激情。 2. 在职责范围内公开可利用的资源，以供员工享用。 3. 为员工创造合适的发展空间，能针对不同员工进行多种类别的激励，达到员工效用最大化。
人际交往能力	对人际交往保持高度的兴趣，能够通过主动、热情的态度以及诚恳、正直的品质赢得他人的尊重和信赖，从而营造良好的人际交往氛围	1级	待人不够真诚，无法获得大部分人的信赖，为人处世不懂得变通，适应能力较差。
		2级	1. 能给人一种真诚的印象，能获得周围人的支持与信赖，在工作中能考虑他人的感受。 2. 具备良好的沟通交流能力，能够恰当地表达和倾听，对不同情境和不同交往对象能够灵活使用多种人际交往技巧和方式，采取不同的应对策略。
		3级	待人友好、真诚，能获得周围人的信赖，在工作中人们都愿意与其交往并保持良好的关系。
决策能力	决策能力的分级定义见表F10-3。		
系统思考能力	系统思考能力的分级定义见表F10-3。		
沟通能力	沟通能力的分级定义见表F10-3。		
战略管理能力	战略管理能力的分级定义见表12-4。		
团队领导能力	团队领导能力的分级定义见表F10-3。		

18. 行政总监

表 F18-1　行政总监职业素养定义表

素质名称	定　义
成就欲	又称为成就导向、进取心，指个人希望更好地完成工作或达到某一绩效标准，强烈追求成就的持续性愿望。
敬业精神	个人调整自己的行为，使其符合组织要求和组织利益的愿望和能力。
责任心	人们在日常工作、生活中通过承担对他人、对企业、对社会、对自己的责任所形成的责任意识。
成本意识	致力于控制各类财务成本费用的意识。
服务意识	在工作中善于从对方立场思考问题，满足对方需求的意识。

表 F18-2　行政总监知识素质定义表

知识类型	定　义	级别	行为表现
公司知识			公司知识的分级定义见表 F10-2。
管理知识			管理知识的分级定义见表 F12-2。
法律知识			法律知识的分级定义见表 F12-2。
人力资源知识			人力资源知识的分级定义见表 F17-2。

表 F18-3　行政总监技能/能力分级定义表

素质名称	定　义	级别	行为表现
他人培养能力	通过恰当的需求分析，能将知识、经验、工作方法和技巧有效地传授给他人，以帮助其完成工作任务并促进其发展的能力	1级	对员工给予具体的指导、建议以及工作示范，为其提供必要的工具、信息等支持，帮助员工提高工作技能、促进个人职业发展。
		2级	1. 能识别员工的优劣势与发展需要，提供及时的反馈与强化。 2. 在员工遇到挫折之后给予其鼓励，帮助员工重新树立自信心。
		3级	1. 根据组织发展需要，安排并开发恰当的正规培训，促进员工个人学习与发展。 2. 在工作中有意识地帮助他人，为他人创造学习机会，并随时对他人进行鼓励，激励其保持良好的学习愿望。
协调能力	通过沟通与组织内外部人员达成某种共识的能力	1级	1. 对于组织内外部人员在行动和思想上的不一致有清醒的认识。 2. 对于组织内外部人员可能产生的不和谐因素有一定的了解。
		2级	1. 对于组织内外部产生的不和谐行为有一定的调节能力，尽量将矛盾消灭在萌芽状态。 2. 在处理组织内外部矛盾过程中能够获得大多数人的拥护与支持。
		3级	1. 能够平衡组织内外部的各种关系，确保组织既定目标的达成。 2. 能够将自己在协调内部关系过程中的技巧、经验与他人共享。 3. 能够通过协调组织内外部关系，发现组织内隐藏的问题或矛盾，并提出相应的解决方法或应对策略。

续表

素质名称	定义	级别	行为表现
问题解决能力	为了达成最终的结果,能够从不同角度分析问题,寻求答案的能力	1级	1. 能够对问题的产生做出一般性的分析和判断。 2. 对于一般性问题,能够找到有效的解决途径。 3. 对于突发性问题,有时会感到无所适从。
		2级	1. 对于问题发生的原因有比较清晰的认识。 2. 对于经常性问题,能够很快想出解决方案。 3. 对于突发性问题,根据自己的经验或知识能够在第一时间内做出判断。
		3级	1. 能够帮助他人对问题产生的原因进行分析,并指导其形成解决问题的方案。 2. 根据自身在解决问题方面的经验,能够制订出问题的解决流程。 3. 根据问题产生因素之间的内在联系,能够制订出预防问题的策略与方法。
固定资产管理能力	通过对固定资产申购、使用、保管以及报废等环节的控制,最大限度地发挥固定资产使用价值的能力	1级	1. 熟悉固定资产管理的申购、使用、保管以及报废等方面的基本常识。 2. 在使用固定资产的过程中能够做好固定资产的保管工作,降低固定资产的损耗。 3. 能够对固定资产的改造提供参考性意见。
		2级	1. 掌握固定资产实物与账务处理方法,能够有效提升固定资产的使用价值。 2. 熟悉固定资产的属性与操作要领,能够指导相关人员正确使用固定资产。 3. 根据固定资产的使用与运行记录,对于固定资产发生的问题,能够提出妥善的解决方案。
		3级	1. 通过建立固定资产管理制度、管理规范,约束固定资产管理行为,防止固定资产流失。 2. 通过自身对于固定资产的了解,能够提出固定资产保值、增值的方案。 3. 根据固定资产的历史使用记录,能够准确判断出固定资产可能发生的问题并制订应对方案。
行政事务处理能力	行政事务处理能力的分级定义见表 F10-3。		
应变能力	应变能力的分级定义见表 F10-3。		
沟通能力	沟通能力的分级定义见表 F10-3。		
激励能力	激励能力的分级定义见表 F17-4。		
决策能力	决策能力的分级定义见表 F10-3。		